■ 浙江工商大学文化精品研究工程

■ 改革开放40周年浙商研究院智库丛书

中国范本

改革开放40年义乌国际贸易
综合改革的理路与成就

马淑琴　王江杭　徐　锋／著

浙江工商大學出版社　杭州
ZHEJIANG GONGSHANG UNIVERSITY PRESS

图书在版编目(CIP)数据

中国范本：改革开放 40 年义乌国际贸易综合改革的
理路与成就 / 马淑琴，王江杭，徐锋著. —杭州：浙
江工商大学出版社，2018.12
　ISBN 978-7-5178-3076-4

Ⅰ.①中… Ⅱ.①马… ②王… ③徐… Ⅲ.①对外贸
易—经济体制改革—概况—义乌 Ⅳ.①F752.855.3

中国版本图书馆 CIP 数据核字(2018)第 277568 号

中国范本：改革开放 40 年义乌国际贸易综合改革的理路与成就
ZHONGGUO FANBEN：GAIGE KAIFANG 40 NIAN YIWU GUOJI MAOYI
ZONGHE GAIGE DE LILU YU CHENGJIU

马淑琴　王江杭　徐　锋著

责任编辑	谭娟娟	
封面设计	王妤驰	
责任印制	包建辉	
出版发行	浙江工商大学出版社	
	（杭州市教工路 198 号　邮政编码 310012）	
	（E-mail：zjgsupress@163.com）	
	（网址：http://www.zjgsupress.com）	
	电话：0571-88904980,88831806（传真）	
排　　版	杭州朝曦图文设计有限公司	
印　　刷	杭州高腾印务有限公司	
开　　本	710mm×1000mm　1/16	
印　　张	16.25	
字　　数	252 千	
版印次	2018 年 12 月第 1 版　2018 年 12 月第 1 次印刷	
书　　号	ISBN 978-7-5178-3076-4	
定　　价	52.00 元	

丛书编委会

总　主　编：陈寿灿

副总主编：李　军

副　主　编：范　钧　鲍观明　吴　波

编　　　委（按照姓氏笔画）：

于希勇　马　良　马淑琴　王江杭　刘　杰

肖　亮　余福茂　周鸿承　姜　勇　宫云维

徐　锋　徐越倩　高　燕　陶　莺　黎　常

总　序

　　当代中国社会 40 年的改革开放历程与当代浙江发展的"浙江模式"及当代浙商的成长是一个相互辉映、互促互进的动态历史进程。一方面，当代中国改革开放伟大进程既成就了当代"浙江模式"的发展奇迹，也成就了当代浙商的辉煌，并因此成为考察"浙江模式"与浙商成就的基础视界；另一方面，当代"浙江模式"与浙商以其自身的耀眼成就与成长轨迹诠释了中国改革开放 40 年的时代特点，涉及各历史时期的政治、经济结构性样态与转型范式。与之相应的是，作为改革开放之潮头阵地的浙江经济及作为改革开放之急先锋的浙商所代表的发展理念、未来趋势也在某种程度上指明了当代中国全面改革开放的可能方向。

　　所谓"浙江模式"，是指在由计划经济向市场经济及由农业社会向工业社会转型的进程中，发源于"温州模式"的以市场为主导、民营经济为主体及服务型地方政府建设为特征的当代中国改革开放进程中最具活力的经济模式。"浙江模式"的最主要特色在于创新——特别是通过民间尝试性制度创新——形成了民间投资、民间运营和民间分享的"民有、民营、民享"的自我循环体系，型塑了内生型的自组织的增长动力系统，并在结合社会发展与政府治理模式创新的基础上，较早且较为系统地解决了经济体制改革中的企业改制与产权改革等问题。可以说，"浙江模式"极为动态地呈现了经济体制改革图景中社会发展的内生型逻辑：一方面，制度变革首先为个体私营经济、民营经济的发展开辟了道路，并因此成为促进当代中国个体经济、民营经济发展的直接力量；另一方面，基于个体创业或集体创业的浙江个体私营经济和民营经济发展实践，成为中国改革开放的先锋，并为制度变革提供了坚实的基础和实践依据，从而成为推动制度变革的积极力量。

20世纪90年代以后，"温州模式"扩展至台州、宁波、绍兴、金华和杭州等地。进入21世纪，"浙江模式"又率先在乡村振兴、电子商务、海外并购、绿色金融等领域迅速发展，极大地拓展了"浙江模式"的恢宏图景，不但在当代中国改革开放与现代化建设中的道路开创与引领方面有所建树，更重要的是，"浙江模式"还在当代中国发展的"中国经验"的型构中，为全球发展中国家的发展提供了极其有益的"中国道路"与"中国方案"的战略借鉴。因为，在本质上，"浙江模式"代表的是新兴的中国特色社会主义市场经济模式，是中国特色社会主义道路的基本方向与策略指引下的市场经济，而"浙江模式"的成功代表了中国道路与中国方案的科学性与有效性。

当代浙商是浙江模式的最先锋力量，他们因特色的发展道路与辉煌的成就成为当代中国社会经济领域最引人瞩目的群体。当代浙商，萌芽于20世纪70年代末期即改革开放初期，在80年代商品经济和市场发育的进程中积聚了最初的资本力量；而后，在90年代市场经济体制建构的实践中迅速成长，并伴随着国有经济战略性调整和企业改制、产权改革等一系列的改革绘就了恢宏的浙商新画卷。当代浙商在90年代之前的发展历程，最为生动地呈现了他们自主改革、自担风险、自我发展、自强不息的"四自精神"。进入21世纪以来，当代浙商又成为中国经济融入全球化进程的先锋力量，迅速在经济全球化的进程中积极布局，在世界创业与全球并购中崭露头角。可以说，在当代中国，特别是在改革开放以来的社会进程中，当代浙商因其在国内外众多经济热点领域中的活跃表现与巨大成就而成为被公众广泛认可的地域性商帮。它既充分诠释了当代中国改革开放的伟大进程，又深刻揭示了作为浙商成长的"浙江模式"的实践价值。尤其值得关注的是，不论是当代浙江经济发展的"浙江模式"还是当代浙商创造的巨大成就，都离不开特定的文化支撑与引领。马克斯·韦伯在其《新教伦理与资本主义精神》一书中阐明了一个关于经济发展与文化支撑的真理性命题，即"任何形态的经济发展都必定内蕴了特定的文化力支撑，缺少这种文化力的支撑，任何形态的经济发展都不可能获得持续的生命力"。这一命题说明，当代浙江经济发展必定基于特定的文化力支撑，毫无疑问，浙学传统才是浙商文化、浙江经济发展的源头活水。而浙学传统所代表的并非一般意义上的地域性学术，因为，无论是从其学术要旨的维度还是从其学术的实践精神维度考察，浙学传统所代表的其实是中国传统文化的承继与创新性发展，并在这种承继与创新性发展中成就独特的浙商精神，其要旨有三：①以义和利的义利观。浙商精神中的以义和利的义利观既是对儒家传统的义利观的继承，又在永嘉事功学说的基础上有所开掘：一方面，永嘉事功学说的基本旨趣在于经世致用，它承继了二程的"义为利之和"的义利观，强调义和利并没有绝对的分别，即所谓的"圣人以义为利，义安处便为利"；另一方面，永嘉事功学说虽提倡事功趣向，但其事功并非以个体功利为目标，并非如道学家所批判的"坐在利欲的胶漆盆中"那样，而是始终把国家民族的社会公利置于私利之上。叶适所倡导的即是"明大义，求公心，图大事，立定论"的"公利主义"精神。②知行合一。知行合一是阳明心学的核心要旨，一方面它强调知中有行，行中有知，反对把知与行截然二分化。故王阳明说："知是行的主意，行是知的工夫，知是行之始，行是知之成。"另一方面，阳明心学的知行与道德是高度一致的，在四句教中就有"知善知恶是良知，为善去恶是格物"，故此，其知行观内蕴了深刻的道德追求。正是这种以知善为善行的取向成就了浙商的儒商气度。③包容开放精神。从中国传统文化发展的角度看，两宋以来，浙学绝非只意味着狭隘的地域性文化发展：永嘉学派、金华的婺学代表了儒家文化在浙江的传承与发展；象山心学虽盛于赣，但象山之后心学的最盛况发展却仍在浙江，先有甬上心学承象山衣钵，后有阳明心学之气象大成。朱氏闽学源于且盛于福建，但朱熹之后，闽学在黄榦之后便转向浙江，黄震是闽学在浙江最具代表性的学者，也是闽学后期最具代表性的学者。由此不难看出，浙学发展最为完美地体现了创新与融汇乃是成就学术气象的根本。在浙学激荡成长的过程中确立起来的浙江精神、浙商传统也因此成为最富于包容与开放的精神。

值此当代中国改革开放 40 年之际，我们推出"改革开放 40 周年浙商研究院智库丛书"，拟在当代中国改革开放的恢宏图景中审视当代浙江经济、社会发展的"浙江模式""浙江经验"与"浙商精神"，既在历史的回溯与反思中深究未来浙江发展的应然方向与实践路径，又在"浙江模式""浙江经验"与"浙商精神"的系统阐述中挖掘后发地区可资借鉴的思想资源与实践经验。收入本丛书的研究成果，不同于传统意义上的浙江经济发展研究与浙商研究，它们不求面面俱到，但求视界独特；不求论述系统，但求思想创进；它们既着眼于揭示当代浙江经济社会发展与浙商精神的文化真谛，又努力澄清人们在相关问题上的认知误区。

《中国范本：改革开放 40 年义乌国际贸易综合改革的理路与成就》一书通过介绍改革开放以来义乌市场的发展历程，义乌国际贸易综合改革试点的确立与进展，"一带一路"背景下义乌市场竞争新支点、电子商务与物流业的新发展等内容，展现了义乌打造国际贸易综合改革的创新之路。《以利养义：改革开放 40 年浙商参与公益研究》则从改革开放以来社会主义市场经济体制建立与完善的视角解读了浙商及其文化，并从企业家的社会效应维度审视了浙商的公益参与，阐明了浙商的公益参与在促进经济增长和社会进步方面的重要作用。《中国模式：中国跨境电商综合试验区试点实践与创新经验》在全面回顾当代中国改革开放 40 年以来电子商务及跨境电商发展历程、趋势与动因的基础上，从微观、中观和宏观的角度系统阐述了跨境电商相关理论；在总结我国跨境电商综合试验区试点背景与历程、试点方案、试点成效与存在问题的基础上，从业务模式、"单一窗口"、产业园区、物流模式、制度创新的角度系统阐述了我国跨境电商综合试验区试点的主要内容和实践创新，并从杭州、宁波、义乌跨境电商综合试验区试点建设背景与基础、现状与问题、成效与对策的角度总结了跨境电商综合试验区试点的浙江经验。《治理转型：浙江服务型政府建设研究》主要论述了浙江省服务型政府建设在简政放权、规制权力、效率提升和民生保障等方面的经验，并提出了服务型政府建设的未来趋向。《"撤村建居"：人的现代化和社区融合》一书以多元中心的理论为主导，主要探讨了"撤村建居"社区的基层社会治理以及基层社区重建与"城市化"建设方面的重要问题，阐明了突破"城乡二元分治"的基本路径及如何通过完善基层民主自治实现"人的城市化"等问题。《健康浙江：社会健康治理的方法与实践》一书以当代中国改革开放 40 年为背景，系统梳理了"健康中国"发展的主要脉络，并在中日社区健康教育比较的基础上，阐述了浙江杭州市 30 个街道、300 个社区在社区健康教育方面的典型案例和成功经验，阐明了将社会工作方法融入公共健康教育，以及从以卫生管理与控制为目的的行政主导型健康教育到个人自发参与学习的以居民需求为核心的公共卫生健康教育发展的实践路径。《浙商与制度环境的共生演化：企业家精神配置的视角》一书基于企业家精神配置理论，对转型经济背景下浙商的行为进行解释，构建了企业家与制度之间的互动分析框架，并在总结不同时期浙商成长路径、机制和模式研究的基础上，从理论层面和实践层面诠释了浙商 40 年的技术创新和制度创新行为。《浙学传统与浙商精神》深入探究了浙江思想文化与社会经济发展的互动关系，阐明了浙江文化与浙学思想传统及浙江精神之间的内在关联，并揭示了浙学的基本精神对当代浙江乃至中国的经济社会发展、文化建设的重要价值和普遍意义，以及其中存在的一些问题。《中国商业史研究 40 年》是第一部针对改革开放以来中国商业史研究的学术总结类专著，作者系统梳理了近 40 年来的中国商业史研究及其走向，并简要介绍了相关的研究论著、研究团体和研究机构等。《南宋临安商业史资料整理与研究》通过对正史、地方志、笔记小说等有关南宋临安商业资料的整理，深入研究了南宋临安的商业状况，再现了700 多年前杭州商业的繁荣盛况。《朝廷之厨：杭州运河文化与漕运史研究》一书通过中西方历史文献、档案资料的比较研究，立体地呈现了杭州历史上的漕运文化的历史变迁、演变特征与区域特点，并在大力倡议"一带一路"及大运河文化带构建的时代背景下，探讨杭州漕运文化的历史遗产价值。《〈童子鸣集〉笺注》在对《童子鸣集》进行点校的基础上，对童珮生平及交游进行了翔实的考证，并将相关成果以笺注形式呈现，在为学界提供扎实可靠的古籍整理文本方面有所建树。

整体地看，当代中国改革开放的 40 年，是浙江经济快速发展的 40 年，也是浙江经验、"浙江模式"发展的 40 年。"浙江模式"并不意味着一个固定的产业模式，作为一种具有典范性的发展模式，"浙江模式"的独特之处在于，它的每一发展阶段都是当代中国改革开放的先锋与旗帜，这里既体现了浙商的创新进取精神，也体现了浙商精神与浙学传统在当代浙江发展中的文化力，而这种创新进取的浙商精神与浙学传统的文化力恰是未来浙江经济、社会发展的不竭的动力源泉！

是为序。

陈寿灿

2018 年 10 月 30 日

本著作是以下项目资助成果：

浙江省软科学重点项目"深化义乌国际贸易综合改革战略研究"（编号：2016C25008）

浙江省自然基金项目"电商发展、进入成本冲击与宏观经济动态性：一个基于 DSGE 模型分析"（编号：LY17G030006）

前　言

　　改革开放 40 年来，中国围绕经济体制机制壁垒展开了广泛而深刻的改革，这一"制度鼎新"，重构了经济契约，赋予了国际贸易及全域经济发展重要的制度禀赋，也正是在这一大的改革开放的历史叙述之中，中国国际贸易领域经历了多个阶段的改革跃升，构建了适应全球化分工与经济全球化的经济发展态势，实现了中国国际贸易的广域发展。"革命是解放生产力，改革也是发展生产力"，"社会主义基本制度确立之后，还要从根本上改变束缚生产力发展的经济体制，建立起充满生机和活力的社会主义经济体制，促进生产力发展"①，生产力发展导向是我国改革开放的重要特征，也规制国际贸易改革。　国际贸易广域发展，并非局限于国际贸易领域本身，更为重要地，通过国际贸易这一"杠杆解"，优化了资源配置、促进了产业发展与区域协调，勾勒出了改革开放的生动历史图景。　在这一历史理路之中，义乌作为县域改革的世纪样本，不断突破制度藩篱，破除发展的路径依赖，以改革开放应有的智慧与勇气，砥砺前行，创行了中国国际贸易广域改革在义乌县域层面的深刻创新实践。

　　本书以改革开放这一历史进程为分析脉络，从历史视角，还原历史理路，通过回归"改革现场"，在国际背景与国内背景相互交织之下，从制度禀赋与市场机制耦合视阈出发，探讨并凝练义乌国际贸易改革在改革开放历史进程之中的发展理路、发展成就与发展经验。

---

　　①　邓小平：《邓小平文选》，北京：人民出版社 1993 年版第三卷，第 370 页。

同时，本书从义乌国际贸易改革的经验理路出发，回归改革历史叙述，融入改革历史进程，旨在凝练改革历史经验，进而厘清新时期为建立世界"小商品之都"，义乌国际贸易综合改革的路径、边际与范式。本书从理论视阈廓清了市场发展的边界与边际问题，进一步明晰了在国际贸易改革理路之中，市场发展与政府职能之间的关系问题，并在此基础之上，构建了全球价值链视阈下要素、产业、区域与贸易耦合发展的市场理论，给出了义乌世界"小商品之都"的理论理路，这是本书的理论价值所在。 与此同时，本书植根于改革"现场"，围绕义乌国际贸易改革的历史演进脉络，剖析不同发展期义乌国际贸易所面临的宏观背景与历史定位，总结义乌国际贸易综合改革取得的成就，旨归习近平新时代义乌世界"小商品之都"的改革路径、边际与范式，为义乌国际贸易综合改革的深入发展，义乌国际贸易改革经验体系的聚合发展提供了夯实的发展经济学视阈依托。

上 篇　义乌国际贸易改革发端背景与发展史

中 篇　义乌国际贸易综合改革与成就

下　篇　习近平新时代与义乌世界"小商品之都"

上　篇

义乌国际贸易改革发端
背景与发展史

1

义乌国际贸易改革发端背景

中华人民共和国成立后，我国开始从经济层面对旧体制进行改革，解决经济发展与旧体制桎梏间的矛盾。有关改革经济领域旧体制的问题最早于1956年被提出，进而党、政、学界开始了对这一问题的广泛且深刻的讨论，激发了针对这一问题的充分研讨与思想激辩。此后，国家逐步围绕资源配置体制、机制与方式，从国家管理体制、二元经济体制变革等多个层面展开了对经济领域的改革。纵观这一改革历程，一以贯之的是有关中国经济转型思想的萌发与思辨。

1978年，十一届三中全会顺利召开并完成了对思想政治及组织路线的"拨乱反正"。会议一方面把全党的工作重点转移到社会主义现代化建设上来；另一方面拉开了改革开放的历史序幕，启动了农村改革的历史进程。这标志着经济管理体制改革的发端。

1985年，中国经济经历了从农村至城市的二元经济体制革新，从计划经济向有计划的商品经济转轨，从二元经济向现代经济的转换，"只有新体制的框架基本建立以后，我们才能说'起飞'的体制方面的条件已经具

备了"①②。 变革实践催生了对经济思想的诉求,正是在这一背景下,"巴山
轮会议"③顺利召开,会上各代表就中国经济体制改革的目标模式、商品经济
改革的深化路径及如何通过微观与宏观经济体制改革保证经济稳定增长展开
了深刻且广泛的思辨,这一从计划经济向市场经济转型的政治经济思想启蒙,
将经济体制的改革要义逐步聚焦为"政府—市场—企业"的边界与边际问题
(Boundary and Margin Issue),将改革思想统一到了在社会主义制度框架下
建立市场经济体制问题及其路径问题上,从而"摸索"社会主义条件下资源的
优化配置问题,这在一定程度上实现了经济改革思想的统一。

中国国际贸易改革也正是在改革开放这一宏大历史进程下形成的,一方
面承袭了中华人民共和国对外经济贸易的建立和发展期(1949—1978 年)的
历史成果;另一方面紧扣改革开放的时代主题,开启并逐步经历了国际贸易改
革领域在改革开放初期的对外经济贸易体制改革与发展期(1979—1992 年)、
社会主义市场经济目标下对外经济贸易体制改革与发展期(1992—2000 年)、
加入世界贸易组织后中国对外经济贸易体制改革深化与对外经济贸易发展期
(2001—2017 年)与习近平新时代中国对外经济贸易体制改革广域改革发展
期(2017 年至今)。 这些不断有序拓展并深化了国际贸易领域的改革,积累

---

① 吴敬琏:《论竞争性市场机制》,北京:中信出版社 2017 年版,第 13 页。

② 回溯中国近现代经济史,二元经济现代化的过程在中国呈现出阶段性特征:1840—
1920 年,二元经济现代化主要由传统农业向二元经济转化;1920—1952 年,二元经济现代化
主要聚焦于二元经济的稳态存续;自 1952 年始,中国开始由二元经济向现代经济转换。二
元经济向现代经济嬗变的经济史叙述,在经济发展阶段上呈现出常规增长与超常规高速增
长的时序性特征。经济的超常规发展依存于经济体制的构建,这是中国近现代经济史与改
革开放这一历史叙述中的主旨所在,国际贸易的发展与增长,同样是一个体制鼎新下的经济
现象。

③ 1985 年 9 月 2—7 日,巴山轮由重庆起航驶向武汉。邮轮上正在召开"宏观经济管
理国际讨论会",有 60 余位中外重要的经济学家和官员参加。这次会议是国务院批准由国
家经济体制改革委员会、中国社会科学院与世界银行联合举办的,史称"巴山轮会议"。

在"巴山轮会议"上,匈牙利经济学家科尔奈关于经济体制改革目标模式的分析引起了
广泛关注。他把一切经济体制划分为两大类:第一类是行政协调,第二类是市场协调。在第
一类中,又可进一步分为直接行政控制(IA)和间接行政控制(IB);在第二类中,又可分为没
有宏观控制的市场协调(IIA)和有宏观控制的市场协调(IIB)。科尔奈倾向于选择有宏观控
制的市场协调。

了丰富的改革经验，探索了社会主义市场经济条件下我国国际贸易改革路径、发展目标与体制机制。

　　国家宏观层面下的国际贸易改革，也为义乌国际贸易改革提供了改革图景与历史叙述。这一方面解放了改革初期的思想禁锢，激发了义乌国际贸易改革的思想推力；另一方面滋养了改革发展的创新内核，推动了义乌国际贸易改革的县域样本的构筑与重塑。制度约束或者说制度摩擦缓释下的改革图景、改革动力与改革内核，为义乌国际贸易改革提供了制度依托，更重要的是，社会主义市场经济体制改革的砥砺前行，引致了义乌县域改革以市场为改革手段与改革旨归，建立了从市场改革为切入点的改革自觉与路径依赖，为改革突破了现实图景禁锢与历史叙述桎梏，求真唯实，为不断倒逼改革深化发展打下了思想基础。

1.1　改革开放下的对外贸易改革

1.1.1　改革开放催生下的制度禀赋鼎新

　　国际贸易改革，发端于对外开放与社会主义市场经济体制改革的双重背景，对外开放为国际贸易改革提供了开放的经济环境，这形成了国际贸易改革的双元市场背景，即产品的生产与销售进入了国内与国际市场间的双边市场，需要统筹国内国外两个市场的资源进行生产；而与之相对应，在流通销售环节则需将国内国外市场间的双边市场纳入考察之中，在产品的流通与销售过程中同时考虑国内外的流通环节、需求偏好与市场过程，而不仅仅是单一聚焦于国内市场的上述市场要素。同样重要的是，全球化的历史进程是一个螺旋上升的市场过程，全球化进程的趋势有其内在的稳健性；但同时需要看到的是，在全球化发展的过程之中，会在不同的时点、不同的领域、不同的范畴内出现逆全球化的进程，这种现象是必然的、内生的，并不随着一国改革开放的诉求而必然地发生或不发生。对于上述市场发展过程的探析与考量，是中国对外贸易改革不得不面对的现实图景与历史叙述。自然地，对于义乌国际贸易改革，同样也概莫能外。首要地，考察义乌改革开放现实图景对国际贸易改革的现实意义或驱动情况，并且以一种动态的方式去考察，是必要的。 进而，动态地审视这一现实图景，将中国国际贸易改革置于历史叙述中，去解读、还原乃至重构对应的理路谱系，这是内在的学理审慎。

对于改革开放的现实图景的历史叙述，自然地引导我们审视改革开放理路中的制度主义阐释，自制度主义与新制度主义发轫以来，对于市场过程的制度阐释，逐渐凸显其理论要义。 市场过程中的制度内涵，是国际贸易改革历史叙述的主线之一。 更重要的是，正如科尔奈（1985）所述：“解决改革过程遇到的经济困难最简便的办法是重新运用行政手段，这是社会主义国家政府部门的本能反应……但人必须时刻记住改革的总目标。”[1] 显性制度（Tangible Institutions）的沉淀是对改革过程之中“行政手段”式“本能反应”的帕累托替代，这一源于“政府—市场”边际迷思的内在“行政冲动”，更需要从显性制度层面予以规制，以这一去隐性制度（Intangible Institutions）的方式，去理顺“政府—市场”的关系及其边际；更重要的是，为中国国际贸易改革提供了制度“硬约束”，从显性制度上建构了可资遵循的国际贸易制度体系与政策体系，构建了制度依赖性的改革理路。 这无疑是对社会主义市场经济体系的制度递归，更是对改革开放市场内核的制度递归。 故而，本书从改革开放催生的制度禀赋鼎新出发，梳理中国国际贸易改革的经济理路与历史叙述，是破题义乌国际贸易改革所依赖的改革开放下中国对外贸易改革的要义所在。

传统国际贸易理论，在国家宏观层面给出了国际贸易产生与发展的源泉。 赫克歇尔-俄林理论强调，要素禀赋是驱动一国对外贸易的动力所在，阐释了要素禀赋，尤其是劳动、资本等生产要素富裕程度对一国贸易优势形成的作用；大卫·李嘉图的比较优势理论则强调比较优势驱动下的对外贸易，阐释了比较优势对一国对外贸易的动力构成。 中国对外贸易的发端与发展历程，蕴含了上述对外贸易动态共驱的经济机理，从中国对外贸易改革视域出发，制度鼎新构建的制度比较优势是驱动中国对外贸易发展的制度推力所在。

---

[1] 摘自科尔奈 1985 年 9 月在“巴山轮会议”上的讲话。

　　义乌国际贸易改革发端于中华人民共和国对外经济贸易的建立和发展以来的对外经济贸易制度基础，并伴随着中国国际贸易改革领域在改革开放初期的对外经济贸易体制改革与发展期（1979—1992 年）、社会主义市场经济目标下对外经济贸易体制改革与发展期（1992—2000 年）、加入世界贸易组织后中国对外经济贸易体制改革深化与对外经济贸易发展期（2001—2017 年）与习近平新时代中国对外经济贸易体制改革广域改革发展期（2017 年至今）的动态制度更迭与建构中。这预示了，要厘清义乌国际贸易改革的发端背景，一方面需要厘清中华人民共和国对外经济贸易的建立和发展期搭建的制度基础与制度思想驱动；另一方面则需结合中国国际贸易在不同阶段的实践，综合分析各改革期的改革要点、方向、目标与路径，将义乌国际贸易置于全域改革范畴，抽离出义乌国际贸易改革的宏观脉络与异质性。

　　中华人民共和国成立后，通过摧毁帝国主义在华特权及其对中国对外经济贸易的控制，没收对外经济贸易领域中的官僚资本，并逐步对私营进出口商展开社会主义改造，从生产资料与流通体系两个领域展开了社会主义国家资本化改革，初步全面建立起社会主义的对外经济贸易。中华人民共和国成立至改革开放前，中国国际贸易体制经历了渐进式改革，贸易体系逐步完善，但受制于经济体制机制的社会主义计划经济，原有与计划经济相适应的高度集中的对外经济贸易体制，随着对外开放与社会主义市场经济建设的不断深化，逐渐无法适应中国对外贸易发展的需要，因此构建适应改革需要、社会主义市场经济内涵与国际贸易格局的国际贸易体制机制日渐成为中国国际贸易改革的重点所在。

　　十一届三中全会以来，就经济建设，党中央提出了改革开放，探索建立社会主义市场经济体制的宏伟构想，中国国际贸易改革相继步入改革开放初期的对外经济贸易体制改革与发展期（1979—1992 年）、社会主义市场经济目标下对外经济贸易体制改革与发展期（1992—2000 年）、加入世界贸易组织后中国对外经济贸易体制改革深化与对外经济贸易发展期（2001—2017 年）与习近平新时代中国对外经济贸易体制改革广域改革发展期（2017 年至今）。改革开放初期，中国在国际贸易改革领域强化了对对外经济贸易法律体系的建设，从 1979 年出台的第一部涉外经济法律——《中华人民共和国中外合资经营企业法》，到 1986 年和 1988 年先后制定颁布了《中华人民共和国外资企业法》和《中华人民共和国中外合作经营企业法》，由此中国逐渐形成了初步成型的外商投资法律框架。 继 1994 年颁布出台《中华人民共和国对外贸易法》，在上述对外经贸框架内，陆续颁布具体的实施细则等，形成了在对外经济贸易法律框架基础上切合国际经济通则的对外经济贸易法律体系，由此中国对外经济贸易的管理和经营走上法制化的发展道路，形成了具备制度禀赋优势的对外经济贸易制度体系。 对外经济贸易制度层面的建设与完善，一方面推进了国家制度禀赋的积累，另一方面也是义乌国际贸易改革赖以推进与发展的制度依托。

1.1.2 社会主义市场经济体制引致下的市场范式

作为中国国际贸易改革双重背景之一，社会主义市场经济的体制建设与改革开放的进程相互交织，构成了中国国际贸易改革的市场范式依托，集中体现为社会主义市场经济体制引致下的市场范式。 社会主义市场经济体制是一个动态嬗变的历史过程，以此为依托，市场机制的建构也凸显出市场过程的经济内涵。 正如柯兹纳（1992）所述，在奥地利学派视域下，市场是一个没有终点的对经济主体交换利益机会的企业家搜索—匹配过程，而不仅仅属于静态的时点均衡范畴，市场过程强调市场对均衡这一趋势的收敛，以及在这一过程中对企业家对于经济机理中市场不完全或者市场非集约化资源配置的搜索—匹配。 企业家精神的市场发现与基于微观市场过程的市场经济体制的建构，构成了中国国际贸易改革的市场依托范畴。

党的十四大提出建设社会主义市场经济体制的改革构想，党的十四大三中全会通过的《关于建立社会主义市场经济体制若干问题的决定》，勾画了中国社会主义市场经济体制的基本框架。 而后，在社会主义市场经济体制建立时期（1993—2002 年）勾勒了社会主义市场经济体制的基本框架，厘清了社会主义与市场经济的关系，界别了中国社会主义市场经济体制区别于一般市场经济的社会主义核心特征，实施了社会主义市场经济下的所有制结构改革，扩大了市场参与主体的范围，进一步盘活了市场主体对社会主义市场经济发展的推动作用。 步入社会主义市场经济体制完善时期（2003—2016 年），中国经济发展步入新常态阶段，这一阶段经济体制改革的核心问题是在处理好政府和市场关系的基础上，如何破解新常态下中国经济的发展瓶颈与发展路径桎梏问题。我国政府围绕完善社会主义市场经济体制的总体思路，先后提出了"一带一路"倡议、供给侧结构性改革等改革举措。

2017 年，党的十九大胜利召开，这标志着中国社会主义市场经济体制建设进入了习近平新时代，新时代的社会主义市场经济体制建设，面临新的问题与挑战：一方面，国内面临现有资源配置体系下有效供给不足与经济增长方式亟待优化的历史诘问；另一方面，逆全球化进程突出，贸易壁垒以多样化的形式出现，经济全球化面临全球政治经济治理机制寡头化、单边化趋向。习近平总书记指出："市场在资源配置中起决定性作用，并不是起全部作用。"市场这只"看不见的手"并非万能的"上帝之手"。一是市场的自发调节具有盲目性。在市场经济中，资源依据价值规律、供求关系自发调节，但由于信息传递的滞后和个人理性的局限，这种自发调节不可避免地带有一定程度的盲目性。二是市场自身无法克服"外部性"。在市场经济环境下，各类经济活动以成本收益为原则，缺乏明确成本收益主体的公共产品不会凭空产生。三是市场无法兼顾效率与公平。市场经济崇尚自由竞争、优胜劣汰，"马太效应"所导致的"强者恒强，弱者恒弱"，会让自由竞争最终走向自己的反面，形成垄断。同时，也会导致社会两极分化、贫富差距加大，与社会整体利益、长远利益相背离。可见，市场这只"看不见的手"并不能包打天下。当"市场失灵"的时候，就需要发挥政府这只"看得见的手"的作用。对此，习近平总书记指出："我国实行的是社会主义市场经济体制，我们仍然要坚持发挥我国社会主义制度的优越性、发挥党和政府的积极作用。"还指出，"政府的职责和作用主要是保持宏观经济稳定，加强和优化公共服务，保障公平竞争，加强市场监管，维护市场秩序，推动可持续发展，促进共同富裕，弥补市场失灵"。在这一背景下，党中央先后提出了供给侧结构性改革与"一带一路"倡议，力求妥善处理在现有资源配置体系下有效供给不足与经济增长方式间的问题，有效应对逆全球化下，全球政治经济治理体系的新常态问题。党的十九大报告中提出了"贯彻新发展理念，建设现代化经济体系"，这为中国的国际贸易改革及义乌国际贸易改革提出了一个新的历史情境。

1.2 改革开放下的区域市场建设

1.2.1 社会主义市场经济体制下的市场重构

国际贸易改革中，如何处理好"政府—市场—企业"的边界与边际问题（Boundary and Margin Issue）是改革逻辑的要义之一。 社会主义市场经济体制下的市场重构，一方面厘清了"政府—市场—企业"的边界与边际问题；另一方面探索了适应社会主义市场经济体制建设及国际贸易改革的市场模式与建设路径，盘活了中国全域生产体系中要素的流转、产品的流通并催生价值链闭环的形成，这是中国国际贸易改革的突出特点。 借由此，国际贸易改革过程中的市场过程或者说市场体系的建立，使得国际贸易得以基于相对完备、成熟的市场基础，经由资源的有效配置，形成适应经济全球化趋势，融合全球生产体系与价值链体系的对外贸易新格局。

改革开放以来，围绕政府与市场的关系问题，中国先后经历了从 1978 年十一届三中全会到 1992 年党的十四大召开之前的市场经济探索期、党的十四大到党的十九大召开前的社会主义市场经济全面建设期及党的十九大召开以来的社会主义市场经济新时代发展期。 市场经济探索期，围绕社会主义市场经济的"本质"问题，展开了有关如何在社会主义条件下建立市场经济体系的可行性与路径问题的研究，初步探索了由行政式放权向市场式放权转化的发展模式与体制模式。

1.2.2 市场经济体系驱动下的产业内源耦合

中国国际贸易改革，伴随着中国产业结构与产业经济地理的调整，随着产业结构的不断优化与梯度体系的形成，贸易改革的内涵也经历了一定的变化。 从国际贸易改革全域来看，国际贸易领域的短板在于对外贸易体制与产业结构的失范问题，而就义乌国际贸易改革来看，则主要聚焦于产业集聚下"市场—产业"驱动问题，即如何通过国际贸易改革，建立健全国际贸易体制机制，形成在市场配置驱动下，在政府宏观调控优化引导下的贸易产业协同发展的格局；更为重要的是，如何通过国际贸易改革的制度红利，推进市场经济体系驱动下的县域、省域及区域产业的内源耦合，形成具备宏观统筹特征的县域、省域及区域产业格局，这是中国对外贸易改革所面临的改革旨归问题，也是保持义乌国际贸易县域样本活力，建立世界"小商品之都"的关键所在。

改革开放初期，中国经济三产结构分别为 28.2％、47.9％与 23.9％，国际收支中经常出现项目逆差，出口体量小于进口体量，贸易主要集中于商品贸易，产业结构对于贸易需求的契合度不高，且主要产业结构梯度布局不完备，集中于粗放型工业产品的生产，在出口层面呈现出出口产业比较优势缺乏、产业梯度不明晰等现实产业特征。产业结构约束下的国际贸易是改革开放初期的显著特征，如何搭建完备的产业梯度体系、构建具备高中低配置合力的产业格局是改革开放初期，横亘在中国国际贸易发展面前的重要问题。

改革开放 40 年来，中国的三次产业结构有了比较明显的改变，但总的看来仍以传统产业为主，存在制造业增加值占 GDP 比率低、服务业比重低、产业总体水平不高的现象。中国正处于工业化进程的后半阶段，第二产业在GDP 中占了相当大的比重，而传统的农业却后继乏力，比重持续下降。中国已经由一个传统的农业经济大国转变为工业经济大国，但我国的第三产业发展相对滞后，与发达国家有明显的差距。

总体而言，我国第一产业的比重呈不断下降的趋势。在改革开放初期，第一产业占 GDP 的比重为 27.9％，但是到 2009 年已经下降到 10.6％，降幅非常明显。从改革开放初期到 20 世纪 80 年代中期以前，第一产业在 GDP 中所占的比重呈上升趋势，到 80 年代中期以后才转为下降，进入 90 年代以后呈现出明显下降的趋势。进入 21 世纪之后，变动比较平缓，2008 年和 2009 年的差距只有 0.1 个百分点。可见，第一产业的比重比较稳定，未来的变动趋势将会很小。

第二产业在 GDP 中所占的比重呈现出先降后升的趋势，但从总体上看，没有发生大幅度的变化。在 GDP 结构中，第二产业的比重从 1980 年的48.2％下降到 1990 年的 41.3％，到 2007 年达到峰值 50.3％。在这期间，曲线呈波浪形，虽有波动，但总体呈上升的趋势。从 2007 年起，由于国家的宏观调控，第二产业的比重逐渐回落。 从整体上看，自改革开放以来，第二产业在 GDP 中的比重没有发生大的变化。

第三产业占 GDP 的比重总体呈现上升的趋势。 自改革开放到 20 世纪 80 年代前期，第三产业在 GDP 结构中所占的比重一直没有发生太大变化，但在 1983 年以后第三产业的比重迅速上升，在 1985 年超过了第一产业。 2002 年以来却呈现出缓慢下降的趋势，到 2007 年达到波谷。 2002 年，第三产业和第二产业的差距仅为 3.1 个百分点，由于第二产业过快增长，第三产业在 GDP 结构中的比重开始呈现下降的趋势。 从 2007 年起，由于第二产业增速放缓并且呈下降的趋势，第三产业迎来拐点，反弹力度比较强。 从三次产业结构变化趋势看，第三产业还将有一个明显的上升期。

从 1978—2009 年中国三次产业结构变化趋势线来看，改革开放以来，中国三次产业结构渐趋合理，总体符合产业发展的一般规律。 但是，中国农业基础薄弱，"三农"问题一直没有得到很好的解决；同时，迅速成长的工业未能对农业提供应有的技术改造和服务；第三产业发展相对滞后，对第一、第二产业的制约作用也相当突出。 根据国际三次产业结构变动的一般趋势分析，中国产业构成比例不合理，产业结构仍需改善。

农业内部结构有待优化。 改革开放以来，中国农业和农村经济取得了长足发展，农业产业结构经过不断调整形成了较好的格局，但仍存在不少问题。一是农产品总量供给无法满足工业化需求；同时，农业结构特别是品种、品质结构尚待优化，农产品优质率较低。 当前中国农业结构调整面临的问题是：受土地、水资源的约束，农产品生产从总量上越来越难以满足工业化提出的需要，农业结构调整在资源空间上受到极大限制；受技术进步滞后影响，中国农产品生产规模大，但品种不优、质量不高，难以满足城乡居民消费结构升级后对农产品提出的优质化需要。 二是农产品加工业尚处在初级阶段。 农产品的加工比例低，目前中国农产品加工业产值与农业产值之比只有 0.43∶1，而发达国家大都在 2∶1 以上，特别是在农产品加工中，中国初级加工比重大，深加工不足；农产品保鲜、包装、贮运、销售体系发展滞后，也难以适应经济社会发展的需要。 三是农产品区域布局不合理，各地没有充分发挥自身的地区比较优势，未能形成有鲜明特色的农产品区域布局结构。 四是农业现代化进程缓慢，快速工业化并不能及时为农业提供足够的现代物质装备，农业基础设施落后，现代公共服务严重不足。

第二产业结构重型化。 从产业结构演变的一般规律来看，中国正处于工业化进程的中期后半阶段。 改革开放 40 年来，中国工业综合实力不断增强，工业化加速发展，在国民经济中的作用不断增强。 从 2008 年的数据来看，工业实现增加值 12.9 万亿元，规模以上工业增加值增长 12.9％，工业增加值占 GDP 的比重达到 43％，对 GDP 增长贡献率达到 42.8％，对国家税收贡献率达到 50％。 同时，钢、氧化铝、水泥、原煤、化肥、微型计算机等的产量均居世界第一，但大力推进工业化进程导致资源分配不均，更多的资源投入重工业。 以钢材为例，2003 年中国钢产量虽高达 2.2 亿吨，居世界第一，但同年进口钢材仍超过 3 000 万吨；2004 年钢产量增加到 2.7 亿吨，但仍然进口了 2 931 万吨。 国内市场钢材需求旺盛、钢材价格上涨进一步刺激了我国对钢铁工业的投资，2007 年全国钢材产量达到了 5.65 亿吨。 由此可见，中国重工业发展速度十分迅猛，工业结构重型化趋势十分明显。 1978—1992 年间，轻重工业的比重基本相当，变动不大，但是从 1992 年起，全国积极贯彻《全民所有制工业企业转换经营机制条例》，工业改革向广度、深度发展，企业经营机制转换和结构调整步伐加快，市场机制作用增强，加上投资需求的迅速回升，有力地推动了工业生产的高速增长。 从统计数据曲线中不难发现，1997 年以前轻重工业在工业增加值中的比重呈波浪形，1997 年开始两者之间的比重差距逐步拉大，到 2004 年两者之间的差距达到了最大值，其中重工业增加值在当年的工业增加总值中占了 75.9％之多，而轻工业仅仅只占 24.1％。 从 2005 年开始，重工业增加值较大幅度回落，而轻工业也相应上升，两者之间的曲线趋于平缓。 但从整体上来看，轻工业由 1992 年的 49.9％下降到 2009 年的 29.4％，而重工业则由 1992 年的 50.1％上升到 2009 年的 70.6％，轻重工业的比例差距明显拉大，重工业化特征日益显著。 重工业化对中国经济结构带来了重大影响，使中国的经济发展重新步入高消耗和低效率的粗放增长模式，从而导致了资源价格的上涨。 2010 年，由三大铁矿石巨头——淡水河谷、力拓、必和必拓展开的铁矿石价格谈判如火如荼地进行，但由于中国的刚性需求大，在谈判中处于劣势，这种情形还将长期持续下去。 2000 年起铁矿石的价格翻了将近 5 倍。 这种因资源价格暴涨而带来的影响就是供求关系的失衡，国内许多的大型钢厂苦不堪言。 据调查研究显示，2017 年中国钢铁行业的销售利润只有 2.43%，大大低于国内 5.47% 的工业平均销售利润，微利甚至亏损的国内钢铁行业举步维艰。

第三产业发展滞后。 第三产业的发展水平反映了一个国家的经济发达程度和人民生活状况。 如今发达国家第三产业增加值占 GDP 增加值的比重和第三产业就业人员占全社会劳动者的比重，平均达到 65% 左右，而在中国这一数字在 30%～40% 之间徘徊。 中国的第三产业十分落后，主要表现在以下几个方面：①第三产业发展落后于国民经济发展。 与中国社会经济发展的要求及世界相关国家相比，中国第三产业发展尚显不足，其增加值在 GDP 增加值中的比重偏低，远远低于世界 50% 的平均水平。 ②第三产业现状与中国经济的发展速度及所处的阶段很不相称，对 GDP 的贡献也远远低于其应有的贡献，其发展速度滞后于国民经济发展，导致其中不少行业的服务产品供不应求，服务价格上扬，从而又在一定程度上抑制了服务需求。 这是一种畸形的发展过程，需尽快解决以避免造成恶性循环。 ③第三产业占 GDP 的比重与世界发达国家相比还存在很大差距。 中国第三产业增加值占 GDP 增加值的比重不仅远未达到现代化标准（即 45% 以上），而且还低于世界低收入国家 37% 的平均水平，更落后于西方发达国家 60%～80% 的水平，发展还很不成熟。 ④第三产业内部结构得到了优化，但劳动力配置质量有待提高。 从从业结构上看，第三产业内部劳动力配置不合理，技术含量和市场化程度较高的新兴部门吸收劳动力的能力较弱，传统产业如餐饮业、零售业沉淀太多低素质的劳动力，这两个行业的就业比重上升较快，仍是吸收劳动力的主要部门；而适应经济市场化、国际化、信息化要求的产业（通常是提供服务型生产资料的行业）就业人数却不足，就业比重呈下降趋势；非市场化经营的产业如科教文卫，就业比重下降得较快①。

---

① 徐锋：《优化我国外贸产业组织的探索》，《国际贸易问题》2002 年第 4 期。

1.2.3　区域贸易价值链跃升下的区域经济协同

改革开放 40 年以来，通过体制机制改革，社会主义市场经济体制初步建立，国民经济发展迅速，但国民经济发展逐渐凸显出区域经济发展不协调的问题，如何破局区域贸易价值链跃升下的区域经济协同问题，是统筹推进国际贸易改革、实现国际贸易改革的国民经济发展旨归的重要内容所在。尤其是进入后金融危机时期，世界经济就全球贸易体系层面而言，其价值链内涵日益突出，如何耦合区域乃至区际经济发展，是实现国际贸易改革深化推进的重要前提，也是国际贸易改革顺利实施的现实条件。

2017 年，中国区域经济发展将呈现区域经济增长持续分化、开放度进一步扩大的态势。同时，国内区域合作更加深化，合作模式多样化。此外，不同层次增长极将构筑形成多点支撑的区域空间增长格局，协同创新会成为区域经济创新的主要形式。党的十九大提出"实施区域协调发展战略"，面对区域发展失调的现实桎梏，如何在对外贸易改革中实现区域经济协同发展的目标，资以更好地推进中国国际贸易的健康发展；如何通过产业、贸易及要素配置实现空间特征优化，形成多中心—边缘辐射区域经济协同发展新格局及区域经济协同发展机制，是中国在国际贸易改革中不得不面对的问题。对于义乌国际贸易改革的县域实践，发挥好义乌贸易窗口的作用，以贸易为带动，以市场为引领，发挥好义乌国际贸易发展对于区域产业及区域经济的协同带动作用，形成以义乌国际贸易改革为驱动区域经济发展的新格局，是义乌国际贸易改革需要直面的问题。解决好这一问题，一方面解决了义乌国际贸易发展的产业腹地问题，对于丰富义乌国际贸易产品结构、产品梯度，拓展义乌国际贸易出口边际，都具有极其重要的现实意义；另一方面，对于这一问题的切实回应，也是义乌国际贸易改革的意义所在。义乌的单一发展，并不是义乌国际贸易改革唯一的改革目标，如何发挥改革效力，通过县域、区域改革这一杠杆解，盘活相关主体及领域的发展，是义乌国际贸易改革所需要面对的又一问题①。

---

① 马淑琴、邵宇佳、王彬苏：《价值链贸易、全要素生产率与经济周期的联动》，《国际贸易问题》2017 年第 8 期，中国人民大学报刊复印资料《国际贸易研究》2017 年第 11 期全文转载。

1.3 改革开放下的体制机制创新

改革开放下的体制机制创新，是中国对外贸易改革的宏观背景。 改革开放以来体制机制的创新，主要着力于对以资源配置机制、要素流转机制、产业分工机制为标志的市场机制，以及以所有权制度、收入分配制度、区域发展制度与宏观调控机制为标志的行政机制的改革。 市场机制与行政机制的改革，共同构成了体制机制改革的双轨范畴，共同推进了以"政府—市场—企业"的边界与边际关系、资源配置主体等为主要内容的社会主义市场经济体制的建设与完善。 可以说，国际贸易改革是在社会主义市场经济体制框架内的局域改革，一方面依赖于社会主义市场经济体制，具有社会主义市场经济体制的特征即改革理路；另一方面又具备差异化特征。 要理顺中国国际贸易改革的体制机制背景，就不得不回归到社会主义市场经济体制建设的历史脉络之中展开分析。

改革开放下的体制机制创新，主要围绕两个维度展开：第一是建立适应社会主义市场经济体制建设的发展模式；第二是建立与之相匹配的体制模式。发展模式与体制模式息息相关，发展模式在改革初期从经济基础层面决定了体制模式的内涵与范式，引致体制模式框架内的行政式放权向市场式放权转换，将行政职权置于市场框架内予以界别与框定。 随着改革的推进，体制模式在此双元关联中逐渐成为主要驱动，体制模式对于发展模式的规制作用日趋显著。 经济体制改革，实质上就是经济领域的体制机制创新，"经济"与"体制"的双重内涵隐含了发展模式与体制模式的矛盾统一关系。 创新是引领发展的第一动力，从这点上讲，体制机制创新的重要性不言而喻。 中国经济充满强大的韧性，其原因除了经济本身蕴含的巨大发展潜力，更重要的是我们总能通过体制机制创新，在经济发展的关键时刻做出恰当的适应性改变，从而不断扩大经济发展的潜力。 正是如此，当中国进入了新时代并已由高速增长转向高质量发展阶段时，需要继续发挥体制机制创新的先导作用，为建设现代化经济体系保驾护航。

建设现代化经济体系的产业体系、市场体系、收入分配体系、城乡区域发展体系、绿色发展体系和全面开放体系，无一不需要依靠经济体制改革的作用。也就是说，紧紧围绕建设现代化经济体系这一主题，以体制机制创新来不断完善经济体制，既促进每个体系自身的良性发展，又将各个体系有机串联起来，与经济体制一起作为一个统一整体，一体建设、一体推进。

在建设现代化经济体系中，体制机制创新的目标是建设充分发挥市场作用、更好发挥政府作用的经济体制。要实现这一目标，具体来看，就是要通过体制机制创新，从实现市场机制有效、微观主体有活力、宏观调控有度三个方面去落实。

义乌国际贸易县域改革，正是在改革开放下对外贸易改革、区域市场建设及体制机制创新下发端、推进并深化的，对外贸易改革、区域市场建设及体制机制创新三大主题，与义乌国际贸易改革县域样本相互交织，共同勾勒了义乌国际贸易改革的历史叙述与现实范本。可以说，对于对外贸易改革、区域市场建设及体制机制创新历史脉络的把握，一方面是溯源义乌国际贸易县域改革历史源泉的历史必然；另一方面也是从历史宏观图景，理解义乌国际贸易县域改革发展理路、演进方向与改革旨归的逻辑要义。中华人民共和国成立以来，尤其是党的十一届三中全会以来，中国在探索建立社会主义市场经济体制的框架下，推进对外开放，推动国际贸易改革深化发展。义乌国际贸易县域改革，也正是在上述历史节点下，进入历史舞台，谱写国际贸易改革的义乌样本。

1.4 多元驱动下的义乌国际贸易改革

正是在上述宏观改革历史叙述中关于市场范式、制度鼎新、区域市场建设与体制机制创新等方面的改革，为义乌国际贸易试点奠定了市场范式基础、制度禀赋基础、区域市场基础与体制机制基础，构建了义乌国际贸易改革实践的广域依托。义乌国际贸易改革的县域实践，虽因自身的经济地理特征，具有县域改革区别于国家层面改革的内生特殊性，但理解义乌国际贸易改革实践的历史叙述，仍需要根植于国家层面的宏观改革的宏达维度：一方面宏观改革为义乌国际贸易改革实践提供了生动的现实图景，奠定了市场范式基础、制度禀赋基础、区域市场基础与体制机制基础；另一方面，宏观改革与义乌国际贸易县域改革实践的内在共衍性，互相驱动彼此在不同层面的改革发展，其中最为重要的是，宏观改革的局部"留白"倒逼义乌国际贸易改革的主旨性改革，沿袭改革开放实践的"局部试点改革—局部改革经验体系—全域改革推广"的改革理路，发挥县域改革"摸着石头过河"的实践样本参照作用，破局宏观改革中亟须突破的改革范畴，探索不同区域经济地理特征下的国际贸易改革路径。回溯宏观改革叙述中关于市场范式、制度鼎新、区域市场建设与体制机制创新等方面的改革，不难发现，宏观改革之于义乌国际贸易县域改革实践的重要意义。

1.4.1 宏观改革为义乌国际贸易改革奠定了现实图景基础

对义乌国际贸易改革理路的"改革文本"的分析，首先需要回归改革开放的宏大历史叙述之中予以理解。改革开放驱动下国民经济发展的外向度水平不断提高，贸易发展逐渐从内贸的单一叙述向内贸外贸双元驱动式的贸易图景发展。国际贸易改革成为改革的重要内容之一，强调改革对于建立国际贸易体系、构建国际贸易政策框架、提升国际贸易国际参与度方面的锚定，义乌国际贸易改革正是在这一改革图景嬗变驱动下得以发端与发展。国际贸易体系建设的改革锚定使得义乌国际贸易改革逐步从国际贸易的经济依托出发，关注国际贸易改革与发展的流通体制基础、产业基础、区域经济基础和经济腹地依托，着力打破县域间、区域间经济关联失范的局面，从产业发展与贸易改革层面出发，夯实贸易发展的产业体系依托。从"鸡毛换糖"到市场采购贸易再到世界"小商品之都"，要素、商品流通与区域经济关联在义乌国际贸易改革的实践中始终是核心议题，区域经济的发展长期处于关联失范的单极化发展路径之上，呈现出局部范围内的自给自足，要素、商品流转与流通长期处于闭塞状态。也正是在这一背景下，义乌展开国际贸易领域的全面改革，而流通体制基础与区域经济基础成为义乌改革的重点所在。义乌国际贸易改革关于流通体制基础与区域经济基础的实践，首先源于改革开放下企业家精神的主体能动性的发挥，进而从制度层面对上述问题予以体例化的阐释与革新，逐步打造了义乌国际贸易改革的广阔的经济腹地，为义乌国际贸易的发展提供了产业基础、流通经济基础与区域经济基础。　其次，改革开放也从思想上缓释了国际贸易改革之中的制度禁锢、思想禁锢。　国际贸易是市场驱动下的要素、商品流转与交换；可以说，国际贸易的起点在于市场主体能动性的激发。　长期以来，在计划经济的框架下，经济发展的模式是计划式有序展开的，市场及市场主体缺位显著，这主要源于经济发展理念层面的"计划"制度禁锢与思想禁锢，改革开放打破了这一双重禁锢，改变了市场在经济发展中的长期缺位现象，激发了市场框架内市场主体的主观能动性，为义乌国际贸易改革奠定了坚实的市场基础与市场主体依托。　义乌国际贸易改革虽然经历了多个改革时期与阶段，但无论处于哪一个时期或者阶段，对于市场体制与市场主体作用的发挥及相关体制机制的建设来说，一直是改革的核心。　这一改革的市场范式依托，发端于改革开放以来国际贸易改革之中的制度桎梏、思想禁锢的缓释，改革也随着缓释水平、维度的深化而不断发展；更为重要的是，改革开放为义乌国际贸易改革实践提供了开放条件下的宏观图景，开放经济条件为义乌国际贸易改革提供了最为基础的宏观图景，使得义乌国际贸易改革回归到了贸易本源。　改革虽发端于内源式倒逼，但改革的旨归的根本性在于如何在开放经济条件、国际分工体系下，明确中国贸易定位、构建贸易的比较优势、完备比较优势驱动下的产业基础。　义乌国际贸易改革也正是在这一开放经济视阈下展开的，有别于传统的内贸改革，其更多地聚焦于流通问题。　开放经济条件下，贸易改革的要素更为多样①，流通体制构建之外产业体系（产业体系构成义乌国际贸易发展的源发驱动）、区域经济体系等的协同改革，两

---

① 义乌国际贸易改革的背景是与国际贸易驱动力嬗变的历史叙述相关联的。进入 21 世纪以来，随着经济一体化进程的不断深化，国际贸易的深层驱动力也经历了更替。传统国际贸易理论阐释了多边贸易中一国比较优势与要素禀赋对于贸易的驱动作用；新贸易理论则着重阐释了不完全竞争下规模经济对一国国际贸易发轫、发展的基础性作用，同时新国际贸易理论厘清了市场微观主体企业的异质性对于宏观贸易的微观驱动机制。国际贸易的生产分割与离岸外移问题表征了价值链贸易问题，价值链贸易范式的跃升为义乌国际贸易改革提供了一个新的经济系统；贸易价值链与经济地理的双元驱动使得国际贸易改革的内涵得以丰富，贸易改革的要素也拓展为统摄要素流转、产业发展、区域协同等耦合要素集。

者耦合发展也构成了贸易发展的产业依托,尤其是产业价值链梯度的布局,有效耦合了产业与贸易的协同发展,有效夯实了价值链贸易发展的产业梯度根基,使得贸易价值链不"失之于"产业空心化、产业同质化。 而区域经济体系的搭建为义乌国际贸易发展提供了广阔的经济腹地[1]支撑,也推动了区域经济的发展。

1.4.2　宏观改革为国际贸易提供市场范式依托

改革开放为义乌国际贸易改革提供了深刻的现实图景,依托市场范式是义乌国际贸易改革的鲜明特征,是界别宏观调控下计划经济式的贸易改革与义乌国际贸易改革的关键。 义乌国际贸易改革的发端与发展史伴随着中国社会主义市场经济体系的建设与发展,围绕市场经济体系,义乌国际贸易改革形成了贸易改革的市场化切入,形成了市场经济体系下国际贸易改革的广域路径,即以市场关联为导向,逐步形成市场耦合下的要素流转、产业发展与区域经济协同的市场经济体系基础。 也正是在市场范式的驱动下,义乌国际贸易改革始终把脉贸易改革的市场要义,以市场作为改革发展的切入点,统筹要素、产业、区域经济等众多领域的改革发展。 市场,按照奥地利学派的定义,是一个市场过程的概念,强调市场过程之中具备企业家精神的企业家主观能动性的发挥及其创新驱动;对于市场内涵,熊彼特进一步指出了基于企业家精神的经济发展的创新驱动机制,指出了建设性创新对于经济发展的关键作用。 市场化的贸易改革发展脉络,为贸易的改革发展提供了市场过程要义,突出了贸易改革创新驱动与企业家精神驱动的发展内涵,强调了改革制度红利释放下的微观经济传递问题,即在特定的制度禀赋下,市场化的改革路径是通过怎样的方式从市场微观条件衔接之中实现经济性溢出的。 市场过程要义下的改革创新驱动,贯穿于义乌国际贸易改革的发端和发展的脉络,

---

[1]　P. Krugman 在 *The Spatial Economy: Cities, Regions, and International Trade* (The MIT Press, 1999)一书中便探讨了经济发展区域的经济禀赋依存性问题及产业基础问题。对于以专业市场为驱动的"点状"经济发展而言,具备较好产业梯度依托与经济区位依托的禀赋优势,往往能够形成以范围经济、规模经济与特色经济为特征的经济发展范式,义乌专业市场与国际贸易的发展便具备这一经济地理特征。

"无中生有"式的义乌贸易样本根植于改革全域的创新及经济体系内多元创新驱动力的释放，制度鼎新与产业、贸易新业态、新范式的代际交叠式互驱，构成了义乌国际贸易改革市场范式依托的一个重要维度。市场过程要义下的企业家精神驱动，在经济体系的改革构建下，提供了改革的微观驱动力。市场经济条件下企业家对于市场价格的"发现"是市场过程要义的核心，这一价格"发现"是一般均衡下均衡实现的表征与实现路径，强调市场经济体系趋向均衡路径之中企业家的市场主体作用，义乌国际贸易改革通过对市场过程要义下企业家精神的挖掘，构成了在制度禀赋与企业家市场"价格"发现机制双元规制下的国际贸易改革路径。

1.4.3 宏观改革为义乌国际贸易改革奠定了制度禀赋[①]基础

制度经济学强调，隐性或显性制度对于经济发展的重要作用，隐性制度与显性制度具有替代性与互补性关联，但不同的经济制度框架下，替代效应与互补效应的体量不尽相同。中国经济体制经历了从计划式向市场化转轨的过程，计划经济强调显性制度对经济发展的宏观规制，而对于经济发展之中隐性制度维度的考虑不多。社会主义市场经济体制建设，强调国家宏观调控下市场"无形之手"对资源的配置作用，国家宏观调控下的显性制度安排与市场配置下的隐性制度安排成为改革开放下国际贸易改革的双元制度驱动。制度禀赋的构建从单一的国家宏观调控下的显性制度安排向国家宏观调控下的显性制度、市场配置下的隐性制度安排转化。在国家宏观调控下的显性制度层面，宏观改革通过强化国际贸易体制机制的顶层设计，完备了宏观层面的显性制度安排；在市场配置下的隐性制度层面，改革开放推进了市场经济体系的构建，逐步厘清了市场与政府的边际问题，丰富了社会主义市场经济体系的制度内涵，界别并框定了市场经济体制下隐性制度体例，隐性或显性制度的并轨发展推进了中国制度禀赋的发展，夯实了经济改革发展的制度禀赋基础；同时，

---

① D. North 在 *Understanding the Process of Economic Change*（Princeton University Press，2005）一书中阐释了制度要素对于经济发展的影响，以及制度摩擦规制是经济改革的关键之一。

通过完备隐性或显性制度，逐步平抑了隐性制度的外部不经济，搭建了隐性或显性制度互为补充、相互关联的制度环境。

1.4.4 宏观改革为义乌国际贸易改革奠定了体制机制基础

吴敬琏在《论竞争性市场体制》一书中探讨了"可行的社会主义经济模式"，指出"实施新经济政策不仅是政策转变，而且是体制改革的第一次尝试"，改革开放从广度、深度延拓了社会主义市场经济体制的内涵，搭建了宏观调控与市场驱动并立的体制机制体例，发展模式从源头上倒逼了体制模式的发展。 改革开放催生了中国经济从计划式粗放型发展向市场化集约型发展转变，这一发展模式的转变使得原有基于行政性分权的"行政社会主义经济"趋于式微，市场经济内涵的发展内生地催生了经济性（市场性）分权对行政性分权的替代。 经济性（市场性）分权与市场经济体系的并轨发展，解决了"分权的行政社会主义经济"行政分权与市场经济的背离困境，理顺了政府与市场、体制模式与发展模式的逻辑贯性，为义乌国际贸易改革奠定了发展模式与体制模式耦合式的体制机制基础。

2 义乌国际贸易改革发展史及其成就

　　改革开放 40 年来，浙江解放思想，敢为人先，立足省情，走出了一条独具特色的发展道路。 这 40 年来，浙江经济发展迅速，主要经济指标在全国保持领先，成为全国经济增长速度最快和最有活力的省份之一。 经历了 40 年的风雨历程，浙江挖掘内源多元潜能，从相对封闭的传统农业主导的落后省份迅速崛起成为一个以现代工业为主的开放型经济大省，被誉为"浙江经验"或者"浙江现象"。 专业市场、私营经济和产业集群是浙江经济发展的三大特色。 以"义乌模式"为代表的浙江专业市场是"浙江现象"的典范，作为学术理论研究的热点，持续被学术界跟踪研究与解读。

　　改革开放前的义乌，是一个名不见经传的贫瘠小县。 如今，这个不沿边不靠海，一个只有 70 多万人口的内陆县级市在中国改革开放的大潮中奇迹般崛起，成为全球最大的小商品批发市场，跃升为中国乃至世界的知名城市。 义乌的巨变，既得益于中国改革开放政策，又得益于义乌坚持和深化"兴商建市"的发展战略。 改革开放 40 年来，义乌以培育、发展和提升市场为核心，大力推进工业化、国际化和城乡一体化建设，走出了一条富有自身特色的发展之路。 与中国众多的专业市场相比，国际化是义乌市场最显著的特征。 以此来分析，义乌市场的开放发展过程，就是义乌国际贸易改革发展过程，它生动反映了中国专业市场国际化的发展历程。 以义乌中国小商品城为中心的义乌专业市场的国际化，经历了从偶然的、初级的国际化，到积极的内向国际化，再到成熟的、外向的国际化发展理路，义乌国际贸易改革，也经历了改革先行期、全面改革期和综合改革期三个不同的发展时期。

2.1 义乌国际贸易改革的演进模式

任何组织或者系统的存续和发展，既受到外部环境因素的影响，也受到组织内源禀赋和能力的制约，专业市场概莫能外。 从根本上说，中国专业市场的国际化取决于两个基本因素：一是专业市场国际化的宏观发展环境，主要是中国经济国际化程度；二是专业市场自身拥有的国际化经营资源和能力，表现为专业市场国际竞争力（主要包括市场经营国际竞争力、市场管理国际竞争力、市场服务国际竞争力）。 专业市场国际化、专业市场国际竞争力和中国经济国际化程度三者之间客观上存在着密切关系，专业市场国际竞争力和中国经济国际化程度不同，专业市场国际化发展模式及发展演进也会呈现差异化。 从静态上看，专业市场国际竞争力和中国经济国际化程度决定了专业市场国际化的发展程度；从动态上看，专业市场国际竞争力和中国经济国际化程度的变化，也会引起专业市场国际化模式相应的变化。 因此，我们把专业市场国际竞争力和中国经济国际化程度作为分析中国专业市场国际化的基本变量，制订出与专业市场国际竞争力、中国经济国际化环境相匹配的专业市场国际化模式。 根据专业市场国际竞争力与中国经济国际化程度的不同，专业市场发展理路可归纳为四种基本模式。

2.1.1 "本地经营"模式

第一种是"本地经营"模式。 专业市场发端之初，由于专业市场国际竞争力和中国经济国际化程度较低，专业市场发展主要植根于本地，以此辐射全国。 20 世纪 80 年代初为中国专业市场发轫阶段，专业市场的供求流转基本上聚集于本地。 立足本地、辐射全国是专业市场经营的主要模式。

2.1.2 "全国经营"模式

第二种是"全国经营"模式。历经改革开放 20 年，囿于经济国际化发展程度，专业市场国际化发展的外部条件尚不成熟，其发展重点主要在国内，国内经营是其主要经营模式。20 世纪 80 年代中期到 90 年代中后期，以乡镇工业和家庭工业的迅速发展为背景，中国专业市场普遍有所发展，一些专业市场经营商品的国际竞争力得以提高。但总体而言，受制于既定经济开放度，面向全国的国内发展仍然是各专业市场经营的主要特征。中国加入世界贸易组织后，对外开放程度的深化推进了经济国际化水平的提高，大批国外客商借助专业市场采购商品，专业市场推动了对外贸易迅速发展，市场对外贸易比例快速提高，这一时期的专业市场的经营仍以国内经营作为其主要模式。义乌中国小商品城早在 1998 年就确立了其全国性小商品流通中心的地位，但在 2002 年国际商贸城一、二期建成开业之前，其仍然是以全国经营为主、外贸经营为辅的内向型专业市场。2000 年，义乌市场商品成交额就已达到 192.99 亿元，但市场商品外销的比例仅占 14.7%①，此时义乌中国小商品城还是一个"买全国、卖全国"的国内市场。

2.1.3 "内向国际化经营"模式

第三种是"内向国际化经营"模式。专业市场经营主体（主要是中小企业）的国际竞争力不强、跨国经营能力羸弱，这构成了专业市场经营主体的竞争禀赋内涵。随着改革开放进程的推进，中国经济国际化程度不断提高，国内市场开放水平逐步提升，专业市场国际竞争力普遍提高，市场经营主体能够利用专业市场对外贸易交易平台，不出国门开展市场对外贸易。这种模式是当前中国专业市场国际化的最主要模式。目前，义乌中国小商品城、绍兴中国轻纺城等专业市场的商品已经具有较强的国际竞争力，商品的外销比例超过了内销，专业市场经营已经开始从"全国经营"转向"内向国际化经营"。

---

① 数据来自浙江义乌中国小商品城集团有限公司。

2.1.4 "外向国际化经营"模式

第四种是"外向国际化经营"模式,这是专业市场发展的高级阶段。 内向国际化发展到一定阶段,必然要进入外向国际化。 在这一阶段,国内专业市场与世界各地小商品生产、购销网络对接,最终形成"卖全球、买全球",具有小商品经营国际竞争优势的全球性小商品中心。 它的国际化实质上是市场商品、市场经营主体和市场公司"三位一体"的国际化。 这种经营模式要求整个专业市场的系统,具有较强的综合性国际竞争力。 2000 年,义乌华丰实业公司在南非投资 210 万美元,组建南非中华门商业中心有限公司,经营"中华门"市场,但投资效果一般,究其原因就是专业市场的综合国际竞争力不强。

在上述四种模式中,"内向国际化经营"模式和"外向国际化经营"模式是专业市场国际化的主要模式。 从国际化的发展过程来看,专业市场一般从内向国际化向外向国际化发展。 内向国际化是外向国际化的基础和条件,外向国际化是内向国际化发展的必然结果。 义乌专业市场国际化发展同样呈现出上述路径嬗变特征。

专业市场系统一般由经营系统、管理系统和服务系统三个子系统构成。如上所述,专业市场国际化具体表现为市场经营国际化、市场管理国际化和市场服务国际化,专业市场国际竞争力从市场经营、市场管理和市场服务得以体现。 市场经营系统国际化是专业市场国际化的核心,对专业市场国际化的模式和进程起决定性作用。 现有专业市场国际化实践表明,专业市场内部三大系统的国际化发展并不是同步的。 在专业市场经营系统内部,市场经营商品和市场经营主体的国际化发展水平也不尽一致,往往是市场经营商品的国际化水平高于市场经营主体的国际化水平。 这种国际化特点也决定了现阶段内向国际化经营模式成为中国专业市场国际化的最基本模式。 这源于当前中国专业市场的经营系统中,市场经营商品已经具备较强的国际竞争力,但受市场经营主体的自身国际经营能力不强的掣肘,难以到国外开展经营活动。 但专业市场内向国际化经营模式,对广大经营户来说,具有交易方式简便、费用低等有限风险特征,大大降低了市场经营户开展国际贸易的门槛。 作为义乌国际化经营模式市场的范式要义，典型的专业市场对外贸易的过程是：第一步，国外客户（往往在当地外贸代理的陪同下）实地查看商品，进行询价；第二步，通过当面洽谈方式，同市场商户磋商交易；第三步，当一方的发盘被另一方接受后，交易达成，签订国际货物买卖合同（口头或者书面）；第四步，卖方按买卖合同的规定，交货到指定的仓库，买方付款（往往是人民币）。这种交易是现金结算的现货交易，从本质上看，具备实际交货 EXW（Ex Works 工厂交货）合同的基本特征。采取 EXW 合同成交，对出口商来说，其承担的风险、责任及费用都是最小的，价格也是最低的。这种外贸出口交易方式简便，费用风险与国内贸易区别不大，极大地降低了市场经营户开展国际贸易的门槛。正缘于此，内向国际化经营模式成了中国专业市场国际化经营的最基本模式。

2.2　发展经济学视域下的义乌国际贸易改革实践

2.2.1　义乌国际贸易改革先行期(1979—2000 年)：义乌中国小商品城的国际化演进路径

义乌市人民政府在 2005 年 9 月由市场贸易发展局发布的《义乌市场发展基本情况及发展趋势》报告中，分析了义乌市场发展历程，认为义乌市场发展历程，大致可划分为以下四个阶段：

一是探索起步阶段（1979—1984 年）。由于受人多地少、资源贫乏的制约，义乌人民历来"重商业、善经营"，这使义乌积淀了深厚的商业文化传统。早在明末清初，每到农闲，大批农民就从事走村串巷的"鸡毛换糖"的原始商业活动。到 1978 年底，义乌共有 5 万多人从事"鸡毛换糖"活动。党的十一届三中全会点燃了义乌人从商的"星星之火"。随着"鸡毛换糖"的深入开展，大量的针头线脑类日常小百货成为交换对象，这就产生了一批为"鸡毛换糖"提供小百货的人员。1979 年 11 月，义乌恢复传统集市，为"鸡毛换糖"提供小百货。自发形成的市场在"廿三里"最先出现。随后，由于经营者增多，1980 年开始在稠城北门街和湖清门一带形成小规模市场。 但此时的市场经营者大多出售自产自销的小玩意儿，如铁皮喇叭、鸡毛掸子、板刷和围裙等；也有少部分设法从厂家直接购进针、线、文具用品及小气球等，服务对象以从事"鸡毛换糖"的人员为主。 1982 年，义乌县委、县政府通过对几年来"鸡毛换糖"现象禁而不止、反而愈演愈烈的局面进行深入调研，认为"鸡毛换糖"是义乌特有的现象，是发展经济、改善百姓生活的好方式，并及时、果断地提出了"四个允许"，即允许农民进城经商、允许开放城乡集贸市场、允许长途贩运、允许多渠道竞争，鼓励和引导农民进入流通领域。 1982 年 9 月，义乌县委、县政府顺应群众意愿，在县前街、湖清门一带正式开放了第一代小商品市场——"稠城小百货市场"。 1984 年 12 月，第二代市场也投入使用，市场影响范围扩大到邻近县市及省内部分地区。 1984 年，义乌县委、县政府提出了"兴商建县"战略，"市场先发效应"至此发端。

二是快速发展阶段（1985—1991 年）。 在"兴商建县"发展战略推动下，义乌市场步入了快速发展的轨道。 到 1991 年底，义乌中国小商品市场成交额达 10.25 亿元，成交额首次列全国各大市场榜首，基本确立了全国最大的小商品流通中心地位。 在这个阶段，市场性质由区域性市场向全国性市场转变，市场管理由无序向有序转变，市场主体由单元向多元转变。 在市场发展过程中，开创性地实施"划行归市"，促进了商品经营的系列化和生产的专业化；适时提出了市场管理新思路，即"先繁荣后规范，先搞活后管住，查处后加引导"；实行了"三级管理、台为基础"的管理体制（即把工商管理体系分为服务台、交易区、管理处三级）。 此时，义乌市场的商品不但辐射到全国各大中城市及广大农村，而且通过边贸，将部分商品出口到国外。 1991 年底，义乌托运行业货运线路已达全国 160 多个大中城市。 中俄、中越、中缅边境，也都有义乌人在从事外贸经商。 此时，义乌市场经营主体发生了质变，由农民为主扩大到部分城市市民、工人，以及刚出校门的学生，还有众多企业里负责营销的员工。 据 1991 年底的统计，义乌市场经营主体中，本市的占 80%，外县市人员约占 20%。

三是拓展提升阶段（1992—2001 年）。 随着义乌第四代篁园市场和宾王市场的建成营业，市场组织机构向现代企业制度转变，市场形态向大型室内交易发展，市场类型向集散型与产地型相结合的方向发展。 1993 年 12 月 28 日，浙江义乌中国小商品城股份有限公司（后简称"小商品城"）成立，成功实现了"管办分离"。 2002 年 5 月 9 日，小商品城在上海证券交易所上市，掀开了市场发展的崭新一页。 在一些集散型批发市场日渐萎缩的形势下，义乌市委、市政府于 1995 年及时做出战略决策，提出并实施"以商促工、工商联动"战略，引导商业资本向工业领域转移，既极大地推动了小商品加工业的发展，又进一步夯实了市场的产业支撑。 与此同时，通过积极引进名牌、"品牌进市场"，市场经营层次有了明显提高。 市场内总经销、总代理的经营户达 3 000 余家，约占全部经营户的 13％。 商品流通范围也进一步扩大，对外贸易开始起步。 到 2002 年底，义乌市场日均客流量达 15 万人次，由义乌兴办或合办的义乌市场的分市场和配送中心已达 18 个，商品辐射全国各地及世界上 100 多个国家和地区，基本确立了全国小商品流通中心的地位。 电话、传真、在线等新的交易手段不断涌现，交易行为逐步向"订单"交易发展。

四是国际化发展阶段（2002—2018 年）。 中国加入世界贸易组织和国际商贸城的投入使用，为义乌市场转型提升创造了有利条件，标志着义乌市场进入了现代化、信息化和国际化的新发展期。 一方面，境外采购商、外企驻义乌商务机构大幅增加，现代物流业快速发展，涉外机构日益健全，直接推动了入世后专业市场的外贸增长，加速了义乌市场与国际的接轨进程。 2005 年，已有逾 65％的市场经营户承接外贸业务，出口市场逐渐从发展中国家向发达国家延拓，2004 年欧美市场的出口额已占全部外贸额的 44％。 义乌市场已逐步成为全球最大的日用消费品采购基地。 另一方面，区域主导产业蓬勃发展，有力地提升了产业支撑力。 2015 年，义乌有各类工业企业 1.6 万家，形成了十六大优势行业，培育了一批在全国乃至全球颇具市场竞争力的"单打冠军"，如义乌拥有的先进袜机、无缝内衣织机的数量位居全国第一。 同时，市场的持续繁荣，也带动了现代物流、会展经济、购物旅游等现代服务业的发展。 以国际物流企业、传统仓储运输企业和新兴专业化物流企业为主体的物流业快速发展，"中国小商品数字城"成为全国规模最大、会员数量最多的商品市场商务网站。 中国义乌国际小商品博览会（以下简称"义博会"）经历

10 年培育发展，已成为继广交会、华交会后国内第三大贸易类专业展会，同时也涌现出五金展、玩具展、袜机展、饰品节、义乌论坛等一批固定展会。购物旅游业发展势头良好，2004 年突破 300 万人次。

如果从市场国际化的视角分析，从改革开放到 20 世纪末是义乌市场国际化发展的初级阶段。在这一阶段，以市场境外经营主体进场采购，到境外经营主体进场设摊采购，形成对外贸易交易平台为标志。其主要特点是：在市场经营系统方面，一些国外客商直接到专业批发市场采购商品，市场经营户从原来的纯国内经营拓展为国内经营与零星商品出口并立；在专业批发市场内设置专门的商位，一些外商入内设摊。在市场服务系统方面，为专业批发市场对外经济贸易配套的服务设施逐步建立起来。在市场管理系统方面，专业批发市场经营管理者开始留意这种国际化经营的走向，走国际化专业批发市场发展道路。所以，义乌市场的国际贸易改革是一个伴随中国改革开放和自身国际竞争力提高的渐进发展过程。它基本上沿着"从立足本地全国经营，到内向国际化，最终实现外向国际化"的发展路径，实现从国内经营到国际化发展的转型。

在中国经济国际化的背景下，小商品城积极培育、提升现代市场经营业态，努力拓展国际贸易空间，专业市场对外贸易不断发展，已经成为重要的国际性小商品采购和货源出口基地之一。作为中国最大的专业市场的小商品城，国际化发端早，发展迅猛。1982 年，义乌小商品市场创办后，就有一些义乌市场的商品通过边境贸易进入俄罗斯等国外市场，但这种外贸经营只是偶然性的和零星的，真正国际化发展则始于 1991 年巴基斯坦、印度尼西亚等国家的商人到义乌采购商品。随着中国经济日益国际化，特别是加入世界贸易组织后，小商品城国际化发展全面提速，其经营活动超越国界，渐渐融入国际经济，开始从地区性传统型的纯国内批发市场向国际性开放型的商品流通中心发展。1998 年，义乌外贸出口额仅为 2 285 万美元，但 2003 年达到 73 389 万美元，年均增长 200.1%。境外驻义乌机构达到 648 家，常驻外商约 8 000 人，市场商品辐射到 212 个国家和地区。此后，联合国难民署、家乐福亚洲总部先后在义乌设立了采购中心。义乌市场被联合国与世界银行评定为全球最大的小商品市场。

2.2.2　义乌国际贸易全面改革期（2001—2010 年）：国际商贸城建成，义乌市场进入积极的内向国际化发展阶段

经过多年的发展，义乌市场在 2001 年前后进入积极的内向国际化发展阶段。 在这一阶段，境外企业进场设摊销售产品，构筑国际贸易交易平台，逐步形成国际商品市场网络。 此时，义乌市场的经营模式以内向国际化模式为主，国内经营模式为辅。 境外经营主体入场设摊经销外国商品，意味着专业批发市场从经营本国商品的对外贸易平台，转变成为经营全球商品的国际贸易平台，这标志着开始形成国际小商品流通中心，专业批发市场国际化程度大大提高。 在 2000 年 3 月 7 日召开的义乌市第十一届人民代表大会第三次会议上，时任义乌市市长周启水在政府工作报告中提出"加快建设中国小商品城新专业市场"。 小商品城新专业市场——"国际商贸城"开始建设，工程自 2001 年开始兴建，分三期建设，至 2005 年 10 月全面完成二期工程开发，市场经营面积增至 180 余万平方米，商位增至 47 000 余个，基本完成交易场所的国际化提升和布局调整工作，为小商品城国际化发展提升赢得了空间和时间。

国际商贸城建设开发的成效显著。 一是通过交易场所扩建，为业态创新、完善功能配套设施提供了空间，促进了外贸业快速发展和国际贸易交易服务质量水平的提高。 二是促进优势行业快速发展。 一方面，把优势行业全部集聚到市场内经营，提供优良的经营环境和服务，解决了多年来市场与专业街分散经营、多头竞争等社会问题。 至 2005 年 10 月，饰品、花类、玩具、工艺品、五金、箱包、电子、钟表、体育用品、雨具、化妆品、电器、眼镜和文化用品等 14 个优势行业全部搬迁到国际商贸城经营。 另一方面，通过适度增加商位供应量的办法，面向全球招商，引进了 2 000 多家品牌规模生产企业、外贸商务机构，为市场注入新的市场增量。 三是完成老市场的布局调整和繁荣工作。 按照"调整、改造、集聚、提高"的原则，同步完成了篁园市场老市场区的提升工作。 2002 年，义乌先后在篁园市场搬迁区新建了五金特色行业经营区，扩建电器、线带两个优势行业经营区，新引进六大类商品和 1 000 余家商户。

国际商贸城的开发建设，不仅意味着义乌阶段性完成了小商品城交易平

台基础设施的国际化提升工作，还促进小商品城向国际化发展跨出了实质性一步，实现了交易场所与功能的提升，市场由传统的"三现"（现金、现货、现场）交易场所，转变为集商品展销、电子商务、现代物流于一体的现代化交易平台，市场经营环境和服务更趋人性化，进一步巩固和提升了市场的国际化地位。 国际商贸城的开发建设是义乌市场国际化发展的重要里程碑。

国际商贸城的开发建设，推动小商品城国际化发展的全面提速，经营活动超越国界，逐步融入国际经济，开始从地区性、传统型的纯国内批发市场向国际性开放型的商品流通中心转变。 2002 年，国际商贸城一、二期建成开业，标志着义乌市场开始进入国际化发展的第二阶段，即以积极的内向国际化为主的国际化发展阶段。 此时，国际化成为市场的发展方向，市场的外贸发展迅速，从 2000 年至 2004 年，外贸出口额年均增长 50％以上。 大批的外商进驻义乌市场采购商品。 2005 年 7 月 28 日，国际商贸城韩国馆、香港馆开张，标志着小商品城从经营本国商品为主的对外贸易平台，开始转变为经营全球商品的国际贸易平台；标志着国际小商品流通中心初步形成，市场国际化程度极大提高。 与此同时，市场已经形成"义乌中国小商品"国际化品牌与国内外小商品网络，开始走外向国际化经营发展道路，即通过输出民间资本或与外企合营等方式，已在南非、阿联酋、乌克兰等地开办十余个紧密型和非紧密型分市场。 小商品城有 3 000 余个经营大户和行业龙头企业设立了国外销售点，一头在义乌采购，一头在国外市场销售，实现产、供、销和结算的全球一条龙服务体系。

义乌国际商贸城是目前国内最先进的专业市场之一，总建筑面积达 300 余万平方米。 国际商贸城一、二、三期共同组合成为全球单体面积最大的商品批发市场。 2011 年 4 月，国际商贸城三期二阶段市场投入使用，总建筑面积达 64 万平方米。 国际商贸城的进口商品馆经营面积为 5 万平方米，已引进 55 个国家的近 3 万种国外商品入驻。 目前，在国际商贸城市场销售的商品中有 10％左右来自国外。 义乌市场计划在新建的五区市场增加 10 万平方米场地，用于进口商品馆的后续发展。 在国家商务部、外交部等上级部门的积极推动下，5000 平方米的"非洲产品展销中心"项目落户义乌。 义乌市场正从"买全国货、卖全国货"向"买全球货、卖全球货"转变。 2010 年，义乌市场商品已出口到全世界 215 个国家和地区，市场外向度达 65％以上。

从 2006 年 10 月开始，商务部主持编制的"义乌·中国小商品指数"定期向全球发布，其成为全球小商品生产贸易价格变动的"风向标"和"晴雨表"。 2008 年 1 月 23 日，义乌成功发布了全国首个"市场信用指数"。 2008 年 11 月 1 日，商务部发布的国内首个《小商品分类与代码》行业标准正式实施，全球小商品有了"义乌分类法"。 义乌市场实现了由单纯输出商品向综合输出商品、信息、规则的重大转变，为中国日用消费品走向国际主流市场开辟了广阔空间。

1998 年，义乌外贸出口额仅为 2 285 万美元。 到 2010 年，义乌实现自营进出口总额 31.2 亿美元，其中出口额为 28.6 亿美元，高出全国增长水平；进口额为 2.6 亿美元，同比增长 19.2％。 义乌市场共吸引了 6 万多经营主体入场经营，全国有 20 多万家企业直接向市场供货，其成为国内劳动密集型产业融入全球生产网络的重要通道。

分析这一时期小商品城国际化的发展历程可知，这一时期义乌市场的国际化具有鲜明特征：

（1）外贸经营商品多，辐射范围广

义乌市场商位 6.2 万个，拥有 16 个大类、42 024 个种类、1 701 万种单品。来自世界各地的 10 万余家生产企业、6 000 余个知名品牌的商品在此常年展示。对于饰品、玩具、工艺品、五金、袜子、拉链等优势商品，中国的市场占有率在 30％以上。 市场经营的产品涉及 34 个行业、1 502 个大类、32 万种商品，其中眼镜、工艺品、饰品的外销率高达 90％以上，日用百货、钟表、花类的外销率达 80％以上，五金、文体、箱包、针棉、鞋类、玩具的外销率达 70％以上。

从市场的辐射范围来看，这一时期义乌市场商品已出口到全世界 215 个国家和地区，出口额超千万美元的国家和地区有 54 个。 2010 年入境境外客商突破 42 万人次，同比增长 32％；在义乌居住半年以上的境外客商达 1.3 万余人。 截至 2010 年底，有 3 008 家境外企业在义乌设立代表处，占浙江省总数的二分之一强，居全国县域首位。 沃尔玛、麦德龙等 20 多家跨国零售集团进驻义乌，联合国难民署在义乌设立了采购信息中心。

依托义乌市场的国际化发展，越来越多的义乌商人"走出去"，在国际经贸舞台上大展风采。仅阿联酋迪拜就有 2 000 多义乌人在经商,俄罗斯莫斯科有 50 多家义乌店,义乌人在南非创办了中华门商业中心,在五大洲都能见到义乌商人忙碌的身影。2010 年,义乌与香港环球资源公司、米兰国际展览股份公司合作,先后在阿联酋迪拜、印度孟买和意大利马契夫举办"义博会"境外展,共组织义乌 97 家企业参展。

(2)交易方式简便,外贸经营费用低

专业市场国际化可以分为两个类型:一是外向国际化,即专业市场经营主体直接到国外投资,创办国外分市场;二是内向国际化,即专业批发市场立足国内市场,开展市场对外贸易。小商品城的国际化以内向国际化为主,以货物贸易为基本形式,具有交易方式简便、费用低和风险小的特征。

(3)先进的外贸服务设施,进出口贸易方便

在硬件设施方面,小商品城建立了集商品展销、电子商务和现代物流于一体的综合性现代化外贸交易平台——"国际商贸城";构建了高效的外贸物流服务体系,依托现有资源,建立以仓储为主的物流配送中心。特别是国际物流中心占地面积 450 亩,为综合性的物流基地,基地聚集 10 多家货运代理公司和七八家中外船运公司,拥有近 6 万平方米的监管智慧仓库,从报关到商检、调度等各个现代物流环节一应俱全。海关总署为义乌量身定制"旅游购物商品"和简化归类政策,实行"异地报关、口岸放行"的大通关模式,与宁波港、上海港实现跨关区一站式通关。这一时期,义乌有各类物流企业 2 311 家,其中国内物流企业 1 126 家,国际货代仓储企业 1 051 家,快递物流企业 134 家,经营面积达 1 051 800 平方米,年发货量达 2 885.425 万吨,物流从业人员为 157 273 人。在义乌通行的道路货运车辆有 3 万多辆,其中集装箱运输卡车 5 268 辆。义乌公路货运可直达国内 320 多个大中城市,实现了国内重要城市全覆盖,每条专线每天至少发一车,800 千米以内夕发朝至。铁路中转托运站连通全国 20 多个铁路大站。驻义乌航空货代有 100 多家,每年国际空运货超过 3 万吨,2010 年 3 月推出了义乌至上海浦东机场"地对空"无缝连接的"卡车航班业务"。快递物流业务量增长迅猛,快递业务日均发送量达 15 万件,其中出口邮件 2.1 万件。中国海运、法国达飞、以色列以星等 18 家全球知名海运公司在义乌设立了办事机构。

义乌是浙江省首个成立海关的县级市，同时设立了出入境管理局，外商往来更加便捷。 国际旅行卫生保健中心、新检验检疫大楼等涉外服务设施全面投用，并开通"韩国人门诊"。 义乌可管辖涉外民商案件，审理部分知识产权民事纠纷案件，可邀请外国人员来华审批外国人在华就业行政许可等。 中国国际经济贸易仲裁委员会在义乌设立全国首个县级办事处。 民航义乌机场开通了到香港的临时航班，义乌成为全国县级市首个航空口岸，义乌机场境外旅客比例达 40％以上。

这些先进良好的外贸服务设施，是国内任何一个专业市场都不能比拟的，它们为广大经营户提供了齐全、便捷的外贸经营服务。

总结这一时期义乌国际贸易改革，主要成功经验包括以下几个方面。

第一，世界级小商品贸易服务商：先进的国际化经营理念。

小商品城是义乌中国小商品市场的发展商。 该公司不断创新经营理念，为国际化经营提供良好支持。 随着经济全球化和中国经济日益国际化，特别是加入世界贸易组织后，小商品城面临激烈的市场竞争。 小商品城在实践中不断探索，逐步建立国际化经营发展理念，为其奠定了国际化战略基础。 在小商品城的公司发展战略规划中，明确提出未来小商品城将是全球规模和影响力最大的小商品贸易服务专业化集团公司，是具有国际知名品牌的小商品采购、销售、配送一体化的现代商贸集团。 公司认为，作为全球性小商品贸易服务商，提升服务功能，就应该洞察和满足市场商品和经营主体的国际化需求，毫不动摇地实施国际化战略，实现流通方式创新。 为此，公司及时出台了一系列卓有成效的国际化举措，如国际商贸城一、二、三期建设；推进经营主体国际化和功能创新国际化；义博会的外向度等。 此后，小商品城国际化经营得以突飞猛进发展，国际化成为小商品城发展的新的增长点。 与此同时，小商品城进行了大量国际化经营理念的培训和教育，如开办了义乌商贸学院、义乌商贸专修学院；联合浙江大学、浙江工商大学成立了研究国际化经营战略的联合课题小组，对小商品城国际化经营进行理论创新，实现理论创新与实践探索的互动发展。

第二，义博会：市场国际化的窗口与桥梁。

在义乌市场的国际化进程中，以"义博会"为代表的各种博览会、展览会成功举办，起到了窗口和桥梁作用。办好"义博会"等国际展览会，一方面可以吸引国外客商参展，使之成为中国中小企业对外展示形象、信息交流、合作贸易的重要平台，起到窗口作用；另一方面通过办展时机、客源与广交会接轨，使"义博会"优势外溢，直接延伸并具化到市场上，临时性展会演变成永久性的，并且在成本、机会等方面强于广交会，起到良好的桥梁作用。

2010 年，义乌全市共举办各类展会活动 128 个，先后获得"中国最具魅力会展城市""国际展览联盟 UFI（Union of International Fairs）会员资格""国际展览管理协会 IAEM（International Association for Exhibition Management）会员资格""中国十佳会展城市""中国十大品牌会展城市"与"最受关注的十大会展城市"等多项荣誉。这一时期，义乌有国家级展会 4 个，分别是义博会、中国义乌文化产品博览会（以下简称"文博会"）、中国义乌（国际）森林产品博览会（以下简称"森博会"）和中国国际旅游商品博览会（以下简称"旅游商品博览会"），其中义博会已成为继广交会、华交会之后的第三大经贸类展会。已投入使用的国际博览中心总投资达 18 亿元，占地面积 219 亩，其成为浙江省最大的会展中心。第十六届义博会暨第三届非洲商品展布设国际标准展位 5 000 个，展览面积 12 万平方米，参展企业 2 617 家，分别来自境外 44 个国家和地区及境内 29 个省（区、市）；到会专业观众 134 393 人次，同比增长 9.0%；展会成交额达 127.67 亿元，同比增长 10.6%。2010 文博会成功升格为文化部主办的国家级展会，布设国际标准展位 2 371 个，同比增长 58.07%；实现展会成交额 28.07 亿元，同比增长 51.8%；参会观众 83 915 人，同比增长 23.03%。第三届森博会布设国际标准展位 2 160 个，展览面积 5 万平方米，展会规模居亚洲林业专业展会之首，实现总成交额 28.21 亿元，成为国内商业机会最多的林业展会。2010 旅游商品博览会布设国际标准展位 2 256 个；参会观众 10 万余名，其中境外客商 7 156 名，同比增长 38.69%；实现展会成交额 27.69 亿元，同比增长 17.28%。

第三，国际商贸城：国际化和全方位的现代交易平台。

市场国际化经营的开展离不开现代化市场环境。小商品城积极应对国际、国内市场变化，以国际化为前瞻，启动"国际商贸城"建设工作，促进市场量的增加与质的提高。2002 年 10 月，国际商贸城一期工程正式投入营运，成为推动义乌市场向国际化目标迈出的关键一步。 国际商贸城是国内最先进的专业市场之一，总建筑面积达300余万平方米。 国际商贸城一、二、三期共同组合成为全球单体面积最大的商品批发市场。 2011年4月，国际商贸城三期二阶段市场投入使用，总建筑面积达64万平方米。 进口商品馆经营面积达5万平方米，引进55个国家近3万种商品入驻。 目前，在国际商贸城市场销售的商品中有10％左右来自国外。 义乌市场在新建的五区市场增加10万平方米场地，用于进口商品馆的后续发展。

小商品城依托有形市场，发展电子商务，提高信息沟通效率，并通过网络平台建设，进一步完善网上中国小商品数字城的信息服务和交易平台功能，推动市场交易方式国际化，实现有形市场和无形市场的相互促进和有机整合，繁荣市场并带动相关产业发展。 此外，国际商贸城的电子商务发展势头良好。义乌市场电子网络基础设施建设得到普及，实现全面宽带接入。 小商品城专业网站营运行业发达，现有中国小商品数字城、阿里巴巴、新浪等20多家国内著名营运商开设小商品频道，网络经营普遍获利。 其中，中国小商品数字城按照"有形市场一个商位，无形市场一个虚拟商位"的理念搭建，为市场内4万多个经营户免费开通网上商店，培育网上市场，完成了中国小商品数字城的建设。

第四，"中国义乌，小商品海洋，购物者天堂"：国际化品牌的塑造和经营。

2004年5月，以"中国义乌，小商品海洋，购物者天堂"为广告词的义乌城市形象广告，在中央电视台多个频道亮相，广告画面精美，主题鲜明，气势恢宏，极具现代特色，令人耳目一新。 竞争是市场经济的本质，激烈的竞争使人们认识到品牌的价值。 小商品城始终认为，市场繁荣与经营户富裕、城市发展息息相关，因此将企业品牌、市场品牌和城市品牌融为一体，实施大品牌经营策略。 小商品城通过在权威媒体投放广告、举办国际小商品博览会、赞助体育和公益事业等举措，在国际国内赢得了良好的声誉，正努力成长为一个世界品牌。

一是强调"义乌""小商品""世界"三大概念。 小商品城在进行市场宣传和推广时，重点突出城市概念、产品概念和区域概念。 2004年5月起，小商品城通过在中央电视台四套国际频道的《中国新闻》《海峡两岸》，一套综合频道的《早新闻》，二套经济频道的《经济半小时》，九套英语频道等栏目投放广告片，打响了义乌城市与市场品牌，提高了义乌在国际上的知名度和美誉度。在广告片中，广告词——"中国义乌，小商品海洋，购物者天堂"精练、形象地把城市的商业个性诉求完美表达出来，美轮美奂的国际商贸城、灯光璀璨的体育会展中心，以及繁忙的交易场面向世界展示了义乌独特的城市魅力。此外，小商品城还协同义乌市政府，积极组织各类企业参加在迪拜、科隆等世界五金和小商品交易中心举办的各类展会，向世界宣传义乌的企业和产品。

二是以义博会为突破口。小商品城与国家商务部合作，努力做强做大义博会。围绕"面向世界、服务全国"的目标，按照"国际化标准、市场化运作、专业化组织"的原则，力争把义博会办成"特色鲜明、品牌知名、规范运作、成效突出"的一流国际名牌展会，使之成为提升市场国际化发展的重要突破口。通过对义博会的形象设计和商业包装，包括经营理念的提炼、视觉系统的设计和形象推广系统的策划，使其具有统一的标准形象和充满个性的鲜明特色。为义博会确定的鲜明主题，既充分体现义乌国际商贸城、会展城市的目标定位和义乌文化特色，又具有鲜明的时代特征，为铸造义博会的品牌起到画龙点睛的作用。2000 年起，义博会组委会每年都配套举办大规模、高规格的文艺晚会。至 2004 年已历时四届，张学友、刘德华、黎明、张柏芝、张信哲、刘欢、毛阿敏、李玟等演艺明星悉数赴义乌登场表演。2004 年，组委会与中央电视台《同一首歌》栏目合作，举办义博会开幕式文艺晚会。

三是突出文化体育特色。小商品城积极通过赞助体育活动开展品牌推广。仅 2004 年，小商品城就承办了中国—马其顿男足对抗赛、全国女足超级联赛、全国女足锦标赛、中国女足南北明星对抗赛等数十场国际国内重大足球赛事，并取得了 2008 年中国女足锦标赛举办权。小商品城全力支持中国女子足球事业，作为中国女足"奥运之星"青年队的主场，小商品城不仅为该队提供了宝贵的支持和帮助，而且还为中国女足赛事的市场开发创造了有益经验。"奥运之星"女足队是中国备战 2008 年奥运会而组建的一支年轻劲旅。2005年，中国足球协会授予浙江义乌赛区 2004 年度全国女足超级联赛"特别贡献奖"。2005 年 7 月，小商品城又成功地取得了 2005—2006 赛季浙江万马男篮的主场举办资格。

第五，国际商贸城建设：营造国际化的范围经济禀赋。

义乌小商品市场国际化与义乌国际化城市建设密切相关。义乌的国际化建设，良好的国际化环境，有力地促进了义乌市场国际化发展。随着义乌"建设国际商贸城"项目的进程不断深入，义乌的城市面貌正发生翻天覆地的变化，国际化的涉外服务日益完善。

义乌市场的国际化发展必须依托整个城市良好的国际化外部环境。义乌政府在政策和规划上对义乌市场国际化给予有效扶持。义乌市委、市政府以把义乌建设成"国际性商贸城市"为战略目标。早在 2003 年，义乌市政府做政府报告时便强调要紧紧围绕国际性小商品流通中心、制造中心和研发中心的目标，进一步实现城市功能国际化。义乌市政府大力完善城市基础设施建设，努力实现城市功能国际化，力图把义乌建设成为具有强辐射力、强影响力、强控制力的商贸业国际性城市。《义乌市国民经济和社会发展第十个五年计划纲要》提出，义乌须强化小商品城的龙头地位，提高市场外向度，加快与国际接轨，使义乌成为国际上有一定知名度的小商品都会。同时，要培育和建设一批新的专业市场，带动城市拓展和产业提升；进一步完善以小商品市场为龙头，以要素市场为支撑，专业市场相配套，市外分市场相呼应的市场体系；坚持"兴商建市"发展战略。"十五"期间，义乌市已新批"三资"企业134 家，实际利用外资 4 501 万美元，建立了海关义乌办事处、出入境管理局、涉外服务中心等涉外机构。

与此同时，小商品城增强服务意识，积极与政府合作，为市场经营户走向国际提供更好的服务。义乌在成立海关义乌办事处的基础上建立了直通关，为外贸出口的发展创造了宽松环境。同时引导、鼓励个体私营企业主走出国门，闯荡国际市场，大力推进义乌企业申办自营进出口权；提倡有计划、有规范地输出义乌市场商品，在国内外创办分市场，加强对分市场的管理，并逐步推动市场品牌提升；通过培训、教育，努力提高企业主和经营户的整体素质，增强拓展国际市场的能力。此外，小商品城还完善各项管理措施，打击各类违法行为，整顿市场秩序，为客商采购提供方便安全的环境；借义博会之机，加大对义乌的宣传力度，采取各种便利和优惠措施，吸引国内外客商来义乌；

发展购物旅游，进行城市宣传，塑造购物旅游品牌形象，吸引更多的旅游团体到义乌购物旅游。

另外，义乌城市的发展也为市场国际化营造了良好的社会氛围。 20 世纪 90 年代以来，义乌城市建设取得了长足的进步，已拥有能满足多国外商需求的城市公共生活基础设施：在这一时期，义乌已有涉外三星级以上酒店 20 余家、床位超过 4 000 个；服务韩国、中东等地经营户的民族特色餐饮、娱乐场所齐全。 义乌是浙江首个成立海关的县级市。

2.2.3 义乌国际贸易综合改革期(2011—2020 年)：国际贸易综合改革试点驱动下的义乌经济国际化水平跃升

改革开放以来，义乌市场的发展经历了若干阶段，这种阶段可以从不同角度做不同划分。 如果从国际化的角度看，从义乌市场新建到中国加入世界贸易组织，为市场国际化的第一阶段，即偶然的、初级的国际化发展阶段。 国际商贸城的建设和投入使用，使义乌市场进入国际化的第二阶段，即积极的内向国际化发展阶段。 2011 年 3 月 4 日国务院正式批复义乌国际贸易综合改革试点总体方案，标志着义乌市场的国际化进入了第三阶段，即成熟的外向国际化发展阶段。 这一阶段，专业市场的网络和品牌优势形成，大量国际经营户进入小商品城，并以此为平台，进行全球商品采购和全球商品销售。 在这一阶段，国际品牌商品是专业市场经营的主要商品。 国际会展、电子商务成为国际经营的主要方式。 完整的小商品信息网络资源、知名的小商品经营品牌、强大的小商品跨国经营管理优势已经成为其国际竞争优势的源泉。

就义乌国际贸易综合改革试点而言，具体分为三步走，即"义乌试点"前三年（2011—2013 年）、深化"义乌试点"第二个三年（2014—2017 年）及习近平新时代义乌国际"小商品之都"建设期（2018—2020 年）。

（1）义乌国际贸易综合改革的良好基础

义乌地处浙江中部，历史悠久，秦嬴政二十五年（公元前 222 年）置乌伤县，属会稽郡，义乌是浙江省最古老的县（市）之一。 1988 年撤销义乌县，设立义乌市（县级）。 2011 年，经国务院批准，义乌成为国际贸易综合改革试验区。 义乌市行政区域面积 1 105 平方千米，现辖 7 个街道办事处、6 个建制镇及其下属行政村 716 个、居民委员会（撤村建居）61 个和城镇社区（居委会）36 个。 2010 年末，当地户籍人口 74 万，常住义乌外来建设者 143 万，每天流动人口 20 余万。 2010 年，义乌地区生产总值达 614 亿元，同比增长 11.5％；人均83 539元。 财政一般预算收入 77 亿元，其中地方预算收入 42.8 亿元，分别同比增长 8.7％和 10.7％。 2010 年，义乌三产比重为 2.8：43.2：54.0，其中第三产业实现增加值 331.4 亿元，增长 12.7％。 "十一五"期间，服务业占 GDP 的比重累计提升了 3.1 个百分点。 义乌建设小商品国际贸易中心的比较优势主要体现在专业市场发展、小商品产业基础雄厚且独特、小商品商贸服务业发达等方面。

①具有全球领先的专业市场发展优势。 义乌市场是中国最大的小商品市场，其经营总面积达 400 余万平方米；商位 6.2 万个，拥有 16 个大类、4 202 个种类、170 万种单品。

2010 年，义乌集贸市场总成交额达 621.16 亿元，同比增长 11.7％，市场成交额连续 20 年居全国各大专业市场榜首，其中小商品城市场成交额为 456.06 亿元，比 2009 年同期增长了 10.8％。 小商品城成交额首次突破 450 亿元关口，同时创下了最近 10 年市场成交额增长的最好成绩。

2012 年，义乌市场商品已出口到全世界 215 个国家和地区，市场外向度达 65％以上。 市场共吸引了 6 万多经营主体入场经营，全国有 20 多万家企业直接向市场供货，成为国内劳动密集型产业融入全球生产网络的重要通道。 义乌市场背后的庞大产供销体系，为全国 25 个省（区、市）提供了 300 多万个来料加工岗位，年支付加工业务费达 50 多亿元，为"离土不离乡"的农村劳动力增加收入开辟了新途径。

②具有雄厚的小商品产业基础优势。 义乌全市有各类工业企业 2.6 万余家，其中规模以上企业 1 202 家；形成了针织袜业、饰品、工艺品、毛纺、化妆品等 20 多个优势行业，涌现了一批全国乃至世界行业的"单打冠军"；饰品、拉链等产品占据了全国 30％以上的份额，无缝内衣产量占了全球的 20％、全国的 80％，形成了"小商品、大产业，小企业、大集群"的发展格局。

2010 年，义乌实现全市工业总产值 1 174.9 亿元，其中规模以上企业产值达 592.5 亿元，分别增长 20.9％和 24.9％。 规模以上企业实现销售产值 574.5 亿元，产销率为 97.0％。 工业用电量为 37.2 亿千瓦时，同比增长 14.9％。

义乌先后被授予制笔、化妆品、无缝针织服装、工艺礼品等 12 个国家级产业基地称号。 其中，2010 年被授予"中国塑料箱包（国际）工贸之都"和"中国手套名城"称号，拉链行业获省级区域品牌基地称号，饰品行业列为全省 21 个块状经济重点产业集群升级项目。

③具有发达的商贸配套服务。 2010 年，在国际小商品会展中心共举办各类展会活动 128 个，先后获得"中国最具魅力会展城市""国际展览联盟 UFI 会员资格""国际展览管理协会 IAEM 会员资格"等多项荣誉。 义乌有国家级展会 4 个，分别是义博会、文博会、森博会和旅游商品博览会，其中义博会已成为继广交会、华交会之后的第三大经贸类展会。

区域金融高地。 2010 年底，义乌市金融机构本外币存款余额为 1 500.5 亿元，比 2010 年初新增 242.4 亿元；贷款余额为 1 062.9 亿元，比 2010 年初新增 195.7 亿元。 全市现有金融机构 18 家、小额贷款公司 2 家、证券公司营业部 9 家、期货公司 5 家和保险机构 36 家。 义乌被列为第二批跨境贸易人民币结算试点城市，成立浙江省首家本外币兑换公司。 义乌市四大国有银行全部批准升格为分行，金融助推地方经济发展能力进一步增强。 正在兴建的金融商务区，总体规划面积 0.75 平方千米，总建筑面积约 290 万平方米，高度为 260 米的世贸中心建成后将成为浙中新地标。

旅游产业蓬勃发展。 2010 年，义乌共接待游客 810.78 万人次，其中境外游客 45.01 万人次，分别同比增长 18.39％和 20.07％。 国际商贸城购物旅游中心是全国首家 4A 级购物旅游景区，购物旅游接待处全年共接待旅游团队 6 490 个，游客达 223 941 人。 截至 2016 年底，义乌现有五星级 1 家、四星级 10 家，优质宾馆接待能力显著增强；有旅行社 17 家，其中分社 4 家、旅行网点 6 家。

培训体系不断完善，外语教育产业发展迅猛。 为创建学习型城市，义乌市政府实施全民培训计划，培训体系日益完善。 同时，义乌外语教育产业呈现迅猛发展之势。 这一阶段，义乌仅儿童英语培训每年就有近 100 万元的市场规模。据不完全统计，义乌市各类民办外语培训学校达到 11 家。2003 年 6 月，全球知名的国际语言学校英孚教育集团（Education First）落户义乌，开设其在浙江的第四家学校，这标志着外资语言培训学校开始进入义乌市场。不断发展的外语教育产业也将促进包括小商品城在内的义乌经济更快地走向国际化。

④具有较好的国际化禀赋。义乌经济国际化程度高。2010 年，义乌海关监管集装箱出口 57.6 万个标箱，同比增长 12.7%；义乌国际物流中心集装箱运输量达 42.7 万个标箱，同比增长 29.9%。义乌市实现了自营进出口总额 31.2 亿美元，同比增长 32.7%，其中出口 28.6 亿美元，同比增长 34.1%，高于全国增长水平；进口 2.6 亿美元，同比增长 19.2%。出口额超千万美元的国家和地区有 54 个。具体表现为第一，外商及驻义机构数量多；第二，越来越多的义乌商人"走出去"；第三，良好的涉外服务；第四，各国商人和谐相处。

⑤具有独特的传统商贸文化优势。义乌人的骨子里就有一种与生俱来的商业意识，这种意识和他们的传统分不开。主持编辑《义乌方志》的吴潮海认为，如果这种骨子里的东西可以泛化为文化的话，义乌人很愿意强调他们勤耕、好学、刚正和勇为的义乌精神，甚至更愿意被人称为征战商场的"新义乌兵"。毋庸置疑，义乌传统的商业文化对义乌市场的发展起了积极的作用，同时在建设小商品国际贸易中心方面也形成了具有独特的商贸文化优势。

"义乌兵""敲糖帮"是义乌人的文化名片，是义乌商贸文化精神的具体体现。义乌人秉持自己的"文化底色"，以"义商"拼搏精神"义乌主换糖"走南闯北，并时刻恪守商业道德，守诚信，不欺诈，秉持"人赚九、我赠一"的共赢营商理念，铸造义乌商人的文化标益。

⑥具有优厚的政策禀赋优势。2011 年 3 月，义乌市国际贸易综合改革试点获得国务院批准，成为中国第十个综合改革配套试验区。国家发展和改革委员会副主任彭森在 2011 年 5 月 6 日召开的浙江省义乌市国际贸易综合改革试点动员大会上指出，在义乌开展国际贸易综合改革试点具有重要的战略和现实意义；强调义乌市地处浙江中部，虽不具资源、区位优势，但在短短 30 多年的时间里，由一个相对落后的农业小县，建设成为拥有全球最大的小商品

批发市场的贸易重镇；义乌市在兴商强市的进程中，积累了不少改革实践经验，为进一步深化改革、扩大开放奠定了坚实基础。

开展义乌市国际贸易综合改革试点，是党中央、国务院根据新时期经济社会发展的战略需要，做出的一项重大战略部署。国家发展和改革委员会将一如既往地支持和推动义乌市改革试点工作。中国第十个综合配套改革试验区在义乌全面启动，也意味着国家和地方政府在义乌的发展建设方面将给予更多的政策支持。

《浙江省义乌市国际贸易综合改革试点三年实施计划》（以下简称《实施计划》）于 2011 年底获得批准。《实施计划》显示，专项规划总投资约 1 981 亿元，主要内容可概括为"1597"，具体为：

"1 种贸易方式"，即量身定制市场采购新型贸易方式。

"5 项配套监管服务政策"，即探索建立"管得住""通得快"的新型海关通关监管模式；探索建立并实行分类管理、检测便利、质量可追溯的新型检验监管模式；针对市场采购出口特点，创新纳税主体和出口货物税收管理办法；创新市场采购贸易下出口外汇管理办法，如允许符合条件的境外个人开立外汇结算账户等；工商方面，积极推动市场主体多元化，争取赋予符合条件的外国人和涉外主体合法经营资格。

"打造 9 大发展平台"，包括义乌商贸服务业集聚区、国家级小商品国际贸易区、国家级会展平台、境外经贸合作区、义乌综合保税区、全国性物流节点城市和综合交通运输平台等。

"完善 7 方面服务体系"，包括建设现代金融服务体系、创新电子商务发展管理体系、构建市场综合服务体系、构建品牌和质量提升体系等。

2011 年 10 月 17 日，浙江省商务厅与义乌市政府在义乌签署《共同推进国际贸易综合改革试点工作框架协议》。根据双方签订的合作协议，省商务厅与义乌加强省市联动，打响义乌全球品牌；扩大义乌国际市场份额；提高产品档次；增强义乌配套服务能力；提升义乌贸易便利化水平；加快"走出去"步伐；推动内外贸一体化发展。义乌市也将不遗余力地做好国际贸易综合改革试点各项工作。省商务厅还为加快推动国际贸易综合改革试点工作，专门出台了《关于加快推进义乌市国际贸易综合改革试点工作的十条意见》，即全力推动建立市场采购新型贸易方式，合力推进并实施出口品牌战略和以质取胜战略，切实打造知名品牌展会，大力促进进口贸易发展，努力优化提升"引进来"平台，协力搭建拓展"走出去"平台，健全并完善商务监测预警体系，加快发展新型商贸流通体系，建立健全小商品流通标准体系和积极支持扩大商务管理权限，成为加快推进国际贸易综合改革试点的"金十条"。

浙江省工商局也和义乌市政府签署了《国际贸易综合改革试点合作共建框架协议书》（以下简称《协议书》），双方将在拓宽市场准入、促进市场提升、推进品牌建设、强化监管服务四大领域加强合作，共同推进义乌国际贸易综合改革试点工作。根据《协议书》，浙江省工商局将对义乌提供多领域、全方位的政策支持；义乌市政府则负责综合协调各方力量，积极为工商部门履行职能提供保障，确保浙江省工商局各项政策落实到位。

（2）第一轮义乌国际贸易综合改革的目标体系和践行理路

2011年3月，《浙江省义乌市国际贸易综合改革试点总体方案》（以下简称《方案》）获得国务院批准，义乌成为中国第十个综合配套改革试验区。《方案》提出了建设发展目标，要求到2020年，义乌要率先实现外贸发展方式转变；贸易效率达到世界先进水平，形成比较完善的现代商贸流通体系和便利化的国际贸易体制；现代市场体系基本构筑，国际贸易的主体结构、商品结构、贸易方式等明显优化；区域合作和产业联动发展新机制基本建立，义乌市场带动效应更加凸显；提升义乌在国际贸易中的战略地位，使义乌成为转变外贸发展方式的示范区、带动产业转型升级的重要基地、世界领先的国际小商品贸易中心和宜商宜游宜居的国际商贸名城。《方案》进一步具体明确了9项主要任务：

一是探索建立新型贸易方式。针对小商品生产种类多、更新快、非标准化、产品质量保障体系有待完善等问题和特点，以及小商品交易单笔规模较小、贸易主体众多、交易活动频繁等特征，适应小商品采购出口、进口贸易和转口贸易的需要，研究建立市场采购等新型贸易方式，形成在全球组织进口、出口和转口贸易的新渠道和新方式；探索并实施与市场采购等贸易方式相适应的海关、检验检疫、税务、外汇、工商和互联网等一系列监管措施和办法；

支持义乌市在条件成熟时按程序申请设立适合小商品贸易特点的海关特殊监管区域。

二是优化出口产品结构。 进一步提升出口产品的技术和文化含量，提高出口商品的档次和附加值；推动贸易商品结构从一般小商品向拥有技术、知识产权和品牌的高端商品及相关服务等方面拓展；进一步提高出口产品的安全技术水平，使之符合国际通用标准及销售目的国标准；探索贸易品种、市场业态、贸易方式及商品形态结构调整优化的路径，着眼于创造品牌、创造标准、创造商业新模式、创造高端产业链和价值链，全面提升国际贸易发展质量和水平；培育和集聚小商品制造领军企业，培育一批在国内外具有较高知名度和认同度的中介推广机构，提升新技术、新创意的开发利用水平。

三是加强义乌市场建设。 加强在规划、政策和资金引导方面的支持，加快结算、授信、信用信息、培训和法律等平台的建设，提升义乌市场的软实力，推动义乌市场的经营户由单一商品供应者向具有综合服务功能的提供商转变；构建由地方政府牵头，商务、海关、工商、质检、外汇等相关部门共同参与的监管服务工作机制，建立并完善集质量安全、公共预警、知识产权保护等于一体的市场综合服务平台，促进和规范义乌小商品市场的健康发展；完善"义乌·中国小商品指数"指标体系，及时反映市场供需等的变化情况，发出公共预警，防止重复投资和产能过剩；构建中小企业公共技术平台，探索设立国家级小商品研发中心、国家级小商品质量检测中心等服务机构，加强对中小企业急需的关键技术、共性技术的研发；推进义乌市场信息化建设，扩大互联网应用范围，完善商户信用监测、监督和评价体系，提高信息化应用水平、管理水平和安全水平；全面提高知识产权保护意识，加强知识产权执法力度，明确市场开办者和经营者的责任，探索建立适应义乌市场商品周期短、款式多、更新快等特点的知识产权保护机制。

四是探索现代流通新方式。 利用现代流通技术，建立共享式市场平台，推动流通现代化，加快形成具有示范效应、辐射能力强、可复制、可推广的物联网、互联网应用示范区。 创新电子商务发展管理模式，加强对第三代移动通信和物联网技术的应用；建设第三方电子商务服务平台，完善信用、交易、支付、登记、安全认证、投融资等支撑体系，促进无形市场与有形市场的融合发展；培育具有先进、高效运作能力的商贸流通大企业，推动连锁经营、物流配送等现代流通方式的发展。

五是推动产业转型升级。　充分发挥贸易流通对经济的先导作用，稳定传统优势产品的出口，加快发展"绿色贸易"，带动相关制造业的转型升级；根据全球化产业链分工，依托市场商品信息和采购需求高度集聚的优势，着力推动和带动制造业技术创新、管理创新和产业集群创新，形成现代服务业和先进制造业双轮驱动、生产性服务业与制造业联动发展的格局；大力发展产业集群，积极扶持建设中小企业公共服务平台；探索建立义乌市场与特色产业集群的合作机制，提供市场实时动态信息，降低企业的商务成本；探索按省（区、市）或集群特色分区集中展示等模式，通过义乌市场创建一批区域产业集群品牌，推动制造业转型升级，建设产业特色鲜明、综合配套能力强的现代制造业集聚区；积极创造条件，支持义乌市现有省级经济开发区升格为国家级经济技术开发区，推动众多服务市场的中小企业和传统制造业的转型升级；支持科技兴贸基地建设，制定优惠政策，集聚和培育创意设计产业发展的要素资源，整合提升创意设计产品展、行业流行趋势发布会、技术专利交易会，探索制造企业向"创""造"并举转型升级的有效途径。

六是进一步开拓国际市场。　加快建设国家级小商品国际贸易区，拓宽更多中小企业走向世界的渠道，为其他专业市场发展国际贸易提供示范；积极开拓非洲、拉丁美洲、中东欧、中亚、中东等新兴市场，支持在义乌建设"非洲产品展销中心"等进口商品展贸专区，发展进口、转口贸易；鼓励企业以专业市场为纽带，以"抱团"形式开拓国际市场；支持发展义博会等特色品牌展会，培育具有国际竞争力的大型展览集团，探索会展产业化发展道路，创新展贸联动发展机制，全面提升义乌在商品贸易、投资合作、服务贸易、文化交流等方面的影响力，把义乌打造成重要的国家级会展平台。

七是加快"走出去"步伐。　加快到国内外重要市场建设中国小商品展示交易平台的步伐，支持义乌在全球范围复制和输出专业市场管理模式、运营模式和营销服务模式；鼓励通过发挥"母市场"效应带动一批产业链和产业集群，完善中国小商品海外营销渠道；健全引导和规范企业对外投资合作的机制，制定举办境外展会和设立分市场的专项扶持办法，将中小企业境外展销平台的建设工作列入国家相关专项规划；按照"政府扶持，企业化运作"模式，分阶段创办境外中国商品展示中心、订单服务中心及仓储物流配送中心，搭建中小企业集群式"走出去"平台；支持建立海外市场营销网络体系、营销中心和售后服务中心，探索通过连锁配送、建设市场分销渠道等形式，发展国际营销网络。

八是推动内外贸一体化发展。 强化市场准入、标准设定、信息引导等公共服务职能，完善内外贸促进体系，研究并出台推进企业经营内外贸的便利化措施，形成有利于内外贸协调健康发展的环境；依托义乌市场辐射优势和高度集聚的行业协会、商会等民间组织，进一步强化对周边省（区、市）小商品生产流通领域的辐射带动作用；支持义乌建设长江三角洲物流重要节点，完善综合交通运输体系，将义乌纳入国家交通总体战略内通盘考虑；支持义乌依托交通和市场优势，进一步降低区域内物流成本，为上海港、宁波—舟山港等重要港口提供稳定可持续增长的"实物流"，在更高层次参与国际经济合作和竞争；探索建立统一、协调的内外贸监管体制和工作机制，健全内外贸协调的统计、监测、预警、分析和调控体系；加强对社会信用体系的建设，健全规范和维护市场秩序的长效机制。

九是妥善应对国际贸易摩擦和壁垒。 鼓励企业运用技术性措施，主动参与国际标准的制定，积极参与国际贸易竞争和行业自律、企业自律活动，主动破解和应对国际贸易壁垒；充分发挥海关等部门的统计资源优势，加强对贸易预警体系的建设，建立政府、行业协会、中介机构和企业"四位一体"的进出口贸易监测预警机制，加强对重点国别的贸易和政策的预警；探索建立国际贸易互信机制，健全贸易摩擦应对机制，提高中小企业应对国际贸易摩擦和壁垒的话语权和谈判能力，积极通过国别预警磋商机制化解贸易摩擦。

《方案》同时也进一步明确了一系列的保障措施，特别强调要优化国际贸易发展环境。 大力推进贸易便利化，创新国际贸易管理和服务体制，降低商务运行成本，提高国际贸易效率，营造高度开放、高效便利的国际贸易发展环境；强化出口小商品检验检疫监管机制，不断完善出口小商品质量保障体系，加强与进口国政府质量安全监管部门的合作，促进和规范义乌小商品市场及国际贸易的发展；深入推进"跨关区快速通关"，"属地申报、口岸验放"和"分类通关"等模式的改革，大幅提高通关效率；健全客商便利化出入境管理机制，深化外事审批、出入境业务管理等制度改革，强化诚信化信息管理，创新外事、公安协调配合模式；创造条件实现航空口岸开放等，建立便利国际进出的渠道，进一步促进人员往来、居留便利化，扩大对外交流和合作；推广现代信息技术，全面提升综合贸易试点信息化水平。

开展义乌市国际贸易综合改革试点，是党中央、国务院根据新时期经济社会发展的战略需要，做出的一项重大战略部署，是加快转变外贸发展方式、推动产业转型升级的重大探索，更是促进义乌市场的发展、实现持续繁荣的重大历史机遇。开展义乌市国际贸易综合改革试点，更好地发挥义乌市场在开拓国际市场、推动制造业转型升级方面的重要作用，对服务浙江乃至全国"转方式、调结构、促就业"都具有重要意义。

（3）义乌国际贸易综合改革试点的特征

义乌国际贸易综合改革试点是全新的探索，同时也是一项系统性工程，其特征主要表现在以下几点。

一是强县扩权。在改革试点前，义乌市积极探索减少行政层级、实行扁平化管理的改革试点。作为浙江省第四轮强县扩权改革的唯一试点城市，472项原先只有地级市享有的权限扩大到义乌市。在前三次扩权改革的基础上，进一步扩大了义乌市政府经济社会管理权限，除重大社会事务管理等事项外，还赋予义乌市与设区市同等的经济社会管理权限。上述强县扩权行为为义乌国际贸易综合改革试点打下坚实的基础。

二是政策创新。从义乌对外贸易的形式看，市场商品具有种类多、更新快、非标准化等特点，交易方式呈现单笔交易规模小、贸易主体众多、交易活动频繁等特征。因而，"义乌试点"的一个重要方面就是确立一种以商品归类管理、责任追究为主要内容，以"管得住、通得快"为主要特征的新型贸易方式。

与新型贸易方式相适应，义乌积极探索制定海关、检验检疫、工商、税务和外汇等5项配套监管政策，市场采购贸易主体准入政策、合伙制企业外汇管理政策等正在酝酿，国土和金融专项改革也在稳步推进。

三是打造多元发展平台。 义乌被列入我国首批国际陆港城市，航空口岸开放列入国家"十二五"口岸发展规划，交通运输部已明确将义乌的小商品出口监管中心等 8 个物流和客运场站列入国家公路运输枢纽总体规划；作为全国首个直观反映道路货运价格指数与景气程度的义乌道路货物运输价格指数——"义乌运价指数"正式对外发布，并在省内推广年；设计作业量 50 万个标箱的义乌港一期已建成投用，义乌港二期正抓紧建设。

为加快产业转型升级，积极拓展国家级会展平台，发展会展经济，义乌建立了商贸服务业聚集区，在这一阶段已引进和储备汽车零部件、特种车辆、大唐电信等 31 个重大产业项目；同时，加快建设总部经济区、金融商务区，促进流通和制造行业良性互动发展。 此外，义乌依托实体市场和物流网络优势，紧紧围绕"电商换市"战略，努力建设全球网贷营销中心和全球电商聚集中心，义乌电商平台建设正在提速。

四是建立与完善国际贸易服务体系。 义乌市将公安、人力社保、国安、工商、外侨、商务、民航等 7 个部门的 98 项涉外服务内容汇集整合至一个平台，首创了"政务超市"模式，变多点办公为集中服务，大大缩短了审批周期，提高了行政效能。

为支持义乌加快建设与国际贸易相适应的服务体系，省级各相关部门也纷纷简政放权，省工商局赋予义乌工商局冠名省名核准、涉外登记等 18 项"省级待遇"；省公安厅出入境管理局批准设立义乌分局，成立了流动人口服务管理局；省教育厅下放义乌中小学招收外国学生资格审批权；省人力社保厅在义乌试行外国人就业期限延期政策；工、农、中、建四大国有商业银行全部升格为分行。

中 篇

义乌国际贸易综合
改革与成就

3

义乌国际贸易综合改革的渊源

3.1 义乌国际贸易综合改革的历史叙述背景

3.1.1 全球经济一体化趋势的国际环境背景

全球经济一体化呈现不断发展的态势，且呈现出相较于以往不同的模式。基于比较优势形成的国际产业分工推动了全球化进程的早期演进，以及产业内贸易发展推动了国际分工格局的内涵发展，各国在经济全球化进程之中得以从单向度的商品贸易向价值链贸易跃升，以价值链区域延拓、纵深发展为标志的价值链贸易吸纳了全球化进程中不同要素禀赋、制度禀赋及产业禀赋市场，以国家、地区为地域分割的生产体系，逐步被贸易边际拓展所重塑，与全球价值链体系逐步耦合，形成相互交织的发展范式。义乌国际贸易改革，尤其是"义乌试点"，便是在这一经济全球化、贸易价值链化、生产区际耦合化的全球经济运行及全球经济治理框架之中肇始与推进的。

经济一体化的加强不仅为义乌进一步在全球范围内进行资源配置、开拓国际市场提供了外部环境机遇与市场环境，更是全球经济步入新周期、新业态、新技术催生下的客观经济要义。国际货币基金组织总裁拉加德曾用"新平庸"一词来形容过去几年的世界经济。在这样的环境下，全球总体经济状况与各国自身经济发展密切相关。 许多国家除了需要新资本注入来促进经济复苏，也在寻找新投资机会，这为义乌推进"引进来、走出去"战略的实施增加了客观驱动力。 如何衔接当前全球经济发展的"新常态"，从"义乌试点"的市场过程要义优化乃至重塑出发，强化全球视域下的市场嵌入与价值耦合。 从上述旨归要义出发，深化"义乌试点"，不仅是"义乌试点"的过程要义，也是其改革旨归。

3.1.2 中国社会主义市场经济体制驱动下的市场禀赋背景

古典经济学派强调，市场对于国民经济发展的作用、市场的建构及其完善。 恰如亚当·斯密所述，市场这只"无形之手"的发挥能够通过对理性经济人利益最大化的驱动推进整个社会经济的发展及社会福利水平的提升。 虽然西方经济学理论范式不断发展，不同的理论之间对于市场这只"无形之手"与政府这只"有形之手"的边际或者边界问题存在分野，但对于市场作用的强调一直是各经济学的重要理论内涵或理论出发点之一。 以新古典经济学为标志的主流经济学，更加强调了市场驱动下的市场均衡问题、市场体系之下市场的均衡条件及瓦尔拉斯均衡的市场"稳态"；奥地利学派虽然在市场均衡的可得性方面与主流经济学理论存在一定的分野，但对于市场过程要义的强调，解释了市场过程内涵，主张市场均衡不可得下市场均衡趋向的逻辑一贯性。 改革开放以来，中国经济社会的发展，有赖于经济制度的转轨，计划经济式的经济发展模式，在经历资源要素约束下的短期发展后，受制于资本稀缺性，其存续面临资源的天然羁束，市场化的经济发展方式逐步成为中国经济发展的依赖路径。

随着中国经济实力的加强，中国在国际上的话语权也逐渐提升。 这使义乌在国际经济贸易过程中增加了谈判筹码，也为义乌提供了一定的信誉保障。不仅如此，中国还活跃在各大国际经济组织中，尤其是亚洲基础设施投资银行的成立，充分体现了中国对于进一步发展国际贸易、加强国际合作的决心与实力。 而义乌作为在国际上已经享有一定知名度的贸易城市，中国国际地位的提高为义乌进一步打响国际知名度提供了竞争机遇，同时，义乌的发展也在促进中国国际贸易的发展。

国内经济发展方式的转变及经济全球化进程之中中国的深度融入，为义乌乃至中国国际贸易改革提供了夯实的国内外环境。这种环境禀赋集中体现为国内市场对应的在中国社会主义市场经济体制驱动下的市场禀赋机遇，以及国际市场对应的经济全球化进程，在全球化视阈下的社会主义市场经济体制转轨，这些构成了中国进而是义乌国际贸易发展的宏观背景，也是义乌县域及中国国际贸易改革的双元驱动所在。这一双元驱动伴随着中国国际贸易改革的发端，倒逼国际贸易改革的义乌县域实践，回归历史叙述，不难发现，也正是广域双元驱动内生演进理路的嬗变，推动着义乌国际贸易改革的深化发展。

3.1.3　国家整体经济发展与技术进步的发展红利

中国已经成为世界第二大经济体，也是发展中国家中最大的经济体。一直以来，中国都坚持"科学技术是第一生产力"，积极引进国外先进技术、人才，提升本国科技水平。近年来，互联网的兴起使许多传统行业发生了天翻地覆的变化。尤其是电子商务的出现，极大程度地改变了社会的消费习惯，也促使了现代物流产业的快速发展。义乌市地处东部经济带，受周边地区辐射影响大，能快速掌握日新月异的信息和技术。而"义新欧"铁路的成功运行也推动着义乌成为世界级商贸都市区。

中国经济发展积淀的经济"引力"（Economic Gravity）构成了义乌国际贸易改革发端、发展的现实图景。国际贸易中心—边缘理论说明，国际贸易遵循经济体量引致的围绕中心国经济"引力"的中心—边缘式双边贸易。该理论指出了在全球化视阈下，一国经济体量对双边贸易的引致作用是双边贸易的重要驱动力。这一基于经济"引力"的贸易发展，在当下科学技术的迅猛发展下得以形成新的发展格局，尤其是互联网、电子商务、区块链等技术的革新，驱动了经济一体化下各国之间经济交往的进一步勾连。广域发展红利驱动下的国际贸易全球价值链嵌入困局，提出了义乌国际贸易发展与改革的贸易治理问题，对于这一问题的回应，构成了关联义乌实践的现实诘问。

3.1.4 中国总体政策方针的战略背景

坚持改革开放一直都是中国的一项基本国策，也是中国的强国之路。 在党的十八届三中全会上，中国的国家领导人提出要全面深化改革。 这也就意味着，政府和市场的关系将会发生变化，会明确政府职能，充分发挥市场在经济发展中的作用。 制度约束的缓释及市场机制的完备，使得企业得以减少契约摩擦，更好地发挥企业作为市场主体的创新发展作用，而随着人口红利衰减、"中等收入陷阱"的风险积累，中国经济发展进入"新常态"。 在现有全球经济治理体系下，义乌在国际贸易改革中所面临的问题具有一般性特征，且由于义乌县域改革的特定经济地理特征，改革难度更大、施政约束更多，深化义乌国际贸易综合改革，是推进中国国际贸易改革的必然，是探索当前中国价值链贸易中低端锁定、寻求价值链贸易跃升的关键所在。

党的十八届三中全会通过的《中共中央关于全面深化改革若干重大问题的决定》（以下简称《决定》）强调，"面对新形势新任务，全面建成小康社会，进而建成富强民主文明和谐的社会主义现代化国家、实现中华民族伟大复兴的中国梦，必须在新的历史起点上全面深化改革"，并明确提出，"鼓励地方、基层和群众大胆探索，加强重大改革试点工作，及时总结经验"，这对承担国际贸易综合改革试点任务的义乌尤有指导意义。《决定》还强调"使市场在资源配置中起决定性作用和更好发挥政府作用"，对于厘清在资源配置领域政府与市场的职能边际，具有极其重要的理论和现实意义。

专业市场的兴起，最大限度地激发了义乌群众的商品经济意识，从而涌现出一大批经商务工的能人，并推动义乌由农村市场化、工业化主导向城市化、国际化主导转变，逐渐成为浙江乃至全国日用工业品接轨国际市场、融入国际经济、参与国际分工协作的重要平台和通道。 义乌市场的今天，与"更好发挥政府作用"是分不开的。 历届义乌市委、市政府大力推进市场、产业、城市的国际化，尤其是 2011 年 3 月国务院批复同意开展"义乌试点"以来，紧紧抓住这一重大历史机遇，深入实施创新驱动发展战略，全面推进转型发展。经过将近 8 年的努力，义乌在多个方面取得了积极成效，尤其是以下四项重大改革实现了突破：市场采购新型贸易方式获批试行、国际陆港城市获联合国亚太经社会认定、国土专项改革和金融专项改革方案先后获批实施。而义乌小商品城自身也成为全国率先向线上线下相融发展、市场结构多态化、交易手段电子化、服务功能复合化的新兴专业市场中转型的新标杆。

3.1.5　国家级改革试点的战略背景

2015 年 7 月和 2016 年 5 月，国务院先后两次将市场采购贸易方式试点经验在江苏海门的中国叠石桥国际家纺城、浙江海宁的中国皮革城、江苏的中国常熟服装城、广东广州的花都狮岭（国际）皮革皮具城、山东的临沂商城工程物资市场、湖北武汉的汉口北国际商品交易中心和河北的白沟箱包市场等 7 个市场进行推广。除此之外，全国金融改革的先行区、市供销合作社综合改革试点、国内贸易流通体制改革发展综合试点、创建社会体系建设示范城市、深化基础设施投融资体制改革试点、农村宅基地制度改革试点、国家产融合作试点城市、现代物流创新发展试点城市与城市设计试点等先后落地义乌，这些国家级改革试点为深化"义乌试点"改革提供了重要机遇。

3.2　义乌国际贸易综合改革的基础条件

3.2.1　中国的全球贸易地位打下的广域市场基础

2013 年，中国全球货物贸易量突破 4 万亿元大关，超过美国，成为世界贸易第一大国。中国的全球贸易地位决定了中国在全球贸易体系之中的经济"引力"；与此同时，在全球贸易价值链中，中国发挥着重要的作用，纵深的市场规模、完备的工业生产体系与日益发展的创新格局使得中国一方面成为全球生产垂直一体化与离岸外移（Offshoring）的重要经济地理节点，另一方面也成为国际贸易市场的关键"供应商"。全球化生产、离岸外移与出口层面的显著发展成为中国对外贸易的生动写照，也彰显了中国作为国际贸易市场的关键"供应商"的完备生产体系，以及作为进口和离岸外移目的地的巨大市场基础。这一发轫于经济体量规模的经济特征为义乌国际贸易改革提供了双边投资贸易的广阔市场腹地与产业支撑。

供给侧结构性改革的推行与"一带一路"倡议的实施，逐步深化推进了中国双边贸易的协同发展，积极加快了中国成为贸易强国的步伐，建设了一批全球性贸易中心，拉"长"了"进口""转口"两块"短板"，探索出了经常性项目趋衡的贸易可持续发展路径。

在此背景下，中国的全球贸易地位为义乌建设世界级商贸都市区提供了充分的发展空间和打下了国际市场基础。近年来，义乌对外贸易亮点纷呈，日用消费品进口量增长明显，呈现良好发展态势。适应各类外贸新业态的发展，聚焦建设全球小商品交易市场，在小商品领域助力中国从贸易大国转向贸易强国是义乌发展的核心使命。

3.2.2 国际贸易综合改革试点引致的先行政策优势

国务院批复的《方案》明确规定，允许义乌市在国际贸易重点领域和关键环节深化改革、先行先试。其后批复的《市场采购贸易方式试行方案》更是显著提升了义乌国际贸易的便利化和规范化水平，为浙江乃至全国外贸发展注入了新的力量，提供了有益的试点经验与探索实践经验。自《方案》批复以来，"义乌试点"工作取得了一系列重大进展与突破；现代商贸流通体系粗具规模，专项配套改革协同推进，尤其是市场采购贸易方式取得了突破性进展。

国际贸易综合改革试点引致的先行政策优势为义乌国际贸易持续改革奠定了稳健的政策环境基础；政策先行性为义乌国际贸易改革突破现有国际贸易体制机制，以市场为驱动挖掘贸易市场机制的制度红利奠定了夯实的基础。

3.2.3 专业市场融合发展奠定的比较优势基础

义乌是中国专业市场的龙头，依托极富地方特色的专业市场，义乌小商品城的交易额增速不断提高，市场规模效应辐射充分；以市场为带动，环市场区域逐渐形成了具有梯度层次、种类丰富的产业体系；产业耦合的区域经济协同发展，进而为义乌市场的发展提供了广阔的腹地。

电子商务的冲击改变了专业市场的游戏规则，推动了各行业专业市场的转型。在此背景下，义乌积极关注专业市场的融合发展趋势，包括以义乌购为典型的线上线下融合发展模式、基于"合计划"与各地专业市场进行深度合作，将义乌经验复制推广到全国各专业市场，有效地融合具有地方优势的商品与服务，形成了个性化的专业市场桥头堡，为中国专业市场的纵深发展提供了极其重要的贸易平台和渠道。未来，随着"互联网＋"的深入推进，专业市场会呈现零售化发展趋势，义乌积极响应其行业形态，加快推出迎合专业市场发展趋势的服务，确保市场经营户的效益，这为义乌经济更健康地可持续发展插上飞翔的翅膀。

3.2.4　产业耦合、要素流转、区域协调的经济地理优势

国际贸易发展依存于完备的要素流转市场、梯度化的产业结构及作为经济腹地的区域经济的协调发展，义乌国际贸易发展受益于经济腹地内市场化的要素流转环境、产业发展格局及经济腹地内部经济的协同特征，这种经济地理优势为义乌的国际贸易发展奠定了扎实的经济基础。

3.2.5　全球小商品贸易的规模和品牌优势

义乌于1982年创办第一代小商品市场，经过30多年的发展，目前已形成了以义乌小商品城为核心、连通全球的跨区域分工协作网络——"义乌商圈"。目前，在义乌及"义乌商圈"所联系的广大地区，各类市场主体自主经营、公平竞争，商品和要素自由流动、平等交换，实现了资源的高效配置。国际性展会的举办也加速了义乌国内外知名度的提升。良好的市场形象逐渐形成了品牌效应，将义乌提升到一个更高的现代化层次。"义乌市场"是义乌在最初发展批发市场时期形成的国内名片，"国际商贸城"是伴随着义乌商贸产业升级形成的国际化名片。随着商贸业带动义乌经济社会的综合发展，"商贸旅游""国际会展""义乌·中国小商品指数"等均成为义乌打开国内外市场的名片。义乌商贸业变"坐商"为"行商"，积极"走出去、引进来"，更使义乌成为中国经济融入国际经济体系、参与国际交换的重要节点。

3.2.6　现代丝路新起点的战略优势

"一带一路"倡议是在中国发展新常态下推出的统筹内外、兼顾现实与未

来、全面布局新一轮对外开放的大战略，是义乌突破经济转型难题，拓展经济发展空间的重要途径。 作为正在持续推进国家战略举措——"义乌试点"的城市，义乌大力推进相关工作，积极推动和参与相关跨区域合作交流与平台建设，不断完善城市国际功能，提升国际化水平，努力成为中国与亚、欧两大洲相关国家和地区加强"政策沟通、道路连通、贸易畅通、货币流通、民心相通"的桥头堡；成为建设"现代丝路"及形成构建自由贸易区共识并付诸实践的试验区、新起点和枢纽城市之一。 展望未来，义乌将继续依托国际贸易综合改革试点，继续融入"一带一路"倡议中，谱写"一带一路"互利共赢新篇章。

3.2.7 多元开放平台协同优势

近年来，义乌积极探索转变外贸发展方式，建立开放型经济体系，围绕世界商贸都市区建设目标，加快推进开放平台建设。 为进一步推进义乌国际贸易综合改革，义乌必须深入贯彻开放发展理念，积极融入国家对外开放大格局，参与国家"一带一路"建设，提升城市国际化水平。 在此背景下，"义新欧"中欧班列常态化运行，航空口岸建设加快推进，铁路口岸临时开放，物流集聚中心建成投用，B 型保税物流中心设立，国际文化中心等项目投入运营，积极举办国际展会活动，全力抢占对外开放新的制高点，这些优势为深化义乌国际贸易综合改革提供了良好的基础。 目前，小商品城首个海外分市场已在波兰华沙建立。 义乌多家企业在马德里、悉尼等地建成 22 个海外仓。 下一步，义乌将继续积极搭建对外开放平台，加快构建海陆空立体物流体系，搭建覆盖全球的蛛网式市场平台，进一步提升义乌的国际化水平。

3.3 义乌国际贸易综合改革的羁束条件

3.3.1 全球贸易体系失衡与全球贸易治理体系失范羁束

全球贸易驱动嬗变下，贸易呈现出除产业间贸易、产业内贸易之外新的贸易范式。 在价值链贸易框架下，全球贸易从贸易体量与贸易价值层面呈现出不一致性，因此，亟须在这不一致的框架内对贸易经济福利进行新的审视。价值链贸易进一步分化了全球贸易体系，中国逐步陷入价值链中低端锁定的"陷阱"之中，贸易体量、经常性项目顺差对于贸易经济福利的传统刻画不再行之有效。在价值链贸易框架下，形成了"高贸易顺差—低经济福利"与"低贸易顺差—高经济福利"的悖论式贸易福利组合，国际贸易体系从贸易剪刀差式失衡向基于价值链贸易的经济福利攫取转变。以中国为代表的发展中国家受制于贸易价值链的中低端锁定，贸易体量与贸易顺差虽有，但在全球贸易体系中的经济福利地位层面，面临着贸易价值链与经济福利的双重锁定；与此同时，世界经济合作与发展组织（Organization for Economic Cooperation and Development，OECD）国家通过离岸外移、垂直一体化或外包等方式，在价值链与经济福利层面都具备极强的上游度水平，贸易价值与经济福利高企，全球贸易体系失衡显著。

伴随着全球贸易体系失衡的是全球贸易治理体系失范，发展中国家在国际贸易相关国际组织中的话语权不强，发达国家对全球治理体系垄断明显。双重固化下的双元体系，制约中国贸易的发展与改革，使得中国在开放经济中面临双重羁束；全球贸易治理体系失范对于全球贸易体系的固化、强化，使得中国的贸易环境进一步恶化，因此义乌国际贸易综合改革面临全球贸易体系失衡与全球贸易治理体系失范的双重羁束。

比如，一直以来，国际市场尤其是欧美等发达国家的市场对于进口中国产品有许多限制，例如许多反倾销案例的产生，而小商品又是遭到国外市场反倾销的重灾区。义乌许多商户企业都因反倾销事件选择放弃利润较高的欧美市场，转向利润较低的非洲市场等。2013年，《欧盟玩具安全新指令》——被称为欧盟史上最严厉的玩具安全技术法规全面执行，并扩大出口至欧盟的玩具产品的检测范围，提高其检测标准。2015年，《欧盟玩具安全新指令》又正式新增5种限制物质，提高安全标准。中国作为最大的玩具出口国，义乌又是出口玩具的一个重要城市，欧盟作为重要的目标市场，这几次的文件修改对国内玩具行业无疑是一次"大考"，不少义乌玩具出口企业亦表示压力"山大"。

再如，经济一体化的趋势虽然为中国充分利用国际资源、优化资源配置提供便利，但由于一些国际性经济组织的刻意排斥，中国在发展国际贸易时也遭受了许多阻碍。例如我们比较常见的亚太经合组织和东盟，中国都不是其成员国，这使义乌在发展与这些组织的成员国的国际贸易时遭受联合抵制的可能性增加，也使义乌无法享受到相应的成员国的优惠政策。

3.3.2 贸易价值链中低端锁定下的跃升羁束

传统的战略性贸易政策（Krugman，1979）强调贸易政策相机决策下的产业培育与发展。伴随着贸易的发展，国际贸易呈现出非产业内贸易的形态，贸易的存续发生，逐渐脱离了规模经济框架下的多样性产品流转，价值链贸易成为规制贸易发展的经济理路。在价值链贸易框架下，中国贸易处于价值链的中低端位置，义乌的主要贸易产品都是附加值较低的日用百货类产品，自主创新能力不足、产品层次不高、质量参差不齐，贸易结构低质化偏向明显。

与此同时，固有低成本优势随着人工等要素成本的增加而日趋式微，基于规模经济等形成的成本比较优势无法成为维系贸易发展的驱动力，贸易发展的低成本路径可持续性存疑，推进贸易驱动力改革，将贸易发展从成本比较优势驱动向非成本比较优势驱动是贸易体量存续的必由之路。非成本比较优势驱动下的贸易发展，必然植根于产品的高附加值水平。在现有的贸易价值链图景之中，具有较高上游度水平的贸易环节占据既定价值链更大比例的价值份额，主要集中于产品的研发、创意设计、产品的销售与高端制造等。义乌国际贸易发展聚焦于小商品的大宗贸易，与此同时，市场集聚溢酬、规模经济报酬、范围经济溢酬等构成义乌模式的低成本比较优势基础：一方面，挖潜市场集聚溢酬、规模经济报酬、范围经济溢酬的比较优势边际，固守义乌国际贸易路径依赖是维系义乌国际贸易发展的短期举措之一；另一方面，在当前国际贸易体系——价值链贸易体系下，破局义乌国际贸易改革绩效边际的"杠杆解"更在于如何实现义乌国际贸易改革与国际贸易发展的价值链贸易嵌入，主动融入贸易价值链之中，提升产业、贸易的上游度水平，摆脱价值链贸易的中低端锁定困境，更易成本比较优势的路径沿袭，实施价值链贸易的战略性贸易政策，进而以贸易协同产业、区域经济的发展。

3.3.3　比较优势红利式微下的制度摩擦羁束

义乌国际贸易发端之初，以成本为代表的比较优势是驱动贸易发生与发展的关键所在。改革开放 40 年来，高强度要素投入特征的经济增长模式与产业模式，伴随着我国国际贸易的稳步发展。高强度要素投入，亦即资源密集型生产方式，在贸易价值链中低端锁定下，中国必须以要素富集及要素成本低为条件进行国际贸易。改革开放至今，中国资源贫瘠状况日益凸显、要素成本居高不下；与此同时，企业整体利润率不断下行，企业参与生产与出口的门槛要素生产率高企，传统高强度要素投入驱动的产业模式、生产经营模式对价值链贸易的适应度较低。制度红利是我国改革开放经济发展的重要驱动力，以社会主义市场经济体制建设、政府职能体制建设、政商关系及"市场—政府"边际关系为核心的制度禀赋建设，成为改革开放及国际贸易改革的延拓边际所在，也是掣肘改革深化的现实桎梏所在。尤其是社会主义市场经济体系建设中不完全契约摩擦、融资约束与信息不完全等制度摩擦，依然是制约改革发展的关键要素。党的十九大提出"加快完善社会主义市场经济体制"，强调了"完善产权制度和要素市场化配置""全面实施市场准入负面清单制度，清理废除妨碍统一市场和公平竞争的各种规定和做法，支持民营企业发展，激发各类市场主体活力"及"深化金融体制改革，增强金融服务实体经济能力，提高直接融资比重，促进多层次资本市场健康发展"，着力从多维度建设契约平滑的社会主义市场经济体制。义乌国际贸易改革，涉及显性制度与隐性制度等多层次制度摩擦。在遵循党的十九大提出的改革蓝图基础上，义乌国际贸易改革更需深植于自身经济禀赋特征，推进贸易体制广域改革，廓清贸易改革与发展过程之中的"市场—政府"边际，理顺国际贸易体制机制，发展关联于贸易的市场主体准入制度、企业投融资制度、进出口税收制度、金融市场体制、检验检疫与清关制度等，深化推进行政准入负面清单制度，进一步强化贸易体制的市场化建设。

3.3.4　经济地理禀赋式微下的市场空心化羁束

义乌国际贸易发端于专业市场驱动下的区域经济协同之中。义乌借由专业市场的国际贸易嵌入带动了区域内产业、要素与区域经济的协同发展，经济地理禀赋成为其国际贸易改革与发展的推力之一。 专业市场、经济腹地与经济地理禀赋的三元格局，构成了义乌国际贸易发展与改革的经济禀赋维度，受制于中国全球贸易价值链的中低端锁定，经济腹地对于义乌国际贸易发展的贸易价值支撑存疑，现实图景呈现出三元特征：第一，泛义乌经济圈产业发展范式固化，多以出口需求为产业布局导向，形成了小商品贸易、五金贸易、纺织品贸易等完备产业链，构成了义乌世界"小商品之都"的经济地理依托；第二，义乌国际贸易附加价值不高，流通成本成为影响企业产业发展的关键要素，特定的产品结构及贸易附加值，使得在贸易冰山成本约束下的经济腹地半径扩容有限，呈现出经济腹地地理半径、产业半径与价值链半径拓展边际约束特征；第三，区域及全国产业结构或价值链梯度下游度锁定，无法为义乌专业市场深层嵌入全球贸易价值链提供产业体系与产品体系依托。 义乌国际贸易发展呈现出"强"市场与"弱"产业的失配格局，专业市场赖以存续的产业基础、要素基础与经济腹地基础存在弱化、失配隐患，市场空心化成为羁束义乌国际贸易发展与改革的问题所在。

4

义乌国际贸易综合改革的理论基础

义乌国际贸易综合改革的基础驱动理论为新战略定位论与"两小贸易"论。 深化义乌国际贸易综合改革的边际延拓理论为市场采购新型贸易方式效应论、进出口贸易平衡论、内外贸协调发展论、"引进来"与"走出去"双轮驱动论、"互联网＋贸易/金融投资"共驱论和统筹协调发展论。 与此同时，贸易价值链理论与经济地理理论也阐释了"义乌试点"改革的特定经济理路内涵。 本章从基础理论和拓展理论两个方面来研究"义乌试点"模式中蕴含的经济和贸易理论。

4.1 义乌国际贸易综合改革的基础驱动理论

4.1.1 新战略定位论

义乌从"鸡毛换糖"开始成为全国最大的小商品集散中心，再发展成为首个由国务院批准的县级市国家级综合改革试点城市。 义乌经济实力的增强促使了其在浙中、全国甚至世界中经济地位的逐步提升。 伴随着义乌地位的提高，互联网时代、电商时代到来等，义乌也在不断调整，从而能够把握机遇，进一步促进自身发展。

虽然中国现在正处于新常态下，但仍在重要战略机遇期，正通过开展全方面的改革试点来适应新常态，寻求经济发展新模式，推进经济发展新高度。为此，党的十八届三中全会也提出了全面深化改革的指导思想。 因此，义乌作为改革的重要试点城市之一，深化国际贸易综合改革既是把握住重要的战略机遇，也是推动义乌贸易发展的关键决定。

一直以来，义乌都是中国发展对外贸易的重要门户，也是中国对外交流与合作的重要窗口，因此义乌的第一层定位，即"总体定位"仍旧是建设成为世界级的商贸都市区。 一个世界级商贸都市区的发展一定是全面的、先进的、多功能的。 因此，义乌对自己的第二层定位具体表现为两个，即建设成为国家特别开放功能区和统筹协调改革创新区。

功能区的发展定位概括起来就是"四心三核两区一高地"。"四心"是指全球小商品展贸中心、全球网货采购配销中心、国际贸易金融服务中心和国际投资示范中心，"三核"是指丝路新区、科创新区、陆港新区，"两区"是指市场采购贸易示范区和"两小贸易"先行区，"一高地"是指全国物流高地。 义乌商贸城、国际生产资料市场、国际会展中心、保税物流中心（B 型）、丝路金融小镇、国际电商小镇等的建设及"南南合作"的不断开展成为义乌实现其发展定位的重要战略支点，也为义乌实现其发展定位提供了完善、全面、良好的依托基础。 除此之外，义乌以"义新欧"专列为新渠道和新载体，联合义乌航空口岸、铁路西站及"义甬舟"大通道实现海陆空立体多元对外开放格局，全面融入"一带一路"倡议，积极加强国际区域合作，发挥其特有的小商品产业和市场优势，打开多种贸易方式共同发展的新局面，进一步促成建立世界级商贸都市区的战略总定位。

统筹协调改革是为实现战略总体定位和强化功能定位配套的四大制度的改革。"四制"具体包括体制、机制、管制、税制。"体制"包括行政管理体制和涉外经济体制，"机制"包括资源要素机制、人才培养机制和市场机制，"管制"包括市场监管制度、贸易监管制度和社会管理制度，"税制"包括财政税收制度和金融投资制度。 实现战略发展定位与"四制"的配套改革的完善是不可分割的。 义乌政府需要通过创新"四制"在建设世界级商贸都市区中的上层建筑的作用，以实现与国家特别开放功能区中的"四心三核两区一高地"的促进和协同作用。

4.1.2 "两小贸易"论

"两小贸易"是以小批量、小额度为特点的日用品贸易形式。这种形式在义乌贸易活动中随处可见。义乌一直以来都是小商品贸易的主力城市，而日用品批发市场又是协助义乌发展经济、打下良好的贸易基础的重要市场之一。因此，进一步促进"两小贸易"发展不仅能够维持义乌小商品城的地位，也能推动深化"义乌试点"改革中的其他环节。

随着贸易范围的不断扩张，商人对贸易服务的需求不断提高。在贸易活动中，资金链的正常运行是维持贸易的关键。因此，在发展"两小贸易"的过程中，金融支撑体系的建构必不可少。义乌坚实的产业经济基础、发达的实体经济为其进行金融探索、创新，形成良好金融生态环境提供了条件。同时，为了配合把义乌建设成世界级商贸都市区的发展目标，服务于"两小贸易"的跨境结算和结转汇服务也应该是金融建设的重要环节。而互联网时代的到来，也意味着传统贸易迎来了新形式的挑战。"两小贸易"与电子商务的结合是大势所趋，大数据的出现为商人提供了便利的信息服务，体现商户与采购商双方的信誉度。为适应"两小贸易"小批量、小额度的贸易特点，义乌应该充分利用现有的物流方式，简化通关手续，在加强物流安全的同时提高物流速度。

4.2　深化义乌国际贸易综合改革的边际延拓理论

4.2.1　市场采购新型贸易方式效应论

市场采购贸易方式，是指在经认定的市场集聚区采购商品，由符合条件的经营者在采购地办理出口通关手续的贸易方式。市场采购的货源主要来自专业市场，内外贸并重，并且商品组柜出口的做法比较普遍。因此，义乌自实行市场采购贸易方式以来，一改此前沿用的"一般贸易"的通关方式，建立了"集中仓储、联网申报、前移检验、有效监管"的新型检验检疫监管模式，大大降低了开展国际贸易的门槛，在实现"通得快"的同时，也保证了出口商品

"管得住""可溯源"。

市场采购新型贸易方式还规定：对采用市场采购贸易方式出口的货物实行增值税免税政策；允许在市场采购贸易中采用人民币结算，对市场采购方式报关的每批次货值最高限额提升至 15 万美元。

市场采购新型贸易方式的成功实行和政府在政策方面的支持与创新密不可分。义乌政府除了在企业注册登记、检验检疫监管方式、报关通关、人民币结汇等与市场采购贸易直接相关的方面提供政策协助外，还建立了与之配套的试行市场采购贸易方式的联网信息平台，提高了信息披露程度和共享程度。

伴随着市场采购新型贸易方式的建立和成功实行，不仅让企业提高了贸易效率，加强了资金回笼能力，降低了汇率风险，提高了贸易利润，也使得外贸企业对金融服务需求不断增加。在未来，义乌还要更加注重优化国际贸易发展环境、健全金融机构体系、提升金融服务能力、改善金融生态环境、构筑区域合作优势和新型公共服务体系等六方面的保障措施，推动义乌小商品经济向纵深方向改革迈进。

4.2.2　进出口贸易平衡论

中国总体进出口贸易正在趋于平衡发展，但像义乌这样的以出口贸易为主导的城市，贸易失衡正在上演。受到全球经济危机和国内经济新常态的影响，义乌近年来的外贸发展增速略有下降，但外贸总体规模仍在不断扩大。由于中国总体的出口增速始终高于进口增速，使得贸易失衡愈演愈烈，虽然贸易顺差提高了中国的对外支付能力和偿债能力，但是却加大了由人民币升值和贸易摩擦加剧带来的压力。中国正在转变外贸增长方式，力争从规模速度增长型向质量效益增长型转变，从重视出口创汇向进出口平衡发展转变。义乌作为全球小商品集聚采购配销中心，在全国外贸转型升级的浪潮中的地位可见一斑，因此实现义乌市场的进出口贸易平衡发展迫在眉睫。

义乌在均衡发展进出口贸易时需要避免出现贸易失衡的现象。贸易失衡的总体特征是出口大于进口导致巨额外汇顺差，其体现的贸易内部结构特征有五点：第一，加工贸易的比重高于一般贸易的比重；第二，进出口商品结构失衡;第三,服务贸易呈现持续逆差的状态且差距不断扩大;第四,进出口市场集中且分布不对称;第五,贸易摩擦事件加剧。 为了更好地实现进出口贸易的平衡发展,在进口方面,义乌政府需要认识到扩大进口贸易的必要性,适度调整进口贸易的商品结构,扩大进出口规模地理分布,完善进口贸易的动力机制。 在出口方面,"中国制造"仍然占据着利润最微薄的低端市场,义乌要在外贸出口形势不乐观的大环境下逆势上扬,需要提升自身出口产品的竞争力,运用新业态和新平台,发展跨境电商和集成服务平台来打造外贸发展新引擎,助力义乌外贸转型升级。

义乌市场目前呈现的是一个以买方市场为主导的经济发展形态,义乌的买方市场特征与中国的总体特征基本一致,体现出初级性和相对性的特征。初级性体现在义乌的主导产业和贸易类别上,相对性体现在并非所有产业都处于买方市场上。 义乌的传统优势产业为劳动密集型产业,其买方市场地位明显。 在进口贸易方面,可以引进先进的设备、技术、管理方式来提升产品附加值和企业在竞争力价值链中的中端地位。 在出口贸易方面,由于受到国际市场的需求约束、生产要素成本上升的内部因素、国际贸易保护主义壁垒深化和人民币升值压力的影响,一方面,亟须开拓更广阔的国内外市场以缓解买方市场所带来的生产和生产力过剩的负面影响;另一方面,义乌更需要就市场形态的不足面制订多元化战略,定位好"2+2"战略产业体系,发展并培育日用时尚消费品产业、信息网络经济产业、先进装备制造业及食品医药健康产业等新兴产业,以弥补义乌产业附加值低的不足,扩大出口优势[①]。

4.2.3　内外贸协调发展论

在经济新常态下,国内资本投资者趋向谨慎,大量资本涌向国外市场,且资本投资主要集中在互联网科技、新能源产业、智慧医疗、人工智能与生命科学等新兴科技领域,少有资本大量投入国内的制造业和服务业。

外资利用率在近年来持续上升。 据 2015 年官方数据,实际使用外资金额

---

① 徐锋:《我国中小企业应对国外反倾销的对策》,《国际贸易问题》2003 年第 6 期,第62—64 页。

同比增长 6.4%，再次刷新历史新高。 此外，在内部结构上，外资主要用于服务业，在全国总量中的比重为 61.1%，而制造业实际使用外资额在全国总量中的比重为 31.4%。 而义乌作为小商品贸易的典型市场，其产业主要分布在第三产业。 根据 2015 年义乌统计公报，2015 年义乌三次产业结构已形成 2.0：36.1：61.9 的分布状况。 而在资本运作区域上，外资主要活跃于东部地区，自由贸易试验区引资聚集效应凸显。

合理有效地运用外资，能够优化国内资本市场的结构，弥补市场需求的空缺。 然而外资利用的质量与效率极大程度决定了内外资资本的关系能否协调发展。 理想的内外资关系是，国内内资资本投资活跃，周期短，流动性大，普及各大产业；而外资资本则以高新技术为特色，在东部地区或自由贸易区进行强化试点性的市场发展，弥补内资在普及上的特点式发展的不足。 其中，在结构上，应该重点发展第三产业，稳住第二产业，不放松第一产业；在比重上，内资占明显的主导地位；在质量上，要求利用内外资资本进行多元化、集成化的投资，提高资本拉动经济的效率。

4.2.4 "引进来"与"走出去"双轮驱动论

"走出去"战略，从广义上看，是指企业连同其产品、技术、服务、管理和资本等走向国际市场，与国外企业开展国际化合作与竞争。 按深浅层次分类，"走出去"的第一层次指商品的输出，是指货物、服务、管理和技术等的输出，主要体现在货物贸易、服务贸易、技术贸易及承包劳务贸易等；第二层次指资本输出，主要涉及海外投资建厂开店等对外直接投资方式。 "走出去"战略实际上也是一种跨国经营战略或全球化经营战略，对企业及政府来说，是适应全球化扩张和提升自身竞争力的策略。

"走出去"战略的浅层意义在于解决过剩的生产力，进一步扩大对外贸易和投资，弥补国内市场和资源的不足，实现经济的快速增长。 更深层次的意义是促进资金、技术和知识在世界范围内的自由流动，改变义乌和国家的经济结构，促进经济体制的改革。 在对接国家"一带一路"倡议上，"走出去"更是体现了其长远的意义。

按照邓宁（1981）提出的投资发展周期（Investment Development Path，

IDP）理论的界定，对外投资的发展可分为四个阶段：第一，本国几乎没有所有权优势，也没有内部化优势，外国的区位优势又不能加以利用；第二，外国投资开始流入，可能会有少数国家的少量投资，其目的在于取得先进技术或"购买"进入本地市场的权力，净外国投资额逐渐增长；第三，外国投资和对外投资都在增长，但外国投资净额开始下降；第四，直接投资净输出阶段。中国目前的对外投资现状基本符合"U"形曲线路径，已经从第二阶段过渡到第三阶段，即以吸收外商直接投资增长率的放慢和对外直接投资增长率的加速为标志。中国的 IDP 以处于前三个阶段的国家和地区为主，但有向第四、五阶段分散的趋势。义乌作为一个以国际贸易为切入点的改革试点城市，其对外投资路径选择具有一定参考意义。以义乌经济发展水平和投资水平，尚处于 IDP 的前两个阶段，其流出的对外直接投资的增长动机以寻求市场型和贸易替代型为主。而第三、四阶段，国家的投资就不仅作为一种寻求市场的战略，同时也是为了获得战略资产以保护和提高本国企业的所有权优势。义乌作为国家贸易的"经济特区"，需要巩固和加深在前两个阶段上国家和地区的投资优势，也需要运用自身贸易优势扩大在后三个阶段上国家和地区的投资，即更注重输出新技术，并加大对高附加值和技术密集型领域的投资。

"引进来"是中国自改革开放以来实行的国家发展战略，内容包括进口消费品或引进国外资金、先进技术设备和人才等，以及吸引跨国公司直接投资。"引进来"涉及扩大市场准入门槛，海关税收制度及检疫检验制度等关税和非关税壁垒的改革。

"引进来"的重要性还体现在对"走出去"的促进作用上。"引进来"为"走出去"奠定了物质基础和产业基础。外资在华的固定投资增强了生产资本的投资，推动了出口额的增长，促进了就业数量和质量水平的提高；外资企业对第二产业的投资为提升资产质量、技术含量和劳动生产率做出贡献，通过推动优势产业的扩张和落后产业的转移，有助于义乌市第二产业的高级化发展，推动了三次产业的结构调整与升级。

"引进来"和"走出去"双轨并行，是为了适应经济全球化和二次入世新形势的客观要求，是利用两个市场和两种资源发展可持续经济的内在要求，是根据比较优势原则充分发挥市场在资源配置中的基础性作用以调整经济结构的需要，更是提高本地产业档次和带动高附加值产品出口的现实需求。

在经济全球化进一步加深和中国二次入世的新形势下，贯彻实施"走出去"与"引进来"发展战略，对促进义乌商贸经济实现跨越式发展具有重大意义。

4.2.5 "互联网＋贸易"共驱论和"互联网＋金融投资"共驱论

市场贸易作为市场经济活动的主要内容，在实现价值交换的过程中涉及金融、投资、物流和仓储等多个方面。 义乌作为全国发育最早、交易规模最大的小商品贸易典型市场，积极发挥传统贸易论、新贸易理论的实践性经验，经过近 30 年的发展，实现成为专业市场与产业集群互动发展的义乌小商品基地。 义乌凭借以现货交易为主要方式的采购批发贸易，迅速形成国内、国际小商品贸易品牌。

（1）"互联网＋贸易"共驱论

随着"互联网＋"思维在各大传统产业的迅速普及，依托于信息化、高效化、一体化的互联网技术，传统商品贸易有了新增长节点。 在商品贸易交易中，义乌突破原有现货交易、有形市场，创建了"义乌购"大型采购批发网络交易平台，实现无形市场与有形市场、现货交易与期货交易相结合的新型贸易模式；在贸易信用保障中，义乌结合大数据信用资料，搭建了集信用评价查询、失信采购商通报、涉外信息查询等功能于一体的"义乌国际贸易综合服务及经济案事件预警平台"；在贸易流通交互中，义乌正在努力推动建立物流信息控制系统与货物仓储信息查询系统，通过及时的物流仓储信息网络化，以实现商品贸易流通的高效率。

跨境电子商务在产业链、中小企业生存、服务贸易业等方面发挥了巨大的作用。 在产业链上，缩短了传统贸易的烦琐环节，使产业链趋于扁平化，直接使得商品价格与利润得到利益保障；在中小企业生存上，跨境电子商务为中小企业提供了公平竞争的机会与平台，解决了订单接收问题，大幅度地提高了交易成功率；在服务贸易业上，跨境电子商务作为订单需求方与供给方的协调平台，极大地降低了寻找对接成本。 此外，外贸综合服务平台通过一站式服务，满足了国与国之间的管理差异化的要求。

（2）"互联网＋金融投资"共驱论

义乌的成功经验还表现在互联网与传统金融、投资之间的融合。诸如 P2P，B2C，B2B 等互联网金融模式在义乌得到了有效地结合实业的发展，大大促进了义乌本土中小企业融资问题的解决，并以多元化投资方式推动了义乌产业金融的发展。从产业链的资金需求来看，金融资本从输入端的生产、再加工、包装，再到输出端的分销、流通、销售都需要大量的发展活力，且根据产业链环节的性质不同，金融资本和产业的融合方式与契合节点也需要大量的异质化发展。从资金需求方来看，产业金融发展呈两极化，即大中企业能做到融资的多元化、集成化和一体化，而众多的小微企业却面临着融资门槛高、周期短、手续多的困境。新型的互联网金融模式有效解决了贸易市场融资的长期痛点。

4.2.6　统筹协调发展论

（1）经济发展与经济环境相协调

协调发展、统筹兼顾是"十三五"时期发展的核心要义。坚持统筹规划协调发展符合马克思主义哲学思想，是社会主义制度在发展方面的最大优越性。2015 年中国 GDP 增长速度回稳。经济的转型和增长从要素驱动转向创新驱动，以互联网为载体的"互联网＋"模式推进了互联网的创新成果与经济社会各领域的融合，最大限度地优化了资源配置，提升了实体经济的创新力和生产力，推动了中国经济在新常态下的稳态增长。目前，中国正处于结构性调整阶段，国际市场对中国经济发展的需求已悄然发生变化，中国要抓好经济再次高增长的机遇，坚持协调发展，积极应对高新技术发展的挑战。

（2）经济发展与区域相协调

区域城乡协调发展是统筹发展的重要内容。促进区域协调发展、城乡协调发展，要规划好布局、社会发展等问题，要积极推动城乡一体化和城乡基本公共服务均等化发展。为更好地努力建设成为世界级商贸都市区，义乌充分发挥其市场发展业已形成的资金、信息等先发优势，以商促商，以城带乡，城乡互促，推动市场与产业、城市的联动发展。坚持"引进来、走出去"并举，拓展对外开放空间，与国际接轨。在启动都市化进程的同时，义乌依托产业集聚化等基础，牢握城乡一体化发展要求和规律，构建科学合理的城市化格局，促进城乡"合二为一"，共谱现代文明新篇章。

（3）经济发展与产业转型升级相协调

步入新常态时期以来，中国推行了供给侧结构性改革，持续加码以产业转型升级为要点的经济发展方式的转变。在供给侧方面，技术产值、资本产值在中国经济结构中的比重稳步提升，以劳动力产值为主的经济格局悄然发生变化，重质量、重资本技术的经济增长模式逐步形成；在基数增长方面，中国高新科技在创新驱动的发展战略引领下蓬勃发展，为国际合作与发展带来了机遇。为更好地让产业升级跑出"加速度"，义乌积极响应国家战略，围绕核心问题，着力突破要素壁垒，不断深化推进资源要素市场化改革，营造经济发展的良好环境，为产业转型升级助力添彩。

（4）经济发展与民生相协调

推进和谐社会建设，"两个关注"是关键，即关注经济社会的协调发展，关注不同利益群体的合理诉求。发展的出发点不是单纯的经济效益，而是实现社会、经济和生态的全面协调。人民是发展的目的和落脚点。高速发展的经济使得社会成分多元化，社会矛盾不断增多。义乌在不断扩张市场的过程中，坚持以人为本，积极调整社会利益关系，力争成为国家和谐模范城市。义乌切实维护人民群众的根本利益，积极创新对外来建设者的服务和管理的做法得到了中央领导的充分肯定。重视经济社会的和谐互动，各类社会成员的和谐共处，符合国家全面构建和谐社会、走科学发展之路的要求，这是义乌建设世界级商贸都市区的独特路径。

5

义乌国际贸易综合改革前期成果

自 2011 年 3 月国务院批复义乌国际贸易综合改革试点总体方案以来，在省委、省政府的高度重视和国家有关部委的大力支持推动下，在各级各部门的共同努力下，"义乌试点"改革 6 年以来，各项工作稳步推进、亮点纷呈，试点工作取得了一系列重大进展与突破。市场采购贸易方式改革，国际贸易体制环境不断改善，多元平台建设，城市综合环境治理水平进一步提升，一系列改革措施显著提升了义乌国际贸易的便利化和规范化水平，为浙江乃至全国外贸发展注入了新的活力，提供了有益的试点经验与探索实践。2015 年，义乌获批国内贸易流通体制改革发展综合试点、农村宅基地制度改革、创建社会信用体系建设示范城市等国家级改革试点，形成了以国际贸易综合改革试点为核心，以国家新型城镇化综合试点、国家级农村改革试验区、金融专项改革等一系列改革为支撑的新格局。

5.1 义乌国际贸易综合改革前 3 年成果

2011 年设立试点以来，义乌会同浙江省发改委编制了《浙江省义乌市国际贸易综合改革试点 2011—2013 年实施计划》，明确了第一个 3 年的改革重点。3 年来，义乌按照分阶段部署、滚动实施的办法，一手抓实践探索，一手抓政策争取，系统推进改革，重点领域和关键环节改革事项相继突破，取得了较为显著的阶段性改革成果。

5.1.1 改革试点作为发展总抓手的综合带动效应凸显

3 年来，义乌按照"国家级、综合性、国际化"的改革要求，逐渐形成以国际贸易为特色的综合改革格局。改革试点成为义乌科学发展的总抓手，对经济社会发展诸方面的综合带动效应凸显。

（1）经济发展态势逆势上扬

2012 年，义乌完成地区生产总值 802.9 亿元，同比增长 10.2%；财政一般预算收入突破 100 亿元，达到 101.5 亿元，同比增长 12.5%，其中地方财政一般预算收入达 57.4 亿元，同比增长 13.8%；年末金融机构存款余额为 1 986 亿元、贷款余额达 1 514 亿元，分别比年初增加 176 亿元和 230 亿元；城镇居民人均可支配收入为 44 509 元，农村居民人均纯收入为 19 147 元，人均储蓄余额达到 13.98 万元，城乡居民社会保障在政策上实现全覆盖。同年，义乌进出口总额呈爆炸式增长，达到 93.5 亿美元，增长 136.7%，其中出口额为 90.1 亿美元，同比增长 150%（含试行市场采购贸易方式出口的 49.2 亿美元），对全省外贸出口增长贡献度达 65.7%。[①]

2013 年上半年，义乌实现地区生产总值 395.7 亿元，同比增长 10.2%；完成财政一般预算收入 58.9 亿元，增长 8.2%；6 月末金融机构存款余额为 2 190 亿元、贷款余额为 1 674 亿元，比年初分别增加 204 亿元、160 亿元。先行先试市场采购贸易方式部分政策，呈现外贸"井喷效应"。外贸出口额达 94.3 亿美元，同比增长 408%，对全省外贸出口增长贡献率达到 65%。其中，市场采购贸易出口额为 73.4 亿美元，占全部出口的 77.8%；一般贸易出口额为 19.9 亿美元，同比增长 11.9%。全市涉外经营主体比改革试点之初增长了近 50%，达到 5 208 家，其中外商投资合伙企业达 1 741 家，占全省 90%、全国 80%。货物通关便利，涉及义乌市场的采购出口商品通报同比下降 48.2%，海关联网监管商户 3.3 万家。市场周边金融机构资金流入 2 642 亿

---

① 本部分所涉及的数据资料均由义乌市改革办、统计局协同提供。

元，同比增长 9.6%。 个人跨境结算人民币 40.3 亿元。

（2）产业结构调整持续向好

改革试点以来，义乌经济结构进一步调整，3 年来呈现第一产业、第二产业比重持续下降，第三产业比重稳步上升的态势。 2010 年，义乌三产比重为 2.8：43.2：54.0；2011 年，义乌三产比重为 2.7：42.8：54.5；2012 年，义乌三产比重为 2.6：41.6：55.8。

一直以来，义乌的工业制造业都以小商品制造加工为主，技术含量不高，产品附加值低。 为了保障义乌市场持续发展，义乌高度重视发展工业，尤其是先进制造业，从而形成了针织袜业、饰品、工艺品、毛纺、化妆品等 20 多个优势行业，涌现了一批在全国乃至世界的行业龙头，形成了"小商品、大产业，小企业、大集群"的发展格局。 2012 年，全市实现工业总产值 1 533.7 亿元，同比增长 8.7%；其中规模以上企业产值为 683.7 亿元，同比增长 11.8%。

（3）经济发展后劲显著增强

首先，企业内在创新动力强化。 义乌企业越来越注重品牌建设，重视商标注册。 义乌许多老牌企业从原先埋头做产品、对商标无所谓，逐渐走上重视品牌培育的规范化道路。 许多企业都采用了全类注册的商标全防御体系，平均每年新增注册商标 3 000 个以上。 义乌商标申请人最大的一个特点是商标注册从追求数量向追求质量转化，重视品牌知名度。2012 年，义乌专利申请量达 6 568 件，同比增长 47.9%；专利授权量为 5 117 件，同比增长 66.8%，其中发明专利达 84 件，同比增长 20%，专利授权量累计达 20 171 件。 2013 年第一季度的数据显示，义乌专利申请量达 1 401 件；授权量为 1 160 件，同比增长 65.7%。 注册商标 43 580 件，行政认定驰名商标 16 件；省著名商标 97 件，金华市著名商标 253 件，国际注册商标 2 456 件，商标综合实力位列全国县级市第二名。

其次，行业协会、商会等社会组织蓬勃发展。 义乌行业协会在经济社会生活中的地位日益凸显。 不少协会在义乌的经济社会中发挥了日益重要的作用。 如义乌玩具行业协会和协会会员合作，作为起草小组成员参与了国家"毛绒、布制玩具"标准的编制工作，开创了在义乌举办审定会并完成审定国家标准的先例。 义乌五金家电行业协会成功地将全国五金家电商品交易会引入义乌，并从 2004 年起每年承办中国国际五金电器博览会。 义乌工艺品行业协会积极开展行业调研，提出发展纲要，建立工艺品专业园区和工艺品专业街，加快了行业集聚。

再次，人才培养机制的探索与创新。 试点政策支持义乌构建适应现代服务业发展需求的职业教育新体系，加快培养发展国际贸易急需的技能型人才；义乌普通高校开展中外合作办学；义乌设立外籍人员子女学校；根据浙江省"十二五"高校设置规划统筹考虑和建设国际商贸类高校。 截至 2014 年 9 月，共有来自 18 个国家和地区的 360 余名外籍中小学生在读，有外国文教专家单位 5 家，具有招收外国学生资格的学校 12 所。 国际贸易实训基地建设项目被列为国家建设项目。 建设了电大实训基地。 同时紧抓人才引进工作，引进创业创新领军人才 13 人、义乌籍高层次人才 22 人，在德国法兰克福及我国的上海、武汉等人才密集城市设立了人才工作站。

最后，社会事业发展势头良好。 截至 2012 年末，义乌共设立普通中小学校 112 所，幼儿园 328 所，特殊学校 1 所，在校学生总计 21.14 万人。 义乌已全面启动第四轮教育布局调整、标准化校园建设工程，扎实推进义务教育段"阳光招生"制度改革，全面实现招生公开、公平、公正，遏制外来建设者子女无序择校现象。 义乌工商学院成为全国首个县级市汉语水平考试考点，被省政府确定为"创业型大学"试点院校。 同时，义乌深化医疗卫生体制改革全面推进，率先实施国家基本药物制度改革；省卫生厅确定义乌为全国首批实行公立医院改革试点的 29 个县级市之一；浙大医学院附属义乌医院、中医院迁建和中心医院二期三个省市重点工程加快推进；加强公共卫生安全防范工作，巩固登革热等传染病防控成果，成功通过国家级食品安全示范市复评验收。

5.1.2 改革多级联动推进格局基本形成

义乌着力以项目化管理理念推进改革，国家、省、市三级联动推进改革的格局基本形成。

（1）落实重点，分解推进

2012 年 1 月，国务院办公厅印发《推进浙江省义乌市国际贸易综合改革试点重点工作分工方案》，将 18 个方面 41 项重点工作分解落实到 30 个国家部委。 截至 2014 年，已完成或基本完成的有 7 项，取得阶段性成果的有 24 项，尚未实质性启动或推进困难的有 10 项。 8 月，省政府办公厅印发了省级层面 3 年计划重点工作分工方案，将 71 项重点工作进一步细化落实到 56 个省级部门和金华市。 义乌层面，对照 3 年实施计划，明确了每项改革任务的责任领导、牵头部门、配合部门，以项目化形式推进试点工作，做到重点工作项目化、项目建设责任化、责任落实具体化，并将改革任务纳入年度目标责任考核体系。

（2）上下对接，联动推进

部省联动方面，在省政府的支持下，义乌国际贸易改革试点分别纳入海关总署、质检总局与浙江省合作备忘录；商务部召开义乌国际贸易改革试点重点工作对接会，建立了商务部、省商务厅和义乌市三级沟通对接机制。 省市联动方面，省政府调整成立了义乌国际贸易改革试点领导小组，省工商局、省商务厅、省质监局等 17 家省级部门和 11 家金融机构，与义乌建立了合作共建关系。

（3）强化保障，合力推进

省委、省政府出台的《关于加强服务保障改善发展环境 大力推进浙江舟山群岛新区建设和义乌市国际贸易综合改革试点的实施意见》，为义乌下放357 项省级部门的行政审批和管理事项权力；义乌商贸服务业集聚区管委会升格为正处级机构，获批设立省公安厅出入境管理局义乌分局和义乌市公安消防局，强化了推进改革的体制保障。 省人大常委会通过《关于保障和促进义乌市国际贸易综合改革试点工作的决定》，强化了推进改革的法律保障。 省委组织部启动"百人计划"，首批选派 50 名骨干到义乌挂职，帮助其解决实际问题，强化了推进改革的人才保障。 义乌市出台改革试点工作免责办法，激励广大干部解放思想、先行先试；成立由纪委监察局牵头的改革试点监督检查领导小组，强化了推进改革的机制保障。

5.1.3　以贸易便利化为取向的市场采购新型贸易方式获批

鉴于义乌小商品国际贸易的多品种、多批次、少批量及拼箱组货、主体多元等交易特点，2012 年 3 月，浙江省编制了《义乌实施市场采购新型贸易方式试点方案》并上报国务院。 在国家、省、市各级政府、部门的共同推动下，2013 年 4 月，商务部、国家发改委、财政部、海关总署、国家税务总局、国家工商总局、国家质检总局和国家外汇局等 8 部委联合发文，同意在义乌正式试行市场采购新型贸易方式。 围绕构建新型国际贸易体制，国家、省、市出台了多项便利化措施：

（1）市场准入便利化改革成效显著

商务部发布《关于委托 28 家地方商务主管部门作为对外贸易经营者备案登记机关的通知》，让义乌成为全省首个拥有对外贸易经营者备案登记管理权限的县级市。 外交部授予义乌邀请外国人来华审批权限，义乌成为全国首个拥有这一权限的县级市。

商务部下发《商务部关于外商投资合伙企业对外贸易经营者备案登记有关问题的通知》，明确外商投资合伙企业有关经营权事项。 义乌涉外经营主体比改革试点初增长了近 50%，达到 5 262 家，其中外商投资合伙企业 1 871 家，占浙江省 90%、全国 80%。

（2）货物通关便利化改革成效显著

国家质检总局制定《市场采购出口商品检验监督管理办法》，在义乌试行，取得较好成效。 在"通得快"的同时，规范化水平明显提升。 2013 年 1—6 月，涉及义乌市场采购出口商品的通报数同比下降 48.2%。 海关总署批准在义乌开展无纸化通关改革试点，海关联网监管商户达 3.3 万家，无纸化报关单占总报关量的 98% 以上。

（3）财税外汇便利化改革成效显著

财政部、国家税务总局发布《关于出口货物劳务增值税和消费税政策的通知》，明确市场采购出口货物增值税免税政策。 央行批准《个人跨境人民币业务试点暂行管理办法》，义乌成为全国首个开展个人跨境人民币业务的试点城市。 2013 年 1—6 月，义乌市场周边金融机构资金流入 2 642 亿元，同比增长 9.6%；个人跨境贸易人民币业务试点突破 60 亿元，跨境人民币业务累计突破 600 亿元。

自 2012 年 8 月，先行先试市场采购贸易方式部分政策以来，义乌外贸呈现井喷式增长。 2013 年 1—9 月,义乌外贸出口额达 142.2 亿美元,同比增长 239.4%,对全省外贸出口的增长贡献率达到 65%。 其中,市场采购新型贸易额达 107.1 亿美元,占全部出口的 75.3%。

5.1.4 以产业转型升级为导向的多元平台建设亮点纷呈

义乌通过建设"332"(即 3 年 3 大领域投资 2 000 亿元)重大项目,一大批符合产业转型升级要求、集聚创新要素的发展平台得以建立,基本形成商贸流通与先进制造"双轮动"格局。

(1)拓展贸易展示平台,实体市场竞争力显著提升

一是国际生产资料市场一期盛大开业,引进生产企业、代理商 2 563 家,其中中国 500 强企业 9 家,省级以上知名品牌的生产企业 135 家,使得义乌实体市场体系更加完善,市场商品结构更加合理。 二是培育发展进口贸易。 截至 2016 年,进口商品馆已引进 90 多个国家和地区的 5 万多种商品,建成非洲产品展销中心和东盟产品展销中心,中东欧产品展销中心正在加快建设。 三是拓展市场网络,加快义乌市场"走出去"步伐。 委托北大等名校大院编制市场"走出去"战略规划,市领导带队组织 10 支"拓展内贸市场"考察组,遍访全国 30 个省(区、市)、100 多个具有较大影响力的市场,广泛学习并借鉴创新做法,加强交流合作,推动义乌市场与外地市场的联动发展。 在拓展海外市场方面,莫斯科·义乌国际商贸中心已建成。

(2)拓展国家级会展平台,会展经济发展势头良好

大力发展会展经济,以展促贸,寻找一条适合小城市发展的会展道路,是义乌国际贸易改革试点的重要内容。 已投入使用的国际博览中心总投资 18 亿元,占地面积 219 亩,成为浙江省最大的会展中心。 2012 年,义乌共举办会展活动 158 个。 2012 年、2013 年,商务部连续两年向全国商务系统下发通知,要求做好义博会相关工作,这标志着义博会得到了国家层面的重视和支持。 浙江、安徽、福建等 15 个省市将义博会列入重点支持展会,出台配套政策,给予实质性支持。 商务部外贸发展事务局已明确表示,同意将义博会境外展纳入商务部境外中国商品展系列,享受相应配套政策支持。 文博会、森博会、旅游商品博览会分别被文化部、国家林业局、国家旅游局列为重点支

展会。 国家林业局专门下文支持森博会在全国范围内招展招商，并在浙江省召开全国重点省区市林业产业工作座谈会，对森博会工作进行部署。

（3）打造电子商务发展平台，推进线上线下融合发展

义乌依托实体市场和物流网络优势，紧紧围绕"电商换市"战略，将电子商务作为战略性、先导性产业重点培育，努力建设全球网货营销中心和全球网商集聚中心。 大力实施电子商务"230"（2 年 30 万电商从业人员）培训计划，推动实体市场和传统企业的"触网"；占地面积 600 多亩、概算投资 80 亿元的国际电子商务城已建成，同时，发展镇街电子商务园区，逐渐形成以摄影、创意等为一体的电子商务产业链；加强与阿里巴巴、亿赞普、敦煌网等知名平台的战略合作，引进电子商务仓储运营中心、采购中心等一批电子商务项目，探索义乌购平台运行模式；结合市场采购贸易方式，探索义乌跨境电子商务模式。 目前，义乌电子商务发展势头良好，2013 年上半年，义乌国内快递日均出票量达 55 万件，同比增长 22%，居全国第 6 位，注册地在义乌的国内电子商务淘宝卖家超过 10 万个；国际快件日均出票量达 25 万件，跨境电子商务速卖通、敦煌网注册卖家分别占全国的 1.7% 和 1.4%，eBay 卖家占全国的25%，居全国第 4 位。

（4）建设交通物流平台，探索国际陆港建设模式

义乌集中布局快递物流、铁路物流、空港物流和综合保税等功能区块，引进普洛斯、"四通一达"、顺丰等 15 个重大物流项目，总投资约 160 亿元，与宁波港开展全面战略合作，开通义乌至宁波港、阿拉山口、霍尔果斯的铁路集装箱运输业务，物流的战略性、基础性地位在义乌不断得到强化。 截至 2012年末，义乌共有各类物流企业 2 518 家，其中国内物流企业 1 328 家，国际货代仓储企业 1 056 家，快递物流企业 134 家。 全球四大知名快递公司均已在义乌设立分公司或办事处。 义乌拥有通过中国物流与采购联合会评审的 5A 企业 1 家，4A 企业 3 家，3A 企业 31 家，2A 企业 5 家。 目前，义乌已被列入我国首批国际陆港城市，航空口岸开放列入国家"十二五"口岸发展规划，小商品出口监管中心等 8 个交通物流项目列入国家公路运输枢纽总体规划。 作为全国首个直观反映道路货运价格指数与景气程度的义乌道路货物运输价格指数"义乌运价指数"已对外发布，并在省内推广。

"义乌港"建设稳步推进。2013年5月1日，联合国亚太经社会将义乌正式列为国际陆港城市，义乌成为我国东部地区唯一列入的内陆城市；开通了自铁路义乌西站直达阿拉山口和霍尔果斯口岸的国际铁路集装箱专列；义乌港二期查验场地投入使用；积极推动开通"义乌—宁波北仑"海铁联运专列。义乌市政府与宁波港股份有限公司签订了《宁波港与义乌港战略合作协议》，义乌交发公司与宁波港务集团成立合资公司——义乌市义乌港物流有限公司，开展集装箱运营和甩挂运输等港口物流业务，实现了港口功能的延伸；义乌义联物流公司与宁波航交所合作建立的义乌订舱平台上线运行，月订舱量达3 000TEU以上。

（5）拓展产业发展平台，推进产业整合提升

义乌以省级商贸服务业集聚区建设为主抓手，整合提升经济技术开发区和省级工业园区发展水平。义乌经济开发区已升级为国家级经济技术开发区，引进了"特种车及工程机械制造""中国汽车零部件产业基地"等一批重大产业项目；2010年落地强化招商引资工作，总部经济区一期8幢大楼开工已引进规模优势企业60家，金融商务区已落地25幢大楼，设立浙商回归总部基地，累计引进回归项目38个，计划总投资88.4亿元，实际到位资金17.97亿元；总部经济区、金融商务区已成为具有国际商贸特色的高端现代服务业创新发展高地；义乌工业园区引进"电子信息产业园"等重大项目，2014年7月经工信部批准成为国家级新型工业化产业示范基地；深入实施"四换三名"工程，加快"个转企""小升规"步伐，完成"个转企"5 847家，提前完成3年目标任务；2013年实现"小升规"企业145家；发展工业设计中心、创意园、行业研发中心等公共创新平台，狠抓企业技术改造，袜业、饰品等行业率先迈出新装备研发步伐。

5.1.5　以开放型经济升级为导向的公共管理服务保障能力显著增强

（1）要素资源保障得到加强

义乌国际贸易改革试点土地专项方案于2012年11月获国土资源部批复同意。该方案中编制实施国土改革的3年行动计划，梳理规划修编、耕地保护、差别化供地、节地技术、地下空间开发等13项改革任务。与宁波、

丽水和衢州等周边市县建立了战略合作关系，区域合作进一步深化。 因此，义乌可以在更广的范围、更深的层次、更宽松的政策下配置利用土地、资金、劳动力和环境等资源要素。

金融专项改革获批，委托专业机构编制 3 年行动计划，以发展贸易金融为核心，重点在人民币跨境业务、外汇管理和民间资本创新等方面先行探索。异地本外币兑换公司落户义乌已于 2012 年 10 月上旬获批；本地本外币兑换公司增设网点已落实，合伙企业登记 153 家。 国家外汇管理局汇发《关于外商投资合伙企业外汇管理有关问题的通知》，明确外商投资合伙企业外汇管理政策。 2012 年起，供应链融资、跨境人民币结算等一些先行改革事项进展顺利，全国首创的"易透"供应链融资累计发放贷款 5 亿元；国贸供应链服务公司成为全省首家综合贸易服务企业，已为近 2 000 家小微企业提供 14 亿元线上免抵免担保融资服务；义乌首个 P2P 网络借贷平台"义乌贷"上线，累计交易额达到 2 亿元；2012 年 12 月义乌获批实施《义乌市个人跨境贸易人民币结算试点暂行管理办法》，这是全国唯一的个人跨境贸易人民币结算业务试点，截至 2013 年 9 月底，共办理个人跨境人民币业务 61.3 亿元，跨境人民币业务累计突破 600 亿元；辖内银行机构已尝试开展资本项下股权转让人民币跨境支付业务，目前办理的相关业务额达 4 801 万元。 中国人民银行对义乌企业在银行间市场发行债券给予指导支持。 三鼎控股集团 10 亿元短期融资券已成功发行 5 亿元，画之都股份有限公司在全国发行首单民营企业私募债，中信银行和工商银行分别为小商品城恒大公司成功注册中期票据 11 亿元和短期融资券 10 亿元。 2011 年至 2013 年，共引进民泰、瑞丰、广发、泰隆、村镇银行等各类银行机构 5 家。 2013 年 7 月，浙江义乌农村商业银行正式挂牌营业。

（2）行政管理能力得到提升

为支持"义乌试点"工作，在已下放 618 项扩权事项的基础上，省委、省政府又专门出台政策意见，于 2012 年向义乌市下放 357 项省级部门行政审批及管理事项权力，进一步提高其行政效能。 义乌深化行政审批制度改革，大幅提高行政审批效率：取消、合并或停止实施的行政审批事项 269 项，185 个审批项目已实施网上办理。 推进优化机构设置进程：设立省公安厅出入境管理局义乌分局和义乌海关缉私分局，成立义乌市公安消防局和流动人口服务管理局，义乌商贸服务业集聚区管委会升格为正处级机构；外交部授予义乌市外侨办"被授权单位资格"，下放了邀请外国人来华审批权限；2012年商务部授权义乌开展对外贸易经营者备案登记事宜；海关增加编制25人，为航空口岸、义乌港、铁路西站等监管职能实现提供了保障；取得涉外刑事案件管辖权、中小学招收外国学生资格审批权，试行外国人就业期限延期政策；与国际贸易相适应的机构的监管服务能力不断加强。

（3）公共服务环境得到优化

义乌深化行政审批制度改革，大幅提高行政审批效率。2012年初启用国际贸易服务中心，集中了公安、商务、外办等10个部门，累计可为外商提供116项"一站式"服务，自2012年1月设立以来，日均办件量500余件。制订了《关于进一步健全境外客商便利化服务的若干意见》，外国人管理与服务体系进一步完善。推进工商商事登记制度试点工作，启动义乌商贸服务业集聚区"化零为整"前置审批、外贸主体快速审批改革试点工作。截至2012年，工、农、中、建、交这5家国有商业银行全部升格为二级分行，引进商业银行5家，获批小额贷款公司7家，金融服务能力显著增强。具有招收外国学生资格的学校增加到12所。完成3家涉外定点医院的建设工作，教育医疗等公共服务体系进一步完善。

5.1.6　以功能完善为导向的城市综合承载能力显著提升

按照百万人口大城市建设要求，义乌积极探索新型城市化发展道路，更加注重规划引领，对城市总体规则进行了修编，不断优化城市功能，义乌城市辐射力、带动力和集聚力得到明显增强。

（1）城市基础设施建设更加完善

为贯彻义乌"十二五"规划，打造最佳经商环境，提升商贸服务业集聚区、金融商务区、国际文化中心区块、总部经济区等重大平台的开发建设水平，2012年义乌加快城市综合体的建设，实施161项重点工程和项目，研究出台城市社区更新改造实施办法，编制完成控制性详规。中心城区建成区面积从56平方千米拓展到96平方千米。根据"十二五"规划，到2015年，义乌城市居民人均居住面积达到 30 平方米，建设 3 个规模较大的城市生态居住区；道路绿化覆盖率达 46％以上，人均公园绿地为 11 平方米；市区住房总建筑面积在 439.4 万平方米的基础上增加 220 万平方米左右，成套住房增加约 2.7 万套，其中经济适用住房、廉租房、公租住房共 4 386 套，另外老城区、城中村、城郊村改造重建安置住房约 1 万套，剩余为商品房。

（2）城市品位显著提升

为破解"半城市化"难题，创新城乡新社区集聚建设模式，义乌实行由以单村分散安置为主向以多村集中安置为主转变，由多层安置为主向全高层安置转变，由纯住宅安置向住宅、产业、商业用房、商务楼宇等多形式安置转变，在保障群众利益的同时，节约集约用地，提高城市品位。 2012 年完成编制新社区集聚建设专项规划，其后 3 年将启动建设 15 个新社区。 加大城市治堵力度，制订综合治理城市交通拥堵 5 年行动方案，2012 年财政投入 40 亿元改善城区路网。

（3）城市环境更加美化

义乌加大环境整治力度，扎实推进"三改一拆"，攻克一批征迁难点，2013 年拆除违法建筑 1.3 万处共 432 万平方米，是 2013 年任务数的 4.8 倍，腾出建设用地 3 900 余亩。 实施"碧水商城"行动，坚持铁腕治污、严治严管，以水环境综合整治倒逼转型，取缔或关停非法企业 436 家；2013 年 1—10 月，登记外来人口 123 万，同比下降 12.6％。 启动全国文明城市创建活动，开展"四小车"整治等 8 个专项行动，着力美化优化城乡环境。

5.2　义乌国际贸易综合改革第二个 3 年成果

5.2.1　市场采购贸易方式使用范围不断扩大

针对义乌市场采购贸易的批量少、货值低，拼箱组货多、交易频次高等特点，商务部等 8 部委同意在义乌试行市场采购贸易方式，实施外贸主体落地、外商投资合伙企业登记、增值税免税、无纸化通关、法检商品目录调减等便利化政策，较好解决了市场采购贸易长期存在的制度缺位问题，极大降低了市场主体经营风险和部门监管风险，客商流、货物流、资金流的便利化水平明显提升，推动了外贸持续快速发展。

自 2014 年 11 月义乌市场采购贸易方式正式落地以来，义乌不断完善相关配套监管办法，全面开展供货商备案、商户确认、原始单据提供等工作。 在海关方面，实施小商品出口申报简化归类、无纸化通关转关等便利化措施。在检验检疫方面，实施分类监管、信用放行、小额小批量法检商品免检等措施。 在国税方面，实行市场采购贸易方式增值税免税管理政策。 在外汇管理方面，允许在市场采购贸易中采用人民币结算，实施个人贸易外汇管理办法。2015 年 5 月 1 日，旅游购物监管方式退出历史舞台，实现从"旅游购物"向市场采购的平稳过渡。

缘于小商品出口批次多、品种多、数量少和价值低等特点，义乌积极探索市场采购贸易出口货物的税收监管政策，出台了《浙江省义乌市市场采购贸易方式出口货物免税管理办法（试行）》（税总函〔2013〕547 号），对市场经营户自营或委托市场采购贸易经营者以市场采购贸易方式出口的货物免征增值税，有效化解了市场经营户涉税风险。 市场采购贸易出口货物通过联网信息平台实行免税管理，对市场经营户在联网信息平台中申报的出口额实行增值税免税政策，市场经营户的出口额和内销额分离，有效化解了市场经营户因内外销混合带来的涉税风险。 同时，出口货物全部纳入联网信息平台，实行信息化和无纸化免税管理，市场采购贸易经营者和市场经营户"一次不用跑"就可以实现免税申报。

市场采购贸易方式的顺利推进和市场采购贸易方式出口货物免税管理办法的试行，在推动出口贸易快速增长方面发挥了举足轻重的作用，对外贸易量显著增加，市场采购贸易方式的贡献率平稳增长，如图 5-1 所示[①]。

此外，外贸主体活力得到有效激发，入境义乌外商大幅增长，供应链管理企业、电子商务秘书企业、互联网金融企业等新兴市场主体不断涌现；企业内

---

　　①　本章若无特殊标注，数据均系作者根据《义乌年鉴》、义乌市国际贸易综合改革试点办公室、义乌市商务局、义乌市电子商务工作领导小组办公室和义乌市政府金融工作办公室等提供的数据整理而得。

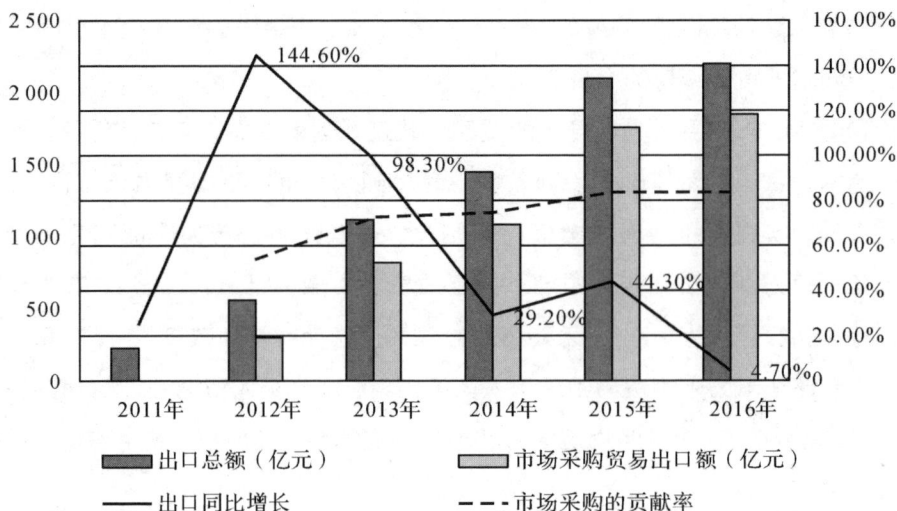

图 5-1　义乌 2011—2016 年市场采购贡献率

在创新动力不断强化，本地知识产权品牌到海关总署备案的数量较改革前增加，专利申请量同比增长，企业主导或参与制定行业标准的次数增加。

5.2.2　多元发展平台稳步搭建

（1）物流体系立体化发展

义乌已成为全省主要的内陆港和全国最大的零担货物配载中心，是省政府确定的 3 个"大通关"试点城市之一、联合国亚太经社会确定的中国首批 17 个国际陆港城市之一、全国首批现代物流创新发展试点城市，也是国家二级物流园区布局城市。　义乌一直致力于完善陆港平台和集疏运体系，发展多式联运，开通义乌至宁波港和"义新欧"铁路集装箱联运专线，开通义乌—马德里国际集装箱专列；义乌空运口岸开放通过国家部委验收。　国际陆港物流园区集中布局快递物流、铁路物流、空港物流和综合保税等功能区块。　义乌紧紧抓住融入国家"一带一路"倡议和浙江省建设"义甬舟"开放大通道的战略契机，着力打造"公铁海空"立体物流体系，全面推进公路、铁路、航路、邮路、B 型保税物流五大平台建设，不断完善口岸功能。

（2）展贸平台培育新优势

以国际陆港片区和国际商贸城片区为核心的义乌商贸服务业集聚区是

推进义乌国际贸易综合改革试点和市场转型发展的重要平台。作为国际陆港城市重要窗口的陆港物流园区集中布局国内物流、跨境物流、快递物流、铁路物流、航空物流、综合保税和电子商务等功能区块，旨在打造成为国际物流的始发港和目的地港、长三角地区重要的物流基地、城市物流产业高度集约布局的开放大平台。推进展会和贸易的融合发展，做大做强市场展销平台以推动贸易发展，是义乌市场转型的一大亮点。义乌市场被誉为"永不落幕的博览会"，市场是常态化的展会，展会是临时性的市场。试点 6年，义乌坚持走"以贸兴展、以展促贸、展贸互动、共促繁荣"的特色发展之路，围绕"把义乌打造成重要的国家级会展平台"的任务目标，稳步推进展会专业化、市场化、国际化和品牌化，展贸平台综合竞争力显著提升。义博会、文博会、旅游商品博览会、森博会等四大国家级展会高位突破，总成交额不断提升，如图 5-2 所示。截至 2016 年，义乌共拥有 3 个 UFI 认证展会，居全国县级市首位。

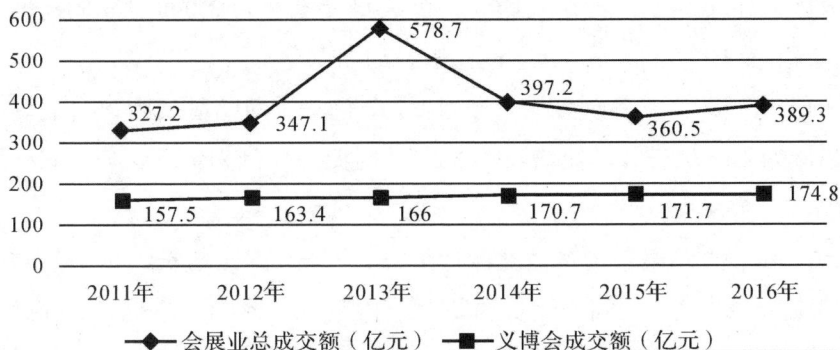

图 5-2　2011—2016 年义乌会展成交额

（3）电子商务成为新增长点

2015 年 10 月，国家统计局批复同意在义乌开展县域电子商务大数据应用统计试点，义乌成为全国唯一开展这一试点的县级市。自试点批复同意以来，义乌以全面调查、大数据应用、线上线下相结合为基本方法，创新电子商务统计方法制度，初步建立了覆盖全面的电子商务统计调查体系。义乌市委、市政府以打造"全国网商集聚中心、全球网货营销中心、跨境电子商务高地"为目标，将电子商务定位为战略性、先导性产业重点培育，取得了阶段性成效。

2011 年，义乌电子商务成交额达 347 亿元，电子商务经营户数为 4 297 家，诚信通会员数为 19 000 家，eBay 卖家数达 2 000 家，敦煌网卖家数为 7 000 家，天猫卖家数为 1 400 家，淘宝卖家数达 14 000 家。

2012 年，义乌电子商务成交额达 520 亿元，同比增长约 50％。电子商务经营户数为 7 325 家，同比增长 70％。诚信通会员数达 21 600 家，同比增长约 14％。eBay 卖家数为 2 600 家，同比增长 30％。敦煌网卖家数达 11 000 家，同比增长为 57％。天猫卖家数为 2 700 家，同比增长约 93％。淘宝卖家数达 19 000 家，同比增长约 36％。

2013 年，义乌电子商务成交额达 856 亿元，同比增长约 65％，其中跨境交易额为 351 亿元，同比增长 5 倍多；内贸交易额达 505 亿元，同比增长 7％。电子商务经营户数为 12 437 家，同比增长约 70％；诚信通会员数为 27 000 家，同比增长 25％；eBay 卖家数为 3 500 家，同比增长约 35％；敦煌网卖家数达 15 000 家，同比增长约 36％；天猫卖家数为 3 000 家，同比增长约 11％；淘宝卖家数为 30 000 家，同比增长约 58％。

2014 年，义乌电子商务成交额为 1 153 亿元，同比增长约 35％，其中跨境交易额为 433 亿元，同比增长约 23％；内贸交易额为 720 亿元，同比增长约 43％。

2015 年，义乌电子商务成交额为 1 511 亿元，同比增长约 31％，其中跨境交易额为 582 亿元，同比增长约 34％；内贸交易额为 929 亿元，同比增长约 29％。

2016 年，义乌电子商务成交额为 1 770 亿元，同比增长约 17％，其中跨境交易额为 650 亿元，同比增长约 12％；内贸交易额为 1 120 亿元，同比增长约 21％。

义乌电子商务园区建设由量向质提升。义乌电子商务园区—专业市场—专业楼宇体系已成形，形成了"行业抱团、聚沙成塔、捏指成拳"的良好效应；并积极谋划打造集研发创新、企业培育、应用示范于一体的"互联网＋"产业园。实体市场对网货集散与展示的支撑作用不断增强，已成为网货的主供应地，实现了线上线下市场的强强联合、优势互补。一批行业垂直类电子商务平台陆续涌现，正在形成与有形市场互促融合的发展态势。 义乌的网商集群效应凸显，内贸网商密度位居全国第一，外贸网商密度居全国第二，网商服务区被评为国家电子商务示范基地。

（4）专项配套改革协同推进

行政管理体制改革。 近年来，义乌国际贸易综合改革中行政管理体制专项改革的成果主要表现在扩权改革、政府机构改革和审批制度改革等方面。通过深化扩权改革，多次扩权，义乌经济社会管理权限不断增强。 针对经济社会发展中遇到的体制性矛盾和问题，义乌积极从机构编制和职能配置等方面进行调整，加快转变政府职能，探索并建立与国际贸易综合试点相配套的政府治理架构，优化机构设置。 一是完善国际贸易综合改革配套机构建设；二是整合优化政府机构设置；三是深化审批制度改革；四是行政复议体制改革。通过相关行政体制改革既提高了政府行政效率，更优化了区域经济的发展环境，优化了行政资源配置，政府部门履职能力不断增强。

国土专项改革。 义乌市通过两年的土地管理制度专项改革，有效地解决了土地资源紧缺和保障经济持续增长的用地需求矛盾，保持了保护耕地和保障发展之间的平衡，促使增量合理利用和存量精细化管理之间的统一。 义乌通过国土资源行政审批制度改革，三大项审批权限下放，放宽了地方行政审批制度；制度不断创新，寻求土地管理机制新突破，探索点对点区域战略合作新机制；探索土地用途转用审批制度改革试点；全面推进城乡新社区集聚建设；节约集约，促进存量用地新利用，以低效用地再开发促进节约集约利用，以完善产出效益机制强化节约集约利用。

金融专项改革。 2014年是义乌金融改革的启动年，义乌金融改革在实施个人贸易外汇管理改革试点、探索跨境电子商务结汇便利化机制、深化个人跨境人民币试点、推动离岸业务发展、加快贸易融资产品创新、培育供应链金融服务平台、加快集聚各类金融机构、积极探索贸易信用体系建设等方面取得了明显进展。 自2014年以来，义乌以打造贸易融资平台为特色，结合区域经济金融发展实际，有针对性地提出发行多元化企业债务融资工具，培育并引进本外币兑换公司，推动互联网金融发展，培育其他金融新型组织，探索"多元化"金融体系。 义乌以增强地方金融产业集聚为基础，以优化区域金融生态环境为保障，形成金融专项改革的先发机遇和政策优势，金融改革成绩斐然，如图 5-3 所示。

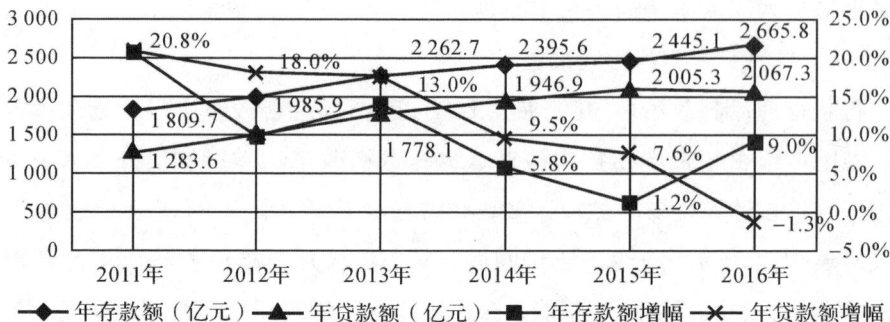

图 5-3　2011—2016 年义乌存贷款发展状况

如图 5-3 所示，2016 年，义乌市金融机构本外币各项存款余额为 2 665.8 亿元，比年初增加 220.7 亿元，同比增长约 9.0%。 2016 年本外币各项贷款余额为 2 067.3 亿元，比年初增加 62 亿元，同比下降约 3.1%。 2016 年底，义乌市金融机构共 25 家，小额贷款公司 9 家，证券公司分支机构 28 家。 2016 年，义乌证券总交易金额为 13 349.2 亿元，同比下降 36.2%。

创新涉外管理服务体系。 近几年，义乌有 4 个方面的创新涉外管理服务体系，一是推行涉外事项一站式服务；二是简化便利外国人来华审批手续；三是实施便利化外国人就业许可；四是推动外国人参加社会保障。 通过这 4 项举措优化了义乌国际贸易服务环境，有力提升了义乌外事服务管理工作的权限和层次。 国际贸易服务中心已基本实现了市域内政府涉外审批服务项目的集中办理。 国际贸易服务中心集政府涉外行政审批、涉外公共服务、涉外社会中介服务、涉外信息交流于一体，并以窗口和服务超市等多种模式开展服务，是一个全方位、一站式的综合涉外服务平台。 这类集中办公的涉外审批服务平台在国内尚未有先例，得到了外商、社会各界的广泛关注和肯定。 上述中心的建成直接体现出义乌涉外管理服务体系的有效性，保障了义乌综合改革的顺利进行。

新型城市化体制。 2014 年，义乌投资 19 亿元的疏港快速公路开建，建成后将有效连接杭金衢高速与甬金高速，打造一条浦江—义乌—东阳的快速通道，实现公路与浙中城市群骨架道路的良好对接，进一步增强这个内陆小城对外的辐射力。"一核两翼三区"形成了以中心城区为龙头，以义东北高新产业功能区与义西南新兴产业功能区两大制造业集聚区为支撑，以三大生态片区为保障的全域城市化框架格局。 丝路新区、陆港新区、科创新区分别对应国际贸易服务功能、便利物流功能及创新要素集聚平台。

社会信用体系。 义乌成为国家首批创建社会信用体系建设的示范城市，为经济社会发展构建了良好的信用环境。 诚信体系建设也是义乌提高软环境建设水平的重要内容。 义乌在倡导市场主体诚信交易的同时，还积极在制度上约束不诚信行为：启动建设"一网一中心四库"公共联合征信平台，建立"义乌购"诚信交易保障体系。 2014 年起，针对所有新入场的经营户，义乌都要先培训后上岗，诚信意识就是培训内容之一。 无论在实体市场还是在官网"义乌购"上，义乌要求所有商铺必须进行市场经营主体实名认证。 外来客户登录"义乌商事主体信息公示平台"，就能查询贸易方的诚信信息，不诚信的商户会被列入"黑名单"。 无论线上线下，商户的信用记录将一直跟随其在义乌经商的整个阶段，可信、可控、可追溯。 工商、公安、司法、金融等多个部门的信用信息都将统一到当地的公共联合征信平台上。

总的来说，"义乌试点"充分发挥了国家级改革试点先行先试、示范带动的作用，是众多改革试点中得到国家支持政策最多、改革创新举措最多、合力推进力度最大、改革成效最明显的试点之一。 随着国际贸易改革的深入推进，"义乌试点"效应将不断扩大，改革成效会逐步凸显。

5.3　义乌国际贸易综合改革基本经验

5.3.1　力行上下联动的改革驱动路径

义乌国际贸易综合改革得以推进的一个重要因素，就是基层有强烈改革需求，也有改革办法，上层则有改革决心，上下联手，推进改革，形成部—省—市各级共同谋划改革的合作局面。 义乌国际贸易综合改革试点自 2011 年3 月获国务院批复设立以来，得到了国家发改委等有关部委的指导和帮助。围绕改革的顺利推进，国家发改委切实加强指导和协调；围绕促进贸易便利化，商务部等 8 部委联合下文，确定在义乌正式试行市场采购贸易方式，将义乌国际贸易综合改革上升为国家战略，即从中央政府层面对改革进行"顶层设计"，中央在提供整体规范和原则的同时，也为义乌改革创新创造了条件。

同时，基于"义乌试点"改革平台，义乌多项改革措施被纳入部委和浙江省的合作机制中。国家发改委、海关总署、国家质检总局、国家税务总局等 30 多个部委调研组深入义乌指导试点工作，海关总署、国家质检总局先后与省政府签署了共同推进"义乌试点"合作备忘录。省部合作更加紧密，浙江省委、省政府主要领导每年一次亲自带队赴国家发改委衔接义乌改革试点工作，分管领导多次与国家相关部委对接。省市联动也不断深化，省商务厅、省工商局等 14 个省级部门出台了支持"义乌试点"的政策文件，省委组织部选派首批 50 名骨干到义乌挂职，人行杭州中心支行及 11 家金融机构与义乌签署合作协议，省人大专门出台了保障和促进"义乌试点"工作的决定。

在上下联动的实践过程中，义乌形成了"部—省—市"定期会商研究改革过程中出现的新情况和新问题的交流制度，建立了改革试点分阶段推进和年度报告制度，定期总结经验，评估行动计划的进展，确保改革试点的各项工作有序开展。

5.3.2 创新项目带动式的改革推进方式

"义乌试点"，内容繁杂、涉及面广、工作量大，因此原有的单一职能型结构无法从容应对这一庞大的工程。因而，义乌在推进综合改革过程中采取项目化管理的实施方式，推行"重点工作项目化、项目建设责任化、项目责任具体化"的工作机制。项目化管理，是指将义乌国际贸易改革的总体目标分解成若干具体任务，并落实到各个实实在在的项目上，通过对项目的统筹协调和管理，使管理工作具体化且有较强的可操作性。项目化管理的主要流程包括科学设定改革试点项目体系、建立改革试点项目协调推进机制、出台改革试点项目考核评价办法和建立改革试点项目跟踪督查机制。

具体而言，义乌市改革办贯彻国务院批复精神对义乌国际贸易改革试点任务进行消化、分解和细化，先后编制了《浙江省义乌市国际贸易综合改革试点三年实施计划（2011—2013 年）》《2012 年国际贸易综合改革试点重点工作推进计划表》等，并且制定支持改革试点具体政策措施和任务分工，指导开展改革试点工作。 按照改革试点确定的主要目标，义乌贯彻抓紧组织编制重点领域的改革计划和重大项目建设方案，明确重点改革任务和工作责任，通过项目组织的方式将全市的人力、物力、财力等各种资源进行重新整合和优化配置；通过制订阶段性行动计划，落实承担单位和完成时限，把各项任务和进度安排分解落实到有关地方和部门。 这些项目实施方案特别注重"五个明确"，即明确项目进度、明确责任人、明确时限要求、明确质量标准和明确预期目标。

5.3.3　充分发挥义乌的改革主体作用

义乌市委、市政府按照国务院批复和省委、省政府工作的要求，结合义乌实际，深入研究改革重点、难点和关键点，围绕试点重点安排工作，加大探索创新的力度，从易到难循序渐进地推进改革试点工作，在全市营造了支持改革、参与改革的浓厚氛围，形成共担改革风险、共创改革大业、共享改革成果的工作新格局。

同时，义乌市委、市政府狠抓政策落地和实施。 通过前 3 年的争取和推进，包括国土专项改革、市场采购贸易方式、配套监管政策、金融专项改革等的多项政策和改革事项已经落地。 目前，尚未落地的政策和事项已基本到达国家部委层面，义乌政府积极向国家部委汇报、争取，同时做好实施前的各项准备工作，力争一旦获批即可实施，早出成效。 特别是对于市场采购贸易方式和配套监管政策，义乌市实行每日数据评估分析，定期研究完善；把建设市场采购联网信息平台作为重中之重的工作，加快制度设计和平台开发，做到源头可溯、全程可控、风险可防和责任可究。 同时，义乌深入推进已获批的个人跨境贸易人民币结算试点等改革事项。

5.3.4　培育官民互动的改革动力机制

改革需要国家从整体考虑，提供顶层设计，也需要开辟吸收社会参与、民间创新、群众实践的渠道。 深化义乌国际贸易综合改革，加快转变经济发展方式，还有赖于全社会对创新创造的尊重，让创新者获得公平参与、公平竞争的机会，使创造者得到应有的回报。因而，义乌在改革过程中尽力创造更为公平的竞争环境，一方面进一步放宽民间投资市场准入政策，激发民间投资活力，推进事业单位改革和行业管理体制改革，培育、发展和规范社会组织，形成多元治理的格局；另一方面多形式拓展人民群众参政议政的渠道，把政府工作置于广大群众监督之下，扩大他们的知情权、参与权、监督权。为充分发挥广大人民群众的改革主体作用，从 2011 年 10 月开始，义乌市委、市政府在义乌全市开展了"我为改革献一计"活动。为广泛征求社会各界的意见和建议，义乌在市政府、行政服务中心等机关部门办公场所及各主要市场、交通场站、宾馆酒店、学校、医院和社区等各类公共场所陆续设置了改革试点征求意见箱 420 个，并通过热线电话、电子邮箱、短信平台和网站论坛等方式公开征集各方建议。

5.3.5 构筑部门协同的工作推进机制

改革任务的综合性，要求义乌的各个部门协调推动，统一标准，形成合力。义乌在推进国际贸易综合改革试点的工作中，创新市场采购贸易管理和服务体制，优化监管模式，建立起了政府主导、信息共享、部门共管、覆盖贸易全流程的综合管理机制，确保新型贸易方式"源头可溯、风险可控、责任可究"。综合管理机制以"信息化综合管理平台建设"为基础，以"六大工作体系"为主要内容，以"建立部门联动协作的工作机制"为保障。同时，义乌通过成立由市政府牵头和相关部门共同参与的组织领导机构，建立了联席会议、联合执法、监督考核等工作机制，形成联动协作的工作合力，加强对市场采购贸易客流、货流、资金流和税务等的综合管理。这样做，不仅可以克服不同机构、不同部门之间存在的衔接不畅、职能交叉、责任主体不明确等突出问题，极大地提高了义乌各级各部门推进"义乌试点"的效率；而且还调动了广大干部群众参与改革、投身改革的积极性。

5.3.6 建立科学的督查与绩效考评机制

为了确保各项改革措施落到实处，义乌加强督促检查和评估工作，建立了改革试点项目跟踪督察机制，主要包括项目进度报告制度、督察通报制度和社会监督制度。 2012 年，义乌市改革办制订了《国际贸易综合改革试点督察工作计划》，据此国际贸易综合改革试点监督检查领导小组开展了一系列专项督察活动：对全市 19 家改革试点重点单位分别开展组织机构运行、项目化管理、前期研究成果等 3 项专项检查，并对检查情况进行了通报；以抽查的形式对市教育局、商城集团、人行、海关 4 家单位进行监督检查；对新一轮省级拟下放的 357 项行政审批权限涉及的 25 家单位承接准备情况进行专项检查；等等。 义乌通过完善考核机制、强化绩效管理，将改革试点作为对各部门目标责任制考核的主要内容等方式，狠抓改革实效；通过建立改革试点分阶段推进制度和年度报告制度，定期总结经验，发现重大问题及时报告，确保改革各项工作有序推进。

6

深化义乌国际贸易综合改革的动力与定位

    自从 2011 年 3 月国务院批复《浙江省义乌市国际贸易综合改革试点总体方案》以来，由"国际贸易"为切入点的义乌综合改革全面展开。改革的前 6 年，成绩十分显著，无论是从 GDP 总量还是从其增长率都可以看出综合改革对其产生的正面影响，但我们也不能忽视改革中存在的一些关键性问题。因此，如何深化义乌国际贸易综合改革是我们研究的重要问题。

6.1　深化义乌国际贸易综合改革的要素禀赋

6.1.1　深化综合改革的内部动力仍需持续激发

    义乌国际贸易综合改革对义乌来说，着重点在于改革。义乌作为中国第 10 个综合配套改革试验区，改革是以从国际贸易切入的经济领域延伸到整个城市及区域全方面地协调发展作为长远目标的，改革使义乌能够获得国际贸易的领先优势；对于国家而言，重点在于试点，通过义乌的试点创新完善一系列可复制、可推广的机制体制，在国际贸易综合配套改革中获得一定的经验。"义乌改革"前 6 年，改革逐渐从"贸易"转向"综合"，建立起了与国际贸易相配套的机制。接下来，仍需继续激发改革的内部动力，使得综合的深度和广度进一步加强。

在当前经济快速发展、国际形势日新月异的重要时期，义乌必须遵守经济发展的客观规律，顺应经济社会转型发展新趋势，建立完善的新型贸易体制框架和现代商贸流通体系，协同推进各类专项配套改革，形成上下联动，合力推进试点工作；努力在国家新一轮对外开放格局中占据主动，使义乌成为转变外贸发展方式示范区、带动产业转型升级的重要基地、世界领先的国际小商品贸易中心和宜商宜居宜游的国际商贸名城。

6.1.2　深化综合改革的软硬件实力需加强

义乌国际贸易综合改革的战略目标是把义乌建设成世界级商贸都市区，这与义乌自身所拥有的软硬件实力休戚相关。要使义乌国际贸易综合改革迈上一个新台阶，义乌需要缩小新型城市化的基础设施目标与城市现有基础设施之间的差距。

义乌以中心城区为龙头、两大制造业集聚区为支撑、三大生态片区为保障的"一核两翼三片"的城市框架格局已粗具形态，为全域城市化奠定了基础，也进一步提升了义乌综合改革的硬件基础。

义乌要发挥在浙中城市群建设中的带动作用，就要建设现代化都市区，以更高层次、更新理念、更宽视野主动调整城市空间架构和功能布局，谋划好市域总体规划和中心城区规划两张图，统领城市转型发展。义乌各级政府和有关部门也需要在机制体制方面进行进一步的创新改革，在通关模式、检验检疫、行政审批等方面继续深入改革，为市场采购贸易方式的继续深入助力。

6.1.3　深化综合改革的市场模式需更新

自 1982 年义乌建设小商品市场以来，历届市委、市政府在以"兴商建市"为执政方针的强有力政策的扶持下，年成交额和税收额呈现跨越式增长（如图 6-1）的趋势，使义乌成了世界小商品的生产和集散中心。

义乌是改革开放大潮中的一个成功市场模式的缩影，其形成和发展体现了"市场先发—商贸主导—产业联动—社会发展—国际导向—富民强市"的轨迹，然而这红极一时的"义乌模式"正在经受时代考验。义乌市场的模

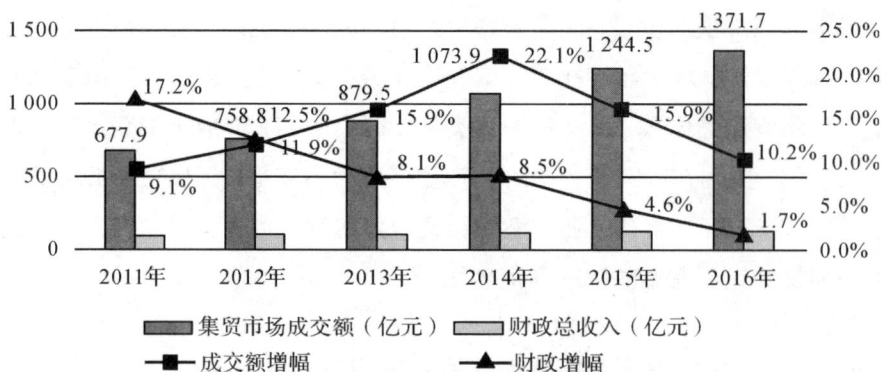

图 6-1　集贸市场成交额与税收发展

式在发展过程中凸显的瓶颈与其成绩一样早已开始显现，义乌低成本商品的出口优势在不断减弱，这与中国制造业的现状和义乌市场存在的问题都有一定关联。在义乌的第二次创业大潮中，庞大的市场结构体系中需要改革创新的市场模式也涉及多方面。"义乌模式"改革需要从市场管理体系、市场运营策略、市场管理机构等方面进行，进一步激发市场活力，使义乌由低成本小商品集散中心向集金融、运输、贸易服务于一体的综合化商业都市区转变。

6.1.4　深化综合改革的贸易发展方式需转变

虽然"义乌试点"前 6 年取得了巨大成就，但义乌进出口贸易的不平衡发展（如图 6-2），出口与转口、离岸贸易的不平衡发展，产业结构层次的不平衡发展等都是义乌国际贸易发展中面临的亟待解决的问题。

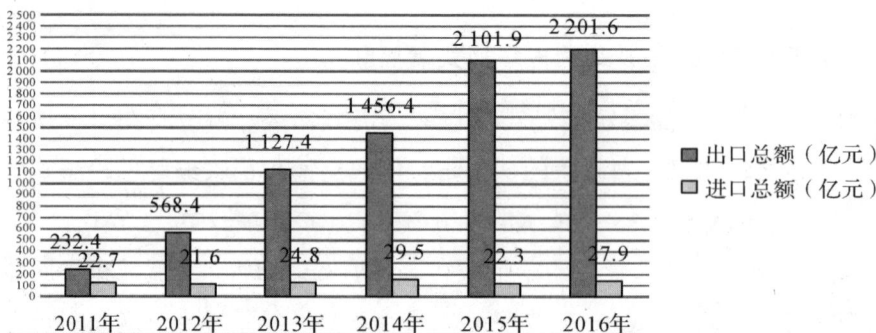

图 6-2　2011—2016 义乌进出口贸易额对比

义乌一向以数量型和有形要素投入型贸易增长方式为主，现今需要向质量效益型和无形要素投入型贸易增长方式转变；需要转变贸易结构，对现有主要产业和产品进行升级，以提高产品附加值，增强产品国际竞争力，提升小商品城的贸易地位；需要由出口导向向进出口、转口协调发展转变，以提升义乌国际贸易综合实力；需要进一步发展服务贸易以改变较为单一的贸易发展方式，以提升义乌贸易发展的深度和广度。

6.1.5 深化综合改革的配套制度需完善

义乌国际贸易综合改革，顾名思义是涉及贸易、金融、投资、行政体制和城市治理等全方位的综合性改革。 义乌在不断完善基础平台建设的同时，在机制、体制、管制、税制方面需要紧跟综合改革的步伐，在消除"四制"问题阻碍的前提下，还能够通过"四制"的创新助推综合改革。 义乌作为中国第10个综合配套改革试验区，根据发展目标和战略规划，需要使全球小商品贸易中心的定位和各类高端配套服务相吻合，需要完善城市国际化功能使其与城市国际化发展定位相一致，需要解决由资源要素驱动向创新要素驱动转变的目标和现存人力资源结构之间的矛盾，需要消除城乡二元结构障碍和城乡一体化的体制机制矛盾，需要解决城市能级与国际化发展战略间的矛盾，使新的贸易发展方式、市场模式和行政管理体制相配套。 最终使城市发展与经济社会的发展相适应，资源要素配置与相应要素配置驱动目标相匹配，城市定位与城市基本功能设置相一致，城际、区域之间的合作机制更深入牢固，全方面助力义乌国际贸易综合改革的发展，使其成为真正的经济特区。

6.1.6 深化综合改革的商贸流通业态需要高水平现代化

小商品贸易和商贸业是义乌的支柱产业，义乌未来经济社会和区域城市的整体发展还必然以商贸流通产业为基础和支柱。 信息技术和电子商务已经对传统的商贸流通业态产生重大影响，全球商贸流通业的业态正处于从传统向现代转型之中。 受此影响和冲击，义乌的商贸流通业也开始从传统业态向现代化业态转型。 此时，政府要通过商贸产业发展规划，通过大项目建设来打破义乌商贸业发展中的路径依赖性，建设现代商贸物流产业，发展以供应链管理为核心，物流配送与电子商务协同发展，线上贸易和线下贸易互补发展，国内贸易与国际贸易相互促进发展的新型商贸流通业态，在升级义乌现有商贸流通业态的同时，把义乌打造成全国的"网商中心"和"网货中心"。

6.2 深化义乌国际贸易综合改革的核心动力

义乌是一座锐意进取的创新城市，在对外开放大格局中集聚了更多高端资源要素，把握国家"一带一路"倡议契机，从而打造"一带一路"的"冠上明珠"。 根据新战略定位论，义乌规划建设了三大核心战略性片区，即丝路新区、陆港新区、科创新区；同时也定位了四大中心、两大区和一大高地：全球小商品展贸中心、全球网货采购配销中心、国际贸易金融服务中心、国际投资示范中心、市场采购贸易示范区、"两小贸易"先行区和全国物流高地。"四心三核两区一高地"互补互助，共同开拓国际贸易大空间。

6.2.1 商贸之核：丝路新区

丝路新区位于义乌东北部，是义乌完善城市国际功能、大力推动对外经济贸易合作、打造国家对外合作交流平台的都市新区。 义乌依托国际商贸城、金融商务区、国际会展中心等现有服务平台优势，紧紧抓住国家"一带一路"倡议这一机遇，以跨境电子商务为核心，以互联网金融、国际文化中心为配套，发展国际服务贸易、进口转口贸易等产业，丝路新区开始实现全球贸易和国际服务的联动发展。

随着电商浪潮的兴起，义乌积极开展"电商换市"工作，利用电子商务拓展商贸城小商品业务。 在引入外部资源方面，义乌建成了 19 个电子商务园区，积极举办电商博览会和世界电商大会，努力把义乌打造成跨境电子商务高地。 经过一年的创建，义乌金融商务区也粗具规模。 截至 2015 年底，已完成特产产业投资额 14.8 亿元，管理资产规模达 196 亿元。 为了优化丝路新区产业、文化、旅游"三位一体"的功能布局，义乌国际文化中心各功能区也相继竣工。 目前投入使用的义乌国际博览中心，让世人见识了义乌会展业崛起的魅力。

包含商业文化、国际综合服务等多个区块的丝路新区，全部建成后将成为当地商务文化中心，带动未来城市经济和核心产业发展，如商贸业、会展业、跨境电商业等，充分体现义乌商贸名城第三产业发达特色，让义乌成为充满魅力的城市中心区。

6.2.2　陆港之核:陆港新区

陆港新区是义乌陆港平台高度集聚、打造国际陆港城市的重要窗口。 新区位于义乌城市西部，规划面积达 43.67 平方千米。 新区集中布局国内物流、跨境物流、快递物流、铁路物流、航空物流、综合保税和电子商务等功能区块，旨在打造成为国际物流的始发港和目的地港、长三角地区重要的物流基地、城市物流产业高度集约布局的开放大平台。

陆港新区的核心区块是物流建设与电子商务。 虽然部分功能子区块仍在建设当中，但是随着义乌铁路西站正式成为浙江省唯一的铁路临时对外开放口岸、"义新欧"航线的常态化，国际贸易的物流已实现了集中化的产业集聚。 而在电子商务区块建设中，义乌以全国小商品电商集聚为优势，以互联网产业科技创新为主要功能，以打造产城融合为发展理念的国际电商小镇已投入使用。

陆港新区重大产业项目也在全面推进。 2016 年，普洛斯义乌物流园一期建成投用，铁路口岸一期、国际电子商务城一期、快递物流集聚中心基本完成建设，年内全部投用。 义乌国内公路港物流中心、"义新欧"公路运输中心、义乌红狮智慧物流园、浙江东宇物流总部基地等项目在 2016 年内开工建设。同时，义乌加快了基础配套设施的建设，开创路、四季路、荷花街、龙海路等相继建成通车，逐步实现了新区网络化连接。

6.2.3　创新之核:科创新区

为加快实施创新驱动发展战略，深入推进大众创业、万众创新发展。2014 年 8 月，义乌市委十三届七次全会研究决定规划建设科创新区。 科创新区位于义乌北部，具有优越的区位优势条件，毗邻义乌国际商贸城和义乌国际生产资料专业市场，与义乌机场、义乌火车站、义乌港、高速公路等城市交通枢纽的距离近，物流运输便利。

作为实施创新驱动发展战略、提升区域自主创新能力的主承载区，科创新区按"创新引领、连接全球、要素汇聚、创城融合"的建设思路，多角度推进科技创新要素在义乌的发展。 在人才方面，着力培育和引进国内外高等院校、科研院所，集聚高层次科技创新人才，积极实施人才引进计划。 人才优势的不断加强和各类科研机构的引入也促使了科创新区科研能力的提高，逐步打造和完善了集"教育培训、技术创新、创意设计、科技金融、创业孵化"五大功能于一体的城市平台，为义乌乃至浙江中西部地区提供了强劲的智力支撑，努力把科创新区建设成为浙江省创新要素集聚高地、浙中"硅谷"、生态智慧之城。 义乌还为有意创业的年轻人提供机会，给予贷款及政策上的支持。 义乌通过建设科创新区，有效集聚了科技、人才、资本等创新资源要素，提升了区域自主创新能力，推动了资源主导型经济向技术主导型经济转型，推动了创新性城市和国家自主创新示范区的建设，全面贯彻落实了国家创新驱动发展的战略决策。

6.3 深化义乌国际贸易综合改革的发展定位

6.3.1 全球小商品展贸中心

在中国，义乌在小商品流通中起着"承东接西""接轨国际"的辐射带动作用；在世界范围内，随着经济全球化和国际化分工的日益深化，义乌的小商品贸易由于其传统产业的占比较大将使其面临更大的机遇与挑战。 实际上，义乌目前的进出口贸易现状已经不能用单纯的"小商品"来概括了，除了传统的日用品行业产品，信息网络经济产业、先进装备制造业及食品医药健康产业等新兴产业产品在不断丰富义乌的商品交易市场。 义乌国际博览中心、义乌国际生产资料专业市场、义乌电子商务园区、义乌物流保税中心等基础平台的建设也为义乌多元化的发展之路奠定了基础。

义乌利用其在小商品行业的传统独特优势，利用其浙中经济腹地的各类专业市场效应,把义乌"小商品之都"的美誉推向了世界。义乌在不断做大做强以日用品为代表的小商品业的同时,积极发展"2＋2"战略产业,利用高附加值、高技术含量的产业产品弥补其市场的短板,提升了其在全国乃至全世界的经济竞争力,为小商品市场"再兴三十年"注入了新鲜血液。义乌在发展小商品贸易的同时也不忘发展会展经济,这是义乌政府领导班子具有远见的体现。会展经济的重要性体现在"以贸促展、以展促贸"的相互促进作用中。

目前,义乌凭借其逐渐扩大的浙中经济腹地,积极融入"一带一路"丝绸之路经济带,逐步推进其市场纵深发展,巩固其世界"小商品之都"的同时也进一步提高其丝绸之路经济带桥头堡的市场向心力。义乌在综合改革之后的6年时间内,建立和完善全球小商品展贸中心对于义乌的发展起着举足轻重的作用。

6.3.2　全球网货采购配销中心

2013年8月16日,义乌市政府与国内领先的外贸交易平台——敦煌网达成战略合作,义乌作为全球网货采购配销中心正式登上世界小商品贸易的舞台。配销中心依托于义乌已有的实体市场基础,借力于政府对义乌综合改革的政策红利,取经于新兴电子商务平台,将商品交易放眼全球,形成产品集中化、区块化、系统化的集成优势,充分发挥产、销、运的一站式采购配送体系的作用,力求建立面向全球的便捷采购基地。

全球网货采购配销中心突破传统的线下采购的耗时、产品不全、难对比等的局限性,拓展义乌小商品潜在市场,融合快捷物流技术支撑,有助于形成以义乌商贸为核心的区域辐射性贸易发展体系。

网货采购配销中心的一大创新是由传统的以供应商为主导转向由供应商、采购商联合协调的竞争式"上岗"。在"一带一路"倡议的外贸经济畅想下,"义新欧"专列的开通,外贸红利的落实,国内外展销会、义乌网货会的促进,使得义乌在国际市场形成了明星化效应。逐步健全的网络采购平台,在内部系统的建设上、外部数据的对接上都推动了网货采购配销中心的质量水平的提高。国际物流城、义乌物流网锁定国内外流通体系,保障货物运输的及时与有效。 义乌全球网货采购配销中心结合义乌其他特色产业中心，诸如，全球日用品展贸中心、"两小贸易"金融服务中心等，形成产业链式一体化发展，有助于将义乌打造成世界级批发零售产业集聚地。

6.3.3 国际贸易金融服务中心

在深化国际贸易综合改革试点的进程中，强有力的金融体系的支撑是必不可少的。 义乌于 2013 年便提出要进行金融专项改革，在经国务院批复后，认真落实《义乌市国际贸易综合改革试点金融专项方案》并制订细化的行动方案。 义乌立足于服务义乌国际贸易战略，建设国际贸易金融服务中心，着力打造一个以"两小贸易""国际贸易"服务金融为核心的区域特色金融体系，打造"义乌人自己的华尔街"，力争为全国国际贸易提供金融支撑。

义乌早在 2010 年就开始建造金融商务区，突出金融、商务两大主导功能，兼有配套服务功能。 现在金融商务区一期、二期已经初步建成，作为义乌首个城市综合体的义乌世贸中心雄踞在金融商务区的核心区，周边是相关的商业银行、证券公司等金融机构和酒店、会计、代理等专业服务机构。 为了吸引商户的入驻，义乌市政府针对金融商务区给出了许多优惠政策，如税收的减免政策、专项资金的补给等。 随后，在此基础上，义乌市开始建设丝路金融小镇，这也是浙江省首批省级特色小镇之一。 丝路金融小镇也是丝路新区发展过程中的一个重点布局。 但是，就目前的建设情况而言，丝路金融小镇的发展仍有较多不足之处。 如专业性的金融机构不足，没有形成集聚效应；金融产品缺少创新，供需不匹配；跨境结算程序较为繁复，特色的跨境结算业务开发不足；缺少完善的金融信用信息服务业务，金融监管力度仍待加强等。

因此，义乌在建设国际贸易金融服务中心时，需要合理引导金融机构的设置，积极鼓励具有义乌国际贸易特色的专业性银行、商业银行、证券公司、中介服务机构等的发展，深化人民币跨境结算试点工作，拓展人民币跨境业务，探索跨境电子商务在提供金融服务、结汇便利化方面的作用，完善社会征信体系，推进丝路新区的发展。

6.3.4　国际投资示范中心

义乌是一座商机无限的商贸城市。作为新丝绸之路的起点，借助区域发展优势和特色，义乌积极推进与非洲、中东等的多数发展中国家，以及与德国、加拿大等发达国家在经贸、金融、投资等领域的合作，先后举办了中国—西亚北非"未来发展愿景"对话会、丝绸之路经济带城市国际论坛等 10 多个国际性论坛，推动了中欧（义乌）智造园建设，建成了非洲产品展销中心和东盟产品展销中心，接待了 50 多个国家的政要和外国使节。这些不仅是义乌对外合作工作的全面创新，也成为促进海外经济贸易合作、拉动经济增长的"助推器"。为进一步深入贯彻开放发展理念，义乌主动融入国家"一带一路"对外开放新格局，在更大范围、更宽领域、更深层次上参与国际交流。要想把义乌建设成世界级商贸都市区，必须做大城市"朋友圈"，把义乌打造成中国与"一带一路"沿线国家开展深度经贸合作的首选开放平台，成为国际化的投资示范中心。

要搭建这一开放平台，义乌需要完善国际文化中心、万国街区等一大批对外开放新平台的建设，在做大做强已有的中非、中国—东盟等投资项目的基础上，做大城市"朋友圈"，加强与国际友好城市在经济、教育、文化、旅游等领域的交流，在转变外贸发展方式等方面大胆探索，建设"义乌式"开放型经济体系，成为真正融入全球的开放城市。

6.3.5　市场采购贸易示范区

市场采购贸易，作为一种新型贸易方式，是国家全面深化改革的重中之重。市场采购贸易示范区是借鉴义乌推进市场采购贸易方式取得成效的经验，围绕贸易便利化、行政高效化等重点，在通关出口、税收政策、外汇管理等方面大胆突破，形成的对全球小商品展贸中心、全球网货采购配销中心、国际贸易金融服务中心及国际投资示范中心等四大中心的政策支撑。

"义乌试点"的政策框架和优惠条件，以及国家支持实施的出口通关、外汇管理等一系列独有改革措施，极大地提升了对外贸易的便利化程度，不仅增强了企业资金回笼能力，提高了贸易收益，同时也增加了外贸企业对金融服务的需求。 为提高政策创新水平，更好地搭建全优化贸易平台，必须全力加快对相关基础平台、配套功能的建设与完善，支撑商贸业的升级转型，构建低成本、高效率、便捷化的国际贸易新通道，争取尽快基本建成最具国际影响力的小商品贸易中心、国际智慧物流高地、国际网络营销中心。

6.3.6 "两小贸易"先行区

"两小贸易"是义乌发展贸易经济的重要方式，建立"两小贸易"先行区是为了能让义乌的"两小贸易"得到更为专业化的服务和更长久持续的发展。目前，小额贸易不论在义乌还是在整个国家范围内主要分为两类：边境小额贸易和对台小额贸易。 发展边境小额贸易，陆地口岸的建设是基础，在此之上，还要注重加强与周边国家的联系，简化通关手续，提高贸易信任度；发展对台小额贸易，可以适当放宽报关通关程序。

由于"两小贸易"以小批量、小额度的日用品贸易为主，存在着产品结构单一、附加值低的不足。 在发展"两小贸易"先行区时，义乌应当注意提高产品创新能力，丰富产品层次，增加产品附加值，充分利用商贸城和国际生产资料专业市场，加强与周边专业市场的联系。 在"两小贸易"的过程中也出现产品分类不明确，结构零散，缺少大型的外贸公司等问题。 由于参与"两小贸易"的企业通常规模不大，为了保证贸易过程中资金链的正常运行，提供专门为"两小贸易"服务的金融产品也至关重要，还有为便利"两小贸易"发展的小额跨境结算等业务都是重中之重。 随着互联网逐渐渗入社会，建设专业化的"两小贸易"电商平台，利用互联网发展"两小贸易"也是"两小贸易"先行区的主要任务之一。

6.3.7 全国物流高地

由于义乌为全球小商品展贸中心和全球网货采购配销中心，在浙江省乃至长三角地区的物流枢纽地位得到稳步提升，已成为浙江省主要的内陆港和全国最大的零担货物配载中心。 2016 年 5 月 23 日，国家发展和改革委员会正式发文，确定义乌为全国首批 20 个现代物流创新发展城市试点城市之一，也是全国唯一入选的县级城市。 义乌围绕"聚焦辐射全国的干线物流组织网络创新发展，聚焦辐射'一带一路'的国际陆港物流创新发展，聚焦依托实体市场的商贸与物流融合创新发展"，创新打造国家"一带一路"倡议物流通道和平台，开展了搭"平台"、建"口岸"、拓"通道"工作，完善了国际陆港功能，充分发挥了国际陆港城市"向东依港出海，向西依陆出境""东西互联互通"的枢纽作用。

目前，义乌已初步形成了以"义乌港"为核心，保税、铁路、航空、邮件互换等功能齐全的国际陆港口岸体系。义乌大力推动的"义新欧"中欧班列，被习近平总书记称作"亚欧大陆互联互通的重要桥梁和'一带一路'建设的早期成果"。义乌积极推动以义乌港与宁波—舟山港等海洋港口一体化发展为核心的"五港融合"战略，充分发挥宁波—舟山港国际大港和义乌国际陆港联动优势，推动海陆联动、资源互补，积极拓展宁波—舟山港港口功能向义乌港延伸。义乌还主动开展"义甬舟开放大通道"规划建设，以宁波—舟山港和义乌陆港为依托，以金甬舟铁路为支撑，着力建成集江、海、河、铁路、公路、航空等六位于一体的多式联运的综合枢纽，形成内畅外联、便捷高效的大交通体系。义乌创新引导物流企业转型升级，通过多项举措，积极推动物流企业向专业化、智能化、信息化和标准化等方向转型升级，推进物流联盟等新形式的发展。义乌创新促进"互联网＋"物流业态的发展，推动快递物流、跨境电商物流的发展，以及国际电商小镇的建设。上述举措正在使义乌不断靠近成为全国物流高地乃至亚太物流高地这一目标。

7

深化义乌国际贸易综合改革的思路与机制

新一轮义乌国际贸易综合改革试点的总体思路是：深入贯彻落实全省"两富"总战略和市"两区六城"战略部署，围绕打造义乌市场贸易和经济社会发展的升级版，坚持以全域城市化为主导，以深化改革创新为动力，抓好"三个着力"，构筑"三大体系"，推动"四大拓展"，力争"五大提升"，不断放大试点效应，加快完善义乌"四心三核两区一高地"功能，率先推进"三个先行区"的建设，努力打造中国开放经济特别功能区和统筹协调发展先行区，把义乌建设成为引领全国、示范全球的世界级商贸都市区。

通过深化国际贸易综合改革，义乌着力构建统筹协调发展先行区，创新体制机制，并重点在以下四个领域进行改革，实现对资源要素、社会管理、公共事务、城市治理等领域的高效管理和服务。

7.1 深化义乌国际贸易综合改革的全面跃升图景

7.1.1 重点抓好"三个着力"

作为一个县级市，义乌的城市能级偏小偏弱。与上海自贸区、深圳前海合作区等承担国家级试验功能的地区相比，在产业、金融、物流、国际化程度等关键方面，都有一定差距。因此，在未来 3～5 年内，必须借助深化试点机遇，把大幅提升城市能级作为重中之重。

（1）着力做强贸易金融

发达的贸易和金融业是一个城市现代化和具备较高能级的重要标志。从世界发达城市来看，贸易中心往往也是金融中心。特别是对义乌这样一个在小商品领域国际贸易量巨大的城市来说，发展国际金融的基础和条件更好。在贸易方面，要根据日用消费品小批量、小额度的特点，积极推进新型国际贸易方式的试点和应用，大力推进电子商务、快捷物流、快递配送、贸易中介等与贸易密切相关的服务业态的发展，推动全球网货采购配销中心的建设。在金融方面，要按照《义乌市国际贸易综合改革试点金融专项方案》的精神和要求，细化方案，并力争在"两小贸易"金融、民营银行试点、利率市场化、外汇结算等方面有新的突破和尝试。

（2）着力做大产地腹地

一是做大城市内核。义乌按照"全域城市化"理念规划和建设义乌城市，借助新区和新的商贸平台建设，有效拓展城市建成区面积，推动城市有机更新，使城市的内核拓展到整个市域，加速浙中城市群的崛起。二是做大对周边地区的影响。在做大做强自身制造业的同时，加速与周边产业集群建立纵向协作关系，使义乌真正起到大区域产业走向国际的"市场桥"作用。三是与全国甚至全球的产业集群建立协作关系。国内其他地区乃至国外产业集群的产品可以到义乌销售，义乌也可以把市场中的信息和订单发向全球产业集群，从而形成以义乌为核心的"点一线一面"立体式腹地网络。

（3）着力做优体制环境

一个城市的能级和活力，关键看体制机制好不好、服务业发不发达。尤其是对义乌这样国际交往频繁和贸易发达的城市来说，推进体制机制优化，大力发展现代服务业，是做优贸易发展环境的关键。在体制方面，着重推进投资审批、贸易监管、行政管理等体制改革，力争突破县级城市的权限和体制障碍，努力创造更加便利和灵活的体制机制；在服务业方面，坚持生产性服务业和生活性服务业协同发展，形成与义乌大城市地位相匹配的现代服务业。

7.1.2 着力构筑"三大体系"

（1）"三驱动"构筑现代贸易体系

义乌围绕加快形成流程便捷化、业态复合化、服务综合化的现代贸易体系，着力拓展试点领域，形成"三个双驱"动力机制。

市场采购新型贸易方式和网络跨境新型贸易方式双驱动。 在继续深化义乌市场采购新型贸易方式试点的同时，争取推进网络跨境新型贸易方式试点，使得试点从线下向线上延伸。 力争把义乌列入全国第二批跨境网购试点城市，并把跨境电子商务贸易作为试点的重点内容。 同时，鉴于这两种新型贸易方式对小微企业、欠发达地区经济和就业的带动作用，应在贸易额方面比边贸、对台小额贸易有所放宽，并从税收、结汇、进出通关、跨境支付、工商登记及跨境物流快递等方面给予优惠政策。

平台主导型贸易和公司主导型贸易发展双驱动。 义乌要根据全球日用品贸易小批量和小额度的特点，继续维护和发展好以专业市场为主体的平台主导型贸易方式。 同时，要在试点中注重微观基础再造，积极培育新兴贸易主体，重点发展综合型、跨国型大公司和以物流配送为主要业务的大贸易商，同时以大企业为引领，提升出口、进口及转口贸易的产品档次，加快推动对外贸易方式的转型升级。

供应商主导型贸易和采购商主导型贸易发展双驱动。 从单纯的贸易批发商向综合性贸易商特别是以物流配送为核心业务的大型供应商转变，实现全供应链管理。 积极筹办春季义博会—采购商大会。 建立并完善采购商服务体系和管理体系，吸引中型及大型采购商入驻义乌采购商务中心。 通过自主采购或代理采购的方式，让全球拥有第一手消费者需求信息的贸易公司和零售商，在义乌实现主动采购和生产引领。

（2）"三协同"构筑现代产业体系

国际贸易与国际金融投资协同发展。 义乌在深化国际贸易综合改革试点进程中，要高度重视国际金融与国际投资业务的协同发展。 在金融业方面，认真落实《义乌市国际贸易综合改革试点金融专项方案》，并制订细化的行动方案；合理引导金融机构的设置，积极鼓励针对"两小贸易"的专业银行、中介服务机构等的发展，积极拓展人民币跨境、贸易融资及第三方支付等业务。在投资业方面，利用南南合作，大力开展服务贸易，对中国对外援助项目、发展中国家对外招商项目等，建立并提供交流洽谈、资源交易及招投标等系统化服务。

现代服务业与先进制造业协同发展。义乌紧紧围绕发展先进制造业和现代服务业，全力招引大项目、大企业，积极实施"义商回归"工程。一方面，培育壮大现代服务业，以各类平台建设为基础，打造若干现代服务业集聚区，大力发展产权资源交易、创意设计、金融担保、会展、旅游等服务产业；另一方面，加快发展先进制造业，改造并提升传统产业，大力发展新兴产业，培育和引进行业领军企业，建设若干产业特色鲜明、综合配套能力强的现代制造业集聚区。

域内产业与周边地区产业协同发展。义乌着力强化对周边地区先进生产要素的虹吸效应，实现产业引领和协同发展。利用义乌独特的市场优势、窗口优势和贸易优势，进一步强化对以义乌为中心的浙西南地区各类要素资源的优化配置。在生产资料领域，重点与永武缙五金产业集群实现协同发展，形成产业支撑。在生活资料领域，要与周边的诸暨、嵊州、萧山、桐庐等地的轻工产业集群实现协同发展，并在义乌与周边地区产业的协同发展中，切实增强义乌在国际层面中的市场引领和推动产业升级的作用。

（3）"三融合"构筑现代城市管理体系

通过多元文化相融合，多种治理方式相融合，生态文明与商业文明相融合，推动义乌四大体制改革。

以保障发展为取向，着力构建扶优汰劣的要素配置体制。义乌率先推进农村集体建设用地流转，加大土地综合整治力度，提高土地资源要素集约利用水平；创新投融资机制，引导民间资本规范运行，做大资金流量；健全人才开发、培育和引进机制，做优人居环境和创新环境，打造浙中人才高地。

以优化公共资源配置为取向，着力构建科学规范的城市治理体制。义乌按照全域城市化要求，率先推进城乡规划一体化，优化城乡空间布局，拉开城市发展框架；按照全域景区化要求，加快"两区六城建设"，推动城市有机更新，提升城市生态环境质量；探索并创新城市开发建设与运营机制，合理引进社会资本进入城市基础设施、商贸设施、公共服务设施等的开发运营当中,加快城市建设速度,增强城市活力。

以强化公共服务能力为取向,着力构建职能结构优化、廉洁高效的行政管理体制。义乌遵循精简、统一、高效、便民的原则,进一步优化机构职能设置,进一步整合行政资源力量,提高科学执政水平;积极推进强镇扩权,在争取义乌地市级经济社会管理权限的同时,对中心镇和强乡镇进行放权改革,提高基层为民服务的能力;加快推进事业单位分类改革,发展社会中介服务机构,提高服务效率。

以提高居民幸福感为取向,着力构建公平包容型的社会管理体制。义乌按照公共服务职能导向,加快建立健全促进社会建设与管理的公共财政体制;积极探索推进社会管理创新,推动城市社区管理向农村延伸、城市管理理念和设施向农村拓展,提高基层自我管理和矛盾调处的能力;针对义乌外来人口多,尤其是涉外人员多的实际,率先探索流动人口和外国人员管理及服务的体制机制创新。

7.1.3 深入推动"四大拓展"

在新一轮的国际贸易综合改革试点中,义乌要在继承过去 6 年来在新型贸易方式、监管服务体制、试点政策等方面的探索和成效的基础上,努力放大试点效应,在四个方面寻求拓展。

(1)新型贸易方式的拓展

义乌在积极推动市场采购新型贸易方式的同时,努力推动贸易方式向三个方面进行拓展:一是向市场国际采购、跨境电子商务与跨国贸易公司相结合的多元、复合的新型贸易方式方向拓展;二是向线下线上贸易相结合的方向拓展;三是向平台主导型国际贸易与公司主导型国际贸易相结合的方向拓展。

(2)试点产业领域的拓展

义乌以国际贸易为纽带,把在国际贸易领域确立的常态化制度优势,向国际金融、国际投资和国际交流与合作领域拓展,打造中国与亚非拉等的发展中国家开放合作的特别功能区;把目前主要集中于国际贸易领域的试点改革,向现代服务业和先进制造业拓展，形成以市场贸易为龙头，从小商品贸易向全球商品贸易、服务贸易、要素贸易跨越，形成以现代服务业和先进制造业为特色的产业集聚区。

（3）体制与政策的拓展

义乌在进一步健全和完善市场采购新型贸易方式的监管服务体制和政策的同时，加快探索建立与市场采购和跨境电子商务小额贸易相适应的监管服务体制。 把主要着重于市场监管的贸易管理体制向着重于激活市场主体和优化服务的监管体制拓展；把单纯在经济和贸易领域进行的体制改革向经济、社会、文化和政治等综合性体制改革方向拓展，全面优化义乌国际贸易发展环境。

（4）试点空间领域的拓展

义乌要以全域城市化的理念，按照大城市、都市区的标准规划和建设义乌城市，并按照进一步放大试点效应的要求，不断拓展试点的经济空间和地理空间，优化城乡空间布局，形成梯次衔接、协调发展的空间结构体系。 从县域块状经济向都市区经济拓展，从以义乌市区为主向全域城市化拓展，从义乌市域向与周边市县联动发展方向拓展。

7.1.4　五大领域的提升

（1）城市国际化功能和国际竞争力显著提升

从当前的小商品，到全球的日用消费品，乃至国际生产资料、国际要素资源，义乌都能在全球资源配置中占据重要节点地位。 同时，依托制度化的贸易便利优势，能够形成持续性的低成本优势和快捷流通优势，确保义乌在国际贸易中的核心竞争力不断提升。

（2）产业协同和社会统筹发展能力显著提升

义乌围绕国际贸易而形成的不同服务业间的协同度不断提高，并形成互促互进的发展格局。 现代服务业和先进制造业的关联度进一步提升，并在国际贸易、国际投资与国际合作中发展壮大一批新兴产业。 与经济体制改革协同推进的政治、社会、文化体制改革取得突破，与全域城市化相适应的统筹发展机制基本形成。

（3）市场主体综合素质和活力显著提升

要通过新一轮国际贸易综合改革试点，使义乌市场微观基础再造的环境、动力和能力都有革命性变化，并涌现出一批研发设计、贸易和制造一体化的集团公司、本土化的大型跨国贸易公司，整个义乌公司主导型的国际贸易方式呈现出新的发展气象和格局。

（4）政府管理和服务水平显著提升

义乌通过加快推进行政管理体制改革，基本形成与市场采购和网络跨境等新型贸易方式相适应的政府管理架构，并拥有设区市的经济社会管理权限，甚至在立法、金融及出入境等特定领域，拥有有限的更高权限；在投资审批领域，力争试行"负面清单"管理办法。

（5）城市综合实力和战略地位显著提升

义乌要通过新一轮国际贸易综合改革试点，使其在经济总量、发展质量、人口规模、财税实力与建成区面积等方面，形成与国内大城市相媲美的综合实力。同时，要以大型贸易商为主导，在中高端产品贸易和进入国际主流渠道上取得实质性突破，并以此推动义乌在国际贸易和国际流通中战略地位的提升。

7.2　深化义乌国际贸易综合改革的体制机制

通过深化国际贸易综合改革，义乌着力构建统筹协调发展先行区，创新体制机制，并重点在以下四个领域进行改革，实现对资源要素、社会管理、公共事务、城市治理等领域的高效管理和服务。

7.2.1　构建扶优汰劣的要素配置体制

（1）提高土地资源要素集约利用水平

深化土地专项改革，在不影响城市可持续发展的前提下，要严格控制城市建设用地指标，适当加大城市开发强度，通过产业结构调整、用地功能重组，提高城市承载能力和单位面积产出率。一要统一规划和管理，严格控制城市土地供给总量，优化城市土地资源配置，在城市建设中尽量少占耕地，探索点对点战略合作和耕地占补平衡新机制。 二要加大消化及利用批而未供土地的力度， 推进城镇低效用地再开发，盘活城市内部闲置土地。 三要探索农村土地流转机制，加快推进农村土地承包经营权确权登记工作，坚持农地农用和依法自愿有偿原则，引导农村土地承包经营权有序流转；支持成立土地承包经营权信托公司，实行统一委托、统一流转、统一分配，健全土地信托网络，建立风险防范和收益返还制度，提高土地流转规范化、市场化水平。 四要充分利用地下空间进行立体开发，扩大城市容量，促进城市空间利用集约化。 五要杜绝城市规划建设中贪大求洋等现象，适度提高城市建筑容积率。 当然，在城市用地布局尽可能紧凑的前提下，也要避免"见缝插针"等现象，确保居民生活质量。 同时，要高度重视建筑节能，促进高能耗的城镇化转变为低能耗的城镇化。

（2）推动贸易和投融资便利化

将义乌金融改革和国际贸易开放紧密地结合在一起，针对义乌典型的外贸型经济，在外贸金融方面做大胆尝试，允许符合条件的境外自然人在取得个体工商户营业执照后，开立个人外汇结算账户，对于符合条件的个人可以直接以人民币结算进出口贸易等。 引导和规范民间借贷，支持优质民营骨干企业发起设立或参股相关金融机构，鼓励民间资本参与设立各类股权投资企业（基金）和创业投资企业（基金）。

（3）创建商贸人才管理改革试验区

目前，义乌最缺贸易、金融、物流、会展、管理、电子商务等方面的人才，因此需要在这些领域创新人才培养、开发和引进模式，把"项目化"引才作为集聚人才的主要手段，优化人才资源结构，为义乌经济社会转型升级、建设国际商贸名城奠定人才支撑。 全面实施"133创新人才工程"和"金蓝领"培训工程，培养一批创新型科技领军人才和高级专家。 制订"领军型海外留学归国创业人才引进计划"，吸引有高科技成果的海外留学人员带项目、带团队来义乌创业。 鼓励企业引进职业经理人，推动家族制的企业经营模式走向规范的法人治理结构模式。 定期发布《义乌市紧缺人才开发导向目录》及人才薪酬指导价。 积极实施技能人才培养工程，建立全方位培训体系。 优化人才发展环境，破除各种体制性障碍，实施人才柔性引进和使用的政策，吸引国内外各类高层次人才以项目合作、智力入股、兼职兼薪、成果推广转化、特聘岗位等多种形式来义乌开展人才智力服务。

7.2.2 构建科学规范的城市治理体制

（1）科学规划城市功能布局

义乌以全域城市化为主线，以打造国际陆港城市、金融生态城市、制造业洼地城市、旅游目的地城市、文明信用城市及幸福和谐城市等六大特色城市为目标，对城市总体规划进行修编，优化城市空间布局，完善市场商贸、金融服务、工业生产、购物消费、居住生活、休闲观光、旅游健身和文化娱乐，以及交通、货运快递、仓储物流、电子商务、绿化公园、水利设施等的基础配套设施，既为义乌再发展提供承载新动力的平台，又为广大市民创造优良的生活环境。要强化"产城融合"理念，按照扎实推进大平台大产业大项目大企业建设的决策部署，集中精力、科学规划产业集聚区，使之成为未来城市新区的功能区；加强开发区（园区）服务功能建设，推动基础设施与中心城区配套互联，促进产业区块与城区的有机衔接和融合，促进二、三产业的融合发展。

（2）健全城市开发建设与运营机制

一是吸引各类资金，扩大城市增量资产。按市场经济的要求，把凡是可以投入市场营运的城市市政公用基础设施，推向市场，建立以市场配置资源为主导的投融资管理体制和运作机制，实现城市建设资金的增量。政府在投资体系建设中坚持行政超前引导、有序引导，引领社会投资合理有序地进入基础设施和公用事业领域。二是改革投资经营体制，组建综合性或专业性的国资开发经营公司。推进城市基础设施特别是公用事业改革，实行政事、政资、政企分开，把政府财政预算内、预算外资金及土地出让收入等统筹起来，作为城市基础设施投资公司的资本金投入，并以公司为载体进行资金融通、项目建设、资本运作和综合开发等一系列产业化经营，逐步形成以降低成本、提高效益为中心，以集团化发展、规模化经营、企业化管理为特征的基础设施自我积累和自我发展的新机制，提高运营服务水平。三是挖掘历史文化内涵，激活城市无形资产。通过对城市历史文化、人文自然景观等特有内涵的发掘、利用，不断提高城市的知名度，增加城市集聚力。贯彻经营理念，还必须要加大对城市的整体包装和促销力度。不断强化城市功能，提升城市形象，改善城市环境。对外开展立体的、全方位的、形式多样的宣传促销活动，不断提高城市知名度这一无形资产，不断增强城市招商引资的吸引力、集聚力。

（3）提升城市生态环境

以"三改一拆""四边三化""清水治污"等行动为抓手，强力推进城市环境整治工作，使义乌的城乡建设更加有序、城乡面貌更加洁化美化，进一步形成宜商宜游宜居的综合环境。依托义乌山地资源丰富的自然优势，着力打造绿意满城的绿色生态体系，建设城市森林系统。坚持以河流水系和道路交通体系为框架，打造城市外围山水生态圈和城市核心生态带。按照营造"城市森林"的要求实施绿化建设，全力推动实施以净化、绿化、美化和艺术化为重点的全区域公园化战略，构筑"山水围城、河塘绕城、绿道穿城、绿意满城"的城市生态美好景象。建设城郊农业生态系统，合理地调整和分配土地资源，发展生态农场，建立稳定可持续的城郊农业生态系统，实现城郊农业资源开发利用与城市生态环境建设的协调可持续发展。同时，积极打造城市精品旅游项目，最关键的是打造一批具有品牌效应、震撼效应的龙头旅游项目，努力争创国家 5A 级购物旅游景区。

（4）加快城乡全域融合发展

义乌牢固树立城乡全域规划、融合发展理念，加大对城乡公共资源的科学配置，促进城乡经济社会一体化发展。其中，关键是要建立健全农民愿意进城和能够进城的体制，重点是深化以土地为核心的农村产权制度改革，联动推进土地流转制度、户籍管理制度、住房制度、社会保障制度和集体资产产权制度等的改革，全面实现农地经营规模化、进城农民市民化、农民居住社区化、养老保障社会化和集体资产股份化。同时，按照城乡基本公共服务均等化的要求，推动城镇基础设施向农村延伸、公共服务向农村覆盖，重点做好城乡一体的公共交通、供水供电和通信信息等基础设施建设工作，以及教育培训、医疗卫生、文化体育和社会保障等公共服务工作。

7.2.3 构建廉洁高效的行政管理体制

（1）建构与国际贸易综合改革相适应的政府管理模式

从当前来看，政府体制改革必须超越在"点"上或在"条线"上进行权力下放和赋权的模式，而且要超越县级政府的管理思路和体制模式，探索突破传统机构设置和行政资源配置的方式，构建适应市场化、国际化发展要求的新型政府职能体系及公共服务体系，进一步增强义乌政府的公共服务和社会管理的能力。义乌逐步试行"省直管县"体制，使义乌从原管辖市中单列出来，由省直接管理，在行政上与原管辖市不再具有隶属关系，在经济社会管理上，由省赋予其具有与地级市基本相当的权限。

（2）强化政府部门的统一协调功能

义乌坚持以经济社会事务管理的发展需求为方向，统筹整合职能和管辖范围相近、业务性质类同的部门，完善政府在城市管理、产品质量安全、土地执法监管和安全生产等领域的协调机制，增强综合调控能力。完善部门联动与沟通协作机制，提高部门联合执法、监管能力。处理好各个部门之间的对接和利益平衡问题，减小领导者和执行者之间的偏差，让改革精神和政策落到实处。

（3）形成合作分工的纵向间政府关系

就政府改革而言，为了解决当前不断增加、日益复杂的体制性冲突，需要在不同层级的政府间积极推进"确权"。基层政府的行政性制度安排，如县级政府有多少个机构，多少人员岗位，行政权力如何在部门之间配置等，不应当成为中央政府的职权范围，中央也无法安排好。因而在十八届三中全会之后确定了中央在地方政治改革进程中担任总体规划师的角色基础上，应建立科学的政府职责体系，不是简单地强调单向"授权"与"分权"，而是根据实际需要和现实可能，做到"有放有收，按层归类，重理职责，形成体系"。

（4）优化机构职能设置

优化机构职能设置要结合义乌经济社会管理的实际需要和发展趋势，重点精简经济部门及职能交叉、业务相近的机构，强化社会事务管理机构的职权。根据现代服务业迅速发展的实际，要强化对现代商贸、物流等工作的管理，建立符合现代服务业发展的行政机构和组织体系，完善联系协调会议制度，发挥统筹协调、整体推进作用。要强化部门对经济社会各个领域的预测、分析和研究，建议在相关经济部门、建设部门增设总工程师、总经济师、总会计师和总统计师等职位。

（5）提高基层行政管理水平

要提高基层行政管理水平，就要积极推进小城市培育工程和扩权改革工作，将部分县级经济社会管理权限下放到中心镇，重点在产业发展、规划建设、项目投资、安全生产、生态保护、市场监管、社会治安、户籍管理、市政交通和民生事业等方面全面扩大中心镇的管理权限。通过将市 365 便民服务中心的窗口有选择地延伸至部分镇街，实现办事权限的下移，并通过联网运行、全程代理等服务举措，切实提高工作效率和服务质量，更好地为基层群众服务。镇与街道的内设机构，仍要按照有利于加强党的执政能力建设，巩固国家基层政权，适应完善社会主义市场经济体制的要求，从转变政府职能、完善服务功能出发，进行综合设置，减少中间环节，提高工作效率。

（6）发展社会中介服务机构

对具有行政执法权限的事业单位，要尽快纳入公务员或参照公务员管理的范畴；对部分从事生产经营活动和履行公益服务职能的事业单位，要积极推行市场化取向的改革，避免和防止国有资产、公共资源的垄断，促进市场化竞争。要把推进社会中介机构的发展作为一项重要工作来抓。强化对行业的统一管理，统筹规划各类中介服务机构的发展，重点扶持、优先发展与市场经济关系密切、发展能力较强的中介组织，如涉及公司治理、架构整合、品牌运作、上市策划、企业培训等方面的中介机构。重视对行业协会的培育和引导，注重发挥行业协会在宣传法律法规、传达产业发展政策、促进行业自律经营等方面的导向作用，让它们更好地为经济社会发展服务。

（7）实施公务员分类制度改革

一是借鉴深圳经验，将公务员细分为综合管理类、行政执法类、专业技术类 3 个类别，除了综合管理类仍沿用以往公务员的管理模式，行政执法类、专业技术类公务员都将实施聘任制，真正实现"能进能出、能上能下"。二是推进公务员精细化管理，逐步完善招考、录用、培训、交流和奖惩等日常管理制度。 例如，以往"招考一张卷"的局面被打破，除了都要考"申论"之外，报考综合管理类的考生还要参加"行政能力测试"，行政执法类则进行"行政执法素质测评"。 三是在将公务员分成 3 类的基础上，探索综合管理类共通性职位管理机制，并增设行政执法类专业执法职系与专业技术类职系。 处于"共通性职位"的人员，职业发展和职业约束不依附于单位，有独立的薪酬待遇和晋升通道。 四是尝试在两类职位中试行公务员聘任制：一类是专业性较强的职位，主要集中在金融、财会、法律、信息技术等方面；另一类是辅助性职位，事务性强，如资料整理、文件分发、数据录入等方面的职位。

7.2.4 构建公平包容型社会管理体制

（1）建立健全促进社会建设与管理的公共财政体制

一是继续加大对教育、卫生等社会事业领域的投入。 在教育领域，按照起点公平的原则，进一步加大财政投入，调整改造薄弱学校，完善城乡学校布局，进一步实现优质教育资源的均等化，尤其需要加大对外来务工人员子女教育的财政投入。 在卫生领域，配合医药卫生体制改革，加大政府的支出份额，尤其是对医疗卫生机构和队伍建设的财政投入，强化政府在医疗卫生领域的责任，切实减轻居民的医疗负担，提高中低收入者的福利水平。 二是加大对医疗、养老等社会保障领域的支出。 持续增加对社会保障的财政投入，尤其是对城乡养老保险和医疗保险的财政投入，实现养老与医疗保障城乡均等化。 在完善社会保障制度的同时，着力加强政府在社会保障方面的供给能力，加大对社会福利的投入，建设一批非营利性质的敬老院、福利院和医疗机构，并采用购买服务等形式，引入准市场机制，保证医疗、养老服务的供给与需求能基本匹配。 三是加大对社会组织和基层服务平台的直接投入。 以更大力度有重点地扶持和培育社会组织，并加强政府动员社会力量的能力，力求形成政府、社会全面协作、良性互动的局面。 在注重发展社会自治能力的同时，以政府为主导，依托城乡社区，继续做好社会保障、公共卫生等基础公共服务平台建设工作，充分发挥社区提供公共服务的作用，增强各项基本公共服务的可及性。

（2）构建"共创、共享、共治"的流动人口服务与管理新格局

人口的大集聚造就了义乌城市的大繁荣，然而，随着流动人口数量的迅猛增长，对土地资源、城市基础设施承载力等提出了严峻挑战，对治安管理、城市管理和公共服务等造成了很大压力。政府应树立"大人口"服务理念，不区别对待外来流动人口，实现从过去单纯的以户籍人口服务管理为主向以实有人口服务和管理为主转变；借鉴并推行慈溪和谐促进会、台州共享基金会等吸收外来人口共同管理社区的模式，鼓励外来人口主动加入本地组织，参与到公共事务管理当中；推动产业结构升级，优化流动人口结构素质，以"国际贸易综合改革试点"为契机，提高新兴产业的比例，吸引更多的高素质人才来义乌。

（3）推进社会自我管理

政府应着力于城市发展的战略规划和制度建设，通过社会政策创新推进社会建设，而非包揽所有具体的社会事务。政府必须发现、确认和培育社会力量，向社会力量适当转移部分职权，尤其重视让社会力量参与到与公共服务相关的政策决策制定、公共产品的生产和供给工作当中，让社会力量在参与中得到成长。通过对社会力量的指导、规范和监督，形成政府与社会良性互动、有机合作的局面。一是创新社会组织管理机制。建议市民政局简化社会组织登记程序，降低准入门槛，建立宽松的准入制度；建立涉外社会组织备案管理制度，引导涉外组织开展合法活动；完善社会组织评估机制，将社会组织评估等级作为社会组织参与政府购买服务和接受政府职能委托（授权）的重要依据；组建社会组织评估委员会，建立评估专家数据库。二是设立社会组织服务平台。建议参照温州模式，在镇（街）、社区设立社会组织服务平台，为社会组织提供资金、场地、项目和技术支持，开展项目策划、供需洽谈等服务，成为基层社会组织孵化器。如在省内有拥有一定知名度的爱心公社、蓝俊志愿者俱乐部等公益组织，其办公场地可由市共青团提供。三是改造升级现有服务项目。建议根据市编办和市民政局对义乌所有公共服务项目的调研情况，结合实际，优先发展一批，后续跟进一批，探索尝试一批，形成一个有梯度、高质量、促民生的公共服务购买机制。在培育扶持社会组织的同时，建议优先发展与民生紧密关联的服务项目，如商业服务、养老服务、民办教育

和婚检孕检等，特别是孕检，孕检的项目共有 19 项，而计生部门实施的免费孕检项目只有 3 项，免费项目与群众需求存在一定差距。 基于义乌新生儿残疾率高的现实，政府理应对孕检项目全额买单。

（4）推动政府购买公共服务

要启动政府购买服务，首先要加快出台相关实施意见。 通过实施意见，明确准入机制、购买领域等内容，从政策高度引领政府购买公共服务项目的实践操作。 据温州民政部门统计，政府购买服务相关政策出台后，2013 年一季度社会组织登记的数量同比增长 4.2 倍。 由此可见，政策引导至关重要。 其次要适时颁布规范性文件。 规范性文件主要是对实践中的一些具体操作问题加以指导。 义乌市社会养老服务机构——后宅康乐园相关负责人认为，政府应当建立相关规定制度，明确矛盾纠纷的责任归属，使养老事业的发展更为法制化、规范化。 最后要尽快出台政府购买服务目录。 当前，义乌市编办结合公共服务发展部门对政府机构改革提出了建设性意见：可以参照温州市的做法，规定各部门每年度至少有 1 项职能转移给社会组织；建议由市编办和市民政局对所有公共服务项目开展一次大规模调查，在此基础上收集资料，根据实际及时出台政府购买服务目录。

（5）加强对社会的综合治理

针对当前集体上访、外来人口群体性事件的动态情况，义乌要注重通过社会政策体系的完善来消除隔阂和矛盾，防范对各类群体利益的损害；注重对弱势群体的法律援助和权利救助，将公民权利的落实当成社会稳定的基本保障；进一步完善社会矛盾的大调解体系和社会治安的防控体系，更充分地发挥志愿者、社区、社会组织在体系中的作用；发挥司法在社会矛盾调处中的最终渠道作用，尽可能避免矛盾消解与社会成本之间的冲突。

8

深化义乌国际贸易综合改革的成果与经验

义乌独特的文化和非凡的精神是"敢为人先，勇于创新"。自 2011 年 3 月至 2017 年 12 月，开展国际贸易综合改革试点工作一直走在前沿的义乌再次迎来了变革图存的重大机遇，义乌大胆探索，先行先试，在重要领域和关键环节取得了一系列重大突破，为全国外贸发展提供了实践经验和有益探索。本章评价并总结"义乌试点"的经验，旨在将这些经验在全国复制推广。

8.1　国家级改革的义乌蓝本

8.1.1　市场采购贸易方式

如前所述，市场采购贸易方式是指在经认定的市场集聚区采购商品，由符合条件的经营者在采购地办理出口通关手续的贸易方式。它是基于义乌市场的实践创新，在国际贸易重点领域和关键环节深化改革、先行先试，探索建立新型贸易体制机制的一次有益尝试。市场采购贸易方式的确立，从根本上解决了传统贸易监管方式不适应小商品出口的问题，加快形成了新型贸易体制机制，把中小企业参与国际贸易的通道全面打开。于 2015 年 7 月和 2016 年 5 月，国务院先后两次将市场采购贸易方式试点经验在江苏海门的中国叠石桥国际家纺城、浙江海宁的中国皮革城、江苏的中国常熟服装城、广东广州的花都狮岭（国际）皮革皮具城、山东的临沂商城工程物资市场、湖北武汉的汉口北国际商品交易中心、河北白沟箱包市场等 7 个市场进行推广。

义乌市场采购贸易方式实施中可以推广的经验有：一是创造了国际市场新需求，促进外贸增长。传统的贸易方式输出的商品覆盖面有一定局限性，而中东、中南美、非洲等的许多地区都有一些不同层次的需求得不到满足。通过市场采购贸易方式能将义乌市场丰富的商品输送到国外，将国外市场潜在需求激发出来。二是促进了中小微企业、家庭作坊的生产，带动富余劳动力就业。机制层面的"内外贸一体化"，拉低了外贸门槛，降低了贸易成本，为全国广大没有能力自建外贸体系的中小微企业、家庭作坊提供了共享式的商贸流通和对外贸易大平台，构筑了对接国际市场的便利通道。三是对出口环节的行政管理体制进行了有益探索。围绕市场采购贸易方式，制定出台了分类通关、小额小批量监管、个人贸易外汇结算、免征出口货物增值税等一系列配套监管政策，有力推动了贸易便利化，实现了贸易的稳定增长。

8.1.2 全国金融改革的先行区

2013 年《义乌市国际贸易综合改革试点金融专项方案》针对一些重点领域和难点问题"率先探索"和"先行先试"。具体包括：加快贸易金融产品的创新，鼓励金融机构积极创新内保外贷、境外融资贷款等结构性贸易融资业务；完善外汇管理机制，探索建立义乌非居民个人交易数据库，允许符合条件的境外自然人在取得个体工商户营业执照后开立个人外汇结算账户；深化个人跨境贸易人民币结算业务试点，审核后符合条件的个人可以直接以人民币结算进出口贸易等。"义乌金改"是义乌国际贸易综合改革试点的配套性改革。"义乌金改"区别于"温州金改""珠三角金改"等其他地区金融改革的核心就在于，通过加快金融改革创新，积极推动人民币跨境业务、外汇管理和民间资本管理创新，探索贸易金融新模式。"义乌金改"先行先试为全国金融改革提供了可复制推广的经验。

"义乌金改"先行先试工作中可以推广的经验有：聚焦贸易金融便利化，全力打造区域性离岸金融中心；着眼于金融服务精准化，统筹发挥国家级改革协同效应；立足金融发展产业化，加快完善地方金融组织体系；精准对接自贸区金融改革，主动挖掘并提升"义乌金改"的战略意义；以服务实体为导向，拓宽融资渠道，降低融资成本，提升金融服务效率和潜力；以丝路金融小镇为平台，加快金融产业集聚，完善持牌金融法人机构；以信用城市创建为基础，不断优化金融生态环境，维护区域金融稳定。

8.1.3　供销合作社综合改革试点

2014 年 11 月 20 日，义乌被列为第二批农村改革试验区，承担供销社综合改革试验任务，成为国家级农村改革试验区。义乌承担的改革任务，就是围绕创新"三农"治理体系和农业经营体系，联动推进农业生产经营体制、供销合作社体制、农业科技推广体制、农村金融体制等配套体制改革和涉农部门职能转变，构建市、镇（街道）两级农民合作经济组织联合会，将各类农民合作经济组织、农业生产经营主体、农业服务组织和涉农企事业单位等联合起来，打造组织体系完整、覆盖领域广泛、利益联结紧密和具有"三位一体"服务功能的综合服务平台，以此提升农业市场竞争力。义乌作为农村改革试验区，为全国供销合作社综合改革提供了可复制推广的经验。

义乌国家级农村改革试验区建设中可以推广的经验有：组建市、镇（街道）两级农民合作经济组织联合会，实现全市农业合作"一张网"；整合为农服务职能，打造为农服务综合平台；全面整合资产资源，推进生产、供销、信用"三位一体"合作服务功能的创建，不断丰富为农服务的内容，让供销社回归服务"三农"本位。

8.1.4　国内贸易流通体制改革发展综合试点

国务院办公厅 2015 年 8 月 6 日发布公告，同意在上海、南京、郑州、广州、成都、厦门、青岛、黄石和义乌等 9 个城市开展国内贸易流通体制改革发展综合试点。义乌是唯一承担改革试点任务的县级市。一是要探索建立创新驱动的流通发展机制。支持电子商务企业拓展业务领域和范围，创新电子商务发展模式，完善政府监管方式，营造有利于电子商务发展的良好环境。二是要探索建设法治化营商环境。推进地方流通法规建设，依法确立流通设施、流通秩序、市场监管及促进流通产业发展等方面的基本制度。三是要探索建立流通基础设施发展模式。 对于公益性农产品批发市场的建设，通过多种形式建立投资保障、运营管理和监督管理机制，增强应对突发事件和市场异常波动的能力；对于微利经营的社区居民生活服务网点等设施，通过完善扶持政策，支持其加快发展；对于完全市场化的大型商场等设施，通过加强规划、建立预警机制和听证制度等，引导其合理布局、有序发展。 四是要探索健全统一高效的流通管理体制。 进一步转变政府职能，加快简政放权，优化职责分工，加强部门协作，建立适应大流通、大市场发展需要的新型流通管理体制。 义乌是唯一承担开展国内贸易流通体制改革发展综合试点城市，为开展国内贸易流通体制改革提供了可复制推广的经验。

义乌国内贸易流通体制改革发展综合试点工作中可以推广的经验有：一是创新内外贸一体化商品市场发展机制。 充分发挥小商品贸易的外贸集聚辐射优势和内贸营销网络优势，着力在贸易管理服务、展贸联动、品牌合作、进口贸易上探索创新，加快从"买全国、卖全国"向"买全球、卖全球"转变。建立内贸采购与外贸出口一体化的贸易管理服务机制。 二是建立全方位服务小微电商的发展模式。 聚焦中小微电商培育集聚优势，坚持线上线下融合，实施电子商务发展战略，建立覆盖内外两个市场的"高密度、小电商"发展机制；建立"互联网＋"实体市场发展机制；构建多层次小微电商集聚发展体系；建立电商园区政策引导机制；推进电商与金融、物流、电信等的联动发展。 三是构建内外互联互通的现代物流体系。 主动融入国家战略，立足建设功能齐全、便捷高效的国际陆港，探索建立国内物流与国际物流统筹协调的集疏运体系，形成了内陆与沿海互联互通的流通基础设施网络和体制机制；构建功能集成的陆港集疏运体系，创新国内外全程无缝运输服务模式。 四是构建服务内外两个市场的流通管理体制。 通过构建"大流通、大市场"的流通管理体制，理顺流通行政管理体制，实施流通管理部门的精简高效整合；创新市场知识产权保护体系，在全国率先建立商标权、专利权、版权"三权一体"的知识产权保护管理体制；建立流通大数据应用统计制度。

8.1.5 创建社会体系建设示范城市

2015 年 7 月，国家发改委、中国人民银行联合发文，同意义乌为全国首批创建社会体系建设示范城市。 诚信，是义乌人流淌在血液里的固有基因，是义乌发展的生命线。 过去，义乌"敲糖帮""货郎担"走街串巷、鸡毛换糖，靠的是诚信；现在，义乌货达五洲、商通天下，靠的也是诚信；义乌能缔造"无中生有、莫名其妙、点石成金"的发展奇迹，成就全球最大的小商品交易市场，靠的更是众人撑起、掷地有声的诚信。 作为全国首批创建社会体系建设示范城市，义乌完成法人和其他组织统一信用代码制度的建设，通过向上对接，做好注册登记系统改造升级工作，落实 18 位统一代码。 要按照"平稳过渡、有序推进"的原则，加强统一社会信用代码的推广应用。 义乌创建社会体系建设示范城市试点工作为全国创建社会体系提供了可复制推广的经验。

义乌创建社会体系建设示范城市中可以推广的经验有：以数据和平台为支撑，筑牢信用根基。 构建"政府主导、市场运作"的工作推进模式。 建成全市统一的信用信息共享平台，基于"行为即信用、大数据与信用相结合"的思路，不仅全面采集了行政许可、行政处罚、荣誉、评价等级等信用信息，还将纳税额、社保、公积金、水电气缴费、金融信贷逾期等数据也纳入归集。在信用数据的基础上出台企业和个人信用评价办法，建立信用评价模型，对全市所有主体实施信用动态评价。 以应用和奖惩为核心，打造信用高地。 做实事前信用承诺，深化联合奖惩机制，培育诚信文化氛围。 以市场和外贸为特色，深挖信用价值。"信用＋市场"，树立监管样板；"信用＋外贸"，强化涉外管理；"信用＋网格"，促进社会自律。

8.1.6 深化基础设施投融资体制改革试点

2015 年 6 月，国家发改委、住房和城乡建设部印发了深化县城基础设施投融资体制改革试点文件，义乌榜上有名。 国家深化县城基础设施投融资体制改革试点旨在通过试点创新，为全国县城基础设施建设提供可复制、可推广的经验和模式。 总体要求是：充分发挥义乌民间资本充裕和市场机制灵活的有利条件，结合国家新型城镇化综合试点和国际贸易综合改革试点工作，重点围绕加强生态环保、市政公用、交通设施、社会事业等基础设施建设，全面推动并深化基础设施投融资体制改革。 始终坚持市场在资源配置中的决定性作用，以完善政府全口径预算管理和建立"多规融合"的基础设施建设项目库为基础，全面推广使用政府和社会资本合作（Public Private Partnership，PPP）模式，积极拓宽市场化融资渠道，着力组建义乌基础设施建设投资基金，积极推进管理体制和运行机制改革创新，加快建立多元化、可持续的城镇化投融资机制。 义乌的深化县域基础设施投资体制改革试点工作为深化全国基础设施投融资体制改革提供了可复制推广的经验。

义乌深化县城基础设施投融资体制改革试点工作中可以推广的经验有：第一，完善机制，强化组织保障。 一是市政府下发了《义乌市深化基础设施投融资体制改革试点实施方案》（义政办发〔2015〕178 号），明确了改革的目标、主要任务及各部门的职责；二是成立了由市长任组长、常务副市长任副组长，发改、财政等相关单位为成员单位的改革领导小组，统领改革工作；三是成立了由市长任组长、常务副市长任副组长，发改、财政等相关单位为成员单位的 PPP 工作领导小组，出台了《义乌市关于推广运用政府和社会资本合作模式的实施办法（试行）》（义政办发〔2015〕126 号），PPP 中心获批设立，并建立了 PPP 工作联席会议和"6＋X"（发改、财政、审计、国土、规划、建设及相关行业主管部门等）的 PPP 项目联合审查机制；四是召开了全市深化基础设施投融资体制改革专题动员会，对改革工作做了具体动员、部署，明确职责，落实任务。 第二，多措并举，着力推进改革。 全面推广 PPP 模式，进一步整合优化投融资平台，有序推进管理体制和运行机制的改革创新，并立足义乌国资企业市场化融资基础，引导政策性银行加大对义乌城市基础设施项目的信贷支持，全力拓宽市场化融资渠道。

8.1.7 农村宅基地制度改革试点

2015 年 3 月，义乌被列为农村宅基地制度改革试点县市。 经过不到两年的实践探索，农村宅基地制度改革成效显著。 2016 年 9 月，国土资源部又部署义乌统筹开展农村集体经营性建设用地入市和土地征收制度两项改革任务。 作为全省唯一开展农村土地改革三项国家试点工作的地区，义乌紧紧围绕中央部署，严格落实省委、省政府的要求，坚持党委负总责、党政一把手亲自抓、市域一盘棋推进，充分发挥新型城镇化试点、农村改革试验区等国家级改革叠加效应，改革试点成果数位于全国试点地区前列，有效打通了新型城镇化、农业现代化之间的"任督二脉"，系统破解了"人往哪里去、钱从哪里来、空间在哪里"的难题，"义乌样本"为探索中国农村土地制度改革提供了可复制推广的经验。

义乌农村宅基地制度改革试点工作中可以推广的经验有：一是把握群众诉求，多形式保障农民住房需求。试点以来，义乌积极探索不同区域农民住房保障的多种实现形式。二是显化权能价值，多层次完善宅基地权益保障方式。结合实际，对农民住房历史遗留问题区分为严重违法问题和轻微违法问题，实行分类处置。三是创新制度供给，多举措探索宅基地自愿有偿退出机制。四是兼顾公平效率，多途径探索宅基地使用制度。五是构建统一市场，多渠道激活农村建设用地市场。六是完善多元保障，多方位健全土地征收机制。

8.1.8　国家产融合作试点城市

2016 年 12 月 29 日，国家工信部、财政部、中国人民银行银监委联合发文《关于同意北京市海淀区等 37 个城市（区）列为国家产融合作试点城市的通知》，浙江省的宁波、桐乡和义乌被列为首批试点城市。近年来，义乌实事求是地执行省委、省政府关于区域块状经济发展的系列要求，尊重人民群众的首创精神，立足区域经济的客观实际，发挥市场贸易的差别优势，一以贯之地实施"兴商建市""以贸促工""贸工联动""工业强市"等一系列既有阶段性特征又有历史延承的产业发展战略，经济增长稳中有进，产业基础扎实，资源要素配置优化，创新能力稳步提升，专业市场面广量大，境内外电商快速发展，金融机构形成集聚，产融环境不断优化，"智慧商城"国际化步伐提速，社会经济发展取得了较为显著的成效。通过国家产融合作试点城市建设，义乌经济保持中高速发展，经济综合实力与可持续发展能力显著增强，为国家产融合作改革提供了可复制推广的经验。

义乌国家产融合作试点城市建设中可以推广的经验有：着力构建产融合作工作机制，着力推进振兴实体经济行动，着力深化亩产效益综合评价，着力推进建设产业大数据平台，着力继续实施招大引强工程，着力推动企业股改上市，着力优化经济金融环境。

8.1.9 现代物流创新发展试点城市

2016 年 5 月，国家发改委发布《关于做好现代物流创新发展城市试点工作的通知》（以下简称《通知》），要求试点城市高度重视现代物流创新发展，全面贯彻"创新、协调、绿色、开放、共享"的发展理念，遵循"问题导向、因地制宜、改革创新、重点突破"原则，按照《通知》要求，扎实深入开展现代物流创新发展城市试点工作。利用 3 年左右时间，努力完成《通知》提出的"探索和营造有利于现代物流发展的体制机制，完善适应现代物流发展的制度法规，建立健全促进现代物流发展的政策体系，推动物流产业发展和物流效率提升"等试点工作目标，最大限度释放市场主体活力，打造城市物流发展的良好生态环境。凭借全球最大小商品集散地优势，义乌已成为物流大市，是浙江省主要的内陆港和全国最大零担货物配载中心，是省级现代物流创新示范城市，是联合国亚太经社会确定的中国首批 17 个国际陆港城市之一，是国家二级物流园区布局城市之一。义乌将率先在物流管理体制机制方面进行突破，促进产业结构调整，并进一步增强物流对国家重大战略实施的支撑保障作用，开展现代物流创新发展城市试点工作。上述试点工作，对提升物流产业基础和服务能力、加强物流资源整合和优化、破除物流业发展体制机制障碍、创造良好的物流业发展环境、降低物流成本和提高物流效率具有重要意义，同时也有利于提高试点城市的经济影响力和辐射力，更好地引领区域物流协同发展。义乌现代物流创新发展试点工作为中国现代物流创新发展提供了可复制推广的经验。

义乌现代物流创新发展城市试点工作中可以推广的经验有：第一，创新推动城市物流基础设施布局和建设。在编制《义乌市现代物流业发展"十三五"规划》等物流规划时，按照"一片区、三中心"原则，合理布局功能场站节点，构建义乌"点、线、面"立体化发展的城市物流体系。第二，创新打造国家"一带一路"倡议物流通道和平台。为积极融入国家"一带一路"及浙江省"义甬舟开放大通道"等重要战略，义乌开展了搭"平台"、建"口岸"、拓"通道"工作，打造和完善国际陆港功能，充分发挥国际陆港城市"向东依港出海，向西依陆出境""东西互联互通"的枢纽作用。2018 年，义乌已初步形成了以"义乌港"为核心,保税、铁路、航空、邮件互换局等功能齐全的国际陆港口岸体系。 第三,创新引导物流企业转型升级。 通过培育特色物流示范企业,开展等级评估物流企业的推荐工作,开展形式多样的物流培训并积极引进"海外智慧",积极推动物流企业向供应链服务、专业化、智能化、信息化、标准化等方向转型升级,推进物流联盟等新形式的发展模式。第四,创新促进"互联网+"物流业态发展。 主要体现在:推动快递物流业发展,打造以快递物流集聚中心为核心的"产城人文"四位一体的快递主题云驿小镇;推动跨境电商物流发展,2016 年获批设立浙江(义乌)跨境电子商务创新发展示范区;建成国际电商小镇,整合电商产业链,聚集互联网骨干企业,推动商务新业态、新主体的快速发展,打造电子商务产业生态商圈、义乌产业转型示范基地、"新产业、新模式、新技术、新机制、新领军人物"的中国电商产业"五新"经济示范区。 第五,创新优化城市物流管理体制机制,在省级层面整合海港资源,联动发展义乌国际陆港,大力推动义甬舟开放大通道建设。

8.1.10 城市设计试点

2016 年 3 月,住房和城乡建设部正式将义乌列入全国首批城市设计试点城市,要求义乌重点围绕创新管理制度、探索技术方法、传承历史文化、提高城市质量等 4 个方面进行试点。 城市设计是落实城市规划、指导建筑设计、塑造城市特色风貌的有效手段。 由于中国城市数量多、差异大,很多地方缺乏城市设计工作的经验。 为此,住房和城乡建设部通过开展试点,因地制宜地开展城市设计工作,为在更大范围内开展城市设计工作积累经验,提高各地城市设计水平。 义乌将根据总体城市设计,在"十三五"期间进一步强化对城市总体格局、景观特色意图区、城市空间景观、建设开发高度等方面的控制,着力推进城市更新、公园绿化、拆违透绿、精品街改造、停车库建设、道路交通建设、门户区改造、沿街商服建设、社区提升、两路两侧整治、蓝色屋顶整治、新社区集聚建设等城市景观与环境提升工作,重点实施"一江四溪五客厅,九道百街万居城"的行动计划,全面打造具有"东方风范、国际风尚、江南风韵、异域风情"的"四风"城市整体风貌景观。 义乌城市设计试点工作为中国城市设计提供了可复制推广的经验。

义乌城市设计试点工作中可以推广的经验有：前期初步建立了城市设计编制体系，在项目落地实施初见成效的基础上，围绕成果应用，加快对实施性方案的编制。 一是在工人路、丹溪路等精品街改造的基础上，开展对机场路、国贸大道、春风大道、江东路等街道的改造建设工作。 二是再次梳理一批沿街商服城市设计项目，包括北苑路、世俊路、何麻车地块等，加快推进沿街商服地块带城市设计方案出让工作。 三是根据"美丽乡村"总体规划要求，编制"美丽乡村"十大精品线路、精品村的规划设计。 当前中国美院编制的勾乘山旅游策划方案已经完成，相关国资平台负责建设的"至美大陈""人文上溪"等精品线路，钟村、李祖村等精品村已在组织实施当中。

8.2 深化义乌国际贸易综合改革的经验谱系

自 2011 年至 2017 年，义乌国际贸易综合改革着力实施以来，义乌在市场采购贸易方式改革、全国金融改革的先行区建设、供销合作社综合改革试点建设、国内贸易流通体制发展改革综合试点、创建社会体系建设示范城市、深化基础设施投融资体制改革试点建设、农村宅基地制度改革试点、国家产融合作试点城市建设、现代物流创新发展试点城市建设和城市设计试点建设十大方面，积累了丰富的关于国际贸易改革"市场—政府"边际建设、契约环境建设、基础设施体系建设、要素流转体制建设、城乡双元发展机制、广域改革发展观、契约强度边际延拓、价值链共衍改革路径与改革市场驱动范式的改革经验，形成了富有时代内涵、发展视阈的改革经验体系。

8.2.1 "市场—政府"边际建设

"市场—政府"的边际问题一直是中国国际贸易改革以来的经济迷思所在；对于国际贸易改革的市场导向的范围、程度及实现方式的诘问，一直是贯穿国际贸易改革的脉络之一。 与此同时，政府在国际贸易市场导向改革中的定位与职能边界，一直桎梏贸易改革的深化，这一问题是与中国社会主义市场经济体制建设的经济理路紧密衔接的。义乌国际贸易改革，从义乌国际贸易多元禀赋发端的历史叙述出发，从市场经济对贸易、要素等的"自组织"或者说市场价格发现过程论出发，剖析了市场过程中政府边界与政府边际的嬗变路径，进一步厘清了"市场—政府"的边际，深化了市场（过程）价格发现、要素效率配置与经济共衍发展的基础性作用，强化了政府围绕市场基础性作用建设过程中的耦合路径，将政府的边界锚定于市场（过程）基础性作用的契约环境建设、基础设施建设与宏观调控中，这契合中国社会主义市场经济体系建设的逻辑理路，也是在贸易价值链时代，进一步实现贸易改革跃升的应有之义。

8.2.2　契约环境建设

义乌国际贸易综合改革，在厘清"市场—政府"边际的基础上，围绕市场（过程）基础性作用的制度环境摩擦，着力强化契约环境建设，旨在构建富有契约强度、契约执行效率，契约摩擦与契约成本被有效平抑的契约环境。契约禀赋建设是实现贸易价值链跃升的禀赋依托（Antras & Chor，2013），强化契约环境建设，顺应贸易发展的价值链化趋向，是实现贸易价值链跃升的逻辑旨归所在。

8.2.3　基础设施体系建设

围绕市场（过程）基础性作用，义乌国际贸易综合改革强化基础设施建设，压降贸易成本，平抑贸易摩擦，进而从耦合契约摩擦的广域视阈出发，衔接基础设施建设与契约环境建设的互补效应，紧扣特定基础设施的特定关系投资（Specific-relationship Investment）特征；通过提供政府基础设施公共产品，弱化了特定关系投资外部性导致的市场摩擦与契约摩擦问题，进一步打破了各个市场主体因运输、市场摩擦与契约摩擦引致的边际成本壁垒、市场壁垒，极大地拓展了市场参与主体的范围，激活了市场机制的内在活力。

8.2.4　要素流转体制建设

价值链贸易时代，贸易的价值链化是与产业、要素的经济地理特征充分耦合的。 在社会主义市场经济体制下，要素流转与产业发展的经济地理规制在一定范围内依然存在，打破这一发展瓶颈，成为义乌国际贸易综合改革试点的要点之一。 义乌国际贸易综合改革，从创新市场采购贸易与市场建设双元边际切入，通过对区域经济协同发展下环义乌经济地理禀赋的挖潜，理顺要素流转的体制机制，逐渐形成了一个以要素无摩擦流转为特征的市场驱动的国际贸易格局。

8.2.5 城乡双元发展机制

市场摩擦，在受制于契约环境、要素流转体制的同时，也越来越受到固有城乡双元结构的桎梏。 城乡发展协同性、整合性的缺失，使得二元格局下的要素禀赋与市场禀赋受羁于制度安排，与市场发展要义脱钩，义乌国际贸易综合改革通过对农村要素流转的挖潜与城市的区域耦合发展，推进了城乡双元的良性发展，形成了国际贸易改革的供给侧、需求侧双跃升。

承袭改革开放初期对外经济贸易体制改革与发展期（1979—1992 年）和社会主义市场经济目标下对外经济贸易体制改革与发展期（1992—2000 年）的改革成果与经验，义乌国际贸易综合改革在加入世界贸易组织后中国对外经济贸易体制改革深化与对外经济贸易发展期（2001—2017 年）从"市场—政府"边际建设、契约环境建设、基础设施体系建设、要素流转体制建设与城乡双元发展机制方面打造了贸易改革的义乌样本，积聚了义乌经验，从贸易发展的时代背景、环义乌的经济地理特征及中国国际贸易改革的全域图景出发，做了有益的探索，从体制机制层面形成了国际贸易广域政策体系，进而在实践上推进了义乌国际贸易试点改革的稳态溢出，实现了环义乌国际贸易的新增长极式发展，带动了环义乌产业升级、经济地理禀赋重塑及区域经济发展的协同。 试点改革从县域改革节点出发，在辐射带动环义乌经济广域发展的同时，为中国国际贸易的改革与发展提供了义乌样本，富有时代内涵、发展视阈的改革经验体系推进了改革惯性的构筑，形成了倒逼式改革的改革自觉，从广域改革发展观凝练、契约强度边际延拓、价值链共衍改革路径与改革市场驱动范式构建四大方面为义乌国际贸易改革试点的深化推进提供了意识形态基础与制度基础。

步入义乌国际贸易综合改革后期以来，国家贸易格局发生了深刻的嬗变，国际贸易发展内涵超越了单向度的产业内抑或产业间贸易的刻板范式，贸易价值链内涵不断强化，契约质量红利日益凸显，贸易、产业、要素、区域经济地理逐渐成为紧密衔接、充分耦合的经济要素，贸易改革也相应地需要从"单域"改革的深化向全域改革阶段发展。正是在这一改革历史叙述与演进理路规制下，义乌国际贸易综合改革进入了习近平新时代中国对外经济贸易体制改革广域改革发展期（2017 年至今），强调以市场建设为杠杆解，耦合贸易、产业、要素、区域经济地理协同改革，形成以世界"小商品之都"为核心的改革新图景。义乌国际贸易综合改革所形成的倒逼式改革的改革自觉，无疑从广域改革发展观凝练、契约强度边际延拓、价值链共衍改革路径与改革市场驱动范式构建四大方面为习近平新时代中国对外经济贸易体制改革广域改革发展期改革跃升提供了夯实的先验基础。

8.2.6　广域改革发展观

义乌国际贸易综合改革，在改革实践过程之中逐步形成了广域改革发展观，改革"不唯一""谋全局"，扬弃了传统国际贸易改革"谋其一域"的单向度改革范式，注重贸易、产业、要素和区域经济地理协同的广域关联与改革，形成了科学的改革发展思想基础。

8.2.7　契约强度边际延拓

义乌国际贸易综合改革从基础设施建设改革维度拓展到了契约强度边际延拓改革，从贸易成本压降向契约成本压降的改革理路转换。其紧扣当前中国基础设施建设日趋完备下以运输成本为标志的贸易成本逐步压降的现实特征，围绕中国国际贸易驱动中契约质量水平的跃升，完备政策体系、法律法规与隐性制度环境的建设，着力延拓契约强度边际。

8.2.8　价值链共衍改革路径

义乌国际贸易综合改革，秉持广域改革的范式依托，从价值链改革切入，以价值链为改革腠理，拓展改革的价值链共衍改革要义。随着国际贸易由产业间贸易、产业内贸易向价值链贸易拓展，生产与贸易有关价值链的关联更为密切，贸易发展的价值链驱动问题逐渐跃升为贸易改革的重要议题之一。 一方面，需要基于价值链时域将贸易发展问题回溯至产业发展，考虑产业结构梯度对于贸易发展的基础性作用；另一方面，则需溯源区域经济协同的经济地理禀赋建设，强调作为专业市场驱动的贸易发展的经济地理禀赋的支撑作用。 义乌国际贸易发端与发展，呈现出以专业市场为驱动，以广阔经济腹地为支撑，以产品结构为驱动的多元延拓机制，专业市场驱动下的贸易发展，离不开经济腹地与产业结构这两大落脚点。 在价值链贸易内涵趋强的开放经济背景下，义乌谋求贸易可持续发展，建立世界"小商品之都"，亟须强化对经济腹地的经济协同性禀赋建设、产业结构禀赋建设，逐步摆脱专业市场倒逼下的产业结构"迎合"、区域经济协同性"迎合"式的单向度理性市场反应规制，强化政策的良性引导，逐步转变市场机制驱动下的短期利润导向型产业发展路径、区域经济发展路径，倒逼产业、区域经济对专业市场与贸易的反向推动作用。 这种反向推动应基于价值链贸易的发展趋向，契合贸易价值链跃升导向，指向产业结构与经济地理禀赋建设，实现市场有限理性与政府宏观调控的"良性互动"。 围绕义乌国家贸易深化改革，建设世界"小商品之都"的战略安排，拓展市场机制的理性边际与代际视域，谋长远、谋大计，丰富义乌国际贸易综合改革的贸易价值链跃升内涵，积极打造义乌国际贸易综合改革与发展的产业结构禀赋与经济地理禀赋，是切实落实世界"小商品之都"建设战略、打造习近平新时代义乌国际贸易改革样本的必由之路。

8.2.9　改革市场驱动范式

依托改革发展观与契约强度边际延拓建设，基于价值链共衍改革路径，义乌形成了以市场为基础性驱动力的改革共识，充分认识了其国际贸易发轫、发展的市场禀赋优势，形成了以市场建设与市场禀赋提升为中心，以契约禀赋、基础设施禀赋等为补充的改革框架。 改革市场驱动范式的形成与固化，搭建了义乌国际贸易综合改革一以贯之的改革理路，避免了改革过程中"市场—政府"边际诘问所带来的改革意识形态之辩，构建了以市场建设为共识的核心改革脉络，这是义乌国际贸易综合改革的经验内核所在，也是中国改革开放进程深入、社会主义市场经济体制建设历史叙述下的改革范式凝练。 市场禀赋，是义乌国际贸易发轫的基础，是义乌国际贸易发展的基础，也是中国改革开放与社会主义市场经济体制建设的历史经验所在。 伴随着中国改革开放的深化推进，国际贸易改革作为改革开放的重要一环，在改革范式与路径上，紧扣改革开放社会主义市场经济体系核心，是义乌国际贸易改革的必由之路。

　　义乌在义乌国际贸易综合改革围绕市场建设这一核心，依托改革发展观与契约强度边际延拓建设，基于价值链共衍改革路径下，谋求在习近平新时代中国对外经济贸易体制改革广域改革发展期下以世界"小商品之都"为引领的国际贸易广域改革。 由此，中国国际贸易改革实现了从锚定贸易大国向对标贸易强国发展的理念、路径与阶段的跃升，聚焦当前中国国际贸易的价值链中低端锁定，以及由此引致的产业升级、要素流转与经济地理禀赋溢出的失范，寻求贸易价值链跃升的改革理路。

下 篇

习近平新时代与义乌
世界"小商品之都"

9

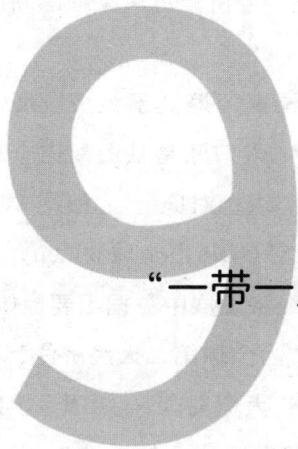

"一带一路"：义乌市场竞争新支点

习近平总书记在 2013 年 9 月和 10 月先后提出了建设"新丝绸之路经济带"和"21 世纪海上丝绸之路"的战略构想，旨在巩固中国同中亚和东南亚的合作基础，带动中西部，加快改革开放，促进东部地区的转型升级和对外投资。义乌作为全球最大的小商品集散中心，被国际权威机构认定为世界第一大市场，是习近平总书记命名的世界"小商品之都"，是"一带一路"倡议上的重要支点。研究义乌在"一带一路"倡议下市场竞争新优势是深化义乌国际贸易综合改革试点工作的重要内容。义乌如何借"一带一路"东风培育市场竞争新优势，是继市场采购新型贸易方式获批之后深化义乌国际贸易综合改革的核心命题。

9.1 义乌是"一带一路"的桥头堡

9.1.1 "一带一路"中国外贸发展的契机

在全球经济复苏乏力、区域主义日渐兴起的国际经济形势下，中国如何通过"走出去"，积极主动地参与并主导区域经济一体化，为消化国内过剩产能和推进产业结构升级疏通通道已然成为当务之急。"一带一路"倡议正是中国进入中等收入水平之后，在后金融危机时代国际、国内经济形势出现新变化的情况下，为持续推动中国经济平稳发展、引领世界经济复苏所采取的新型开放型发展战略。

"一带一路"沿线共涉及 65 个国家，这些国家普遍处于经济发展的上升期，开展互利合作的前景广阔。 无论是从 GDP、人口还是从贸易占全球份额的比重来看，"一带一路"沿线国家的潜在市场需求相对庞大。 根据国家统计局统计数据显示，2016 年，"一带一路"沿线国家 GDP 占全球 30.90%，人口占全球 62.90%，贸易占全球 32.60%，在全球经济发展中占据重要地位。

中国作为发展中国家中的翘楚，目前已经成为全球第二大经济体、第三大对外投资国，自 2013 年以来连续 3 年为世界第一大贸易国。 中国进出口作为经济发展的"三驾马车"之一，对中国经济发展起着重要的支撑作用。 由图9-1 可知，自"一带一路"倡议提出以来，中国与"一带一路"沿线国家的贸易额占据全球贸易额的 1/4 左右，且呈明显上升趋势，尤其是出口额和进出口额增速显著。

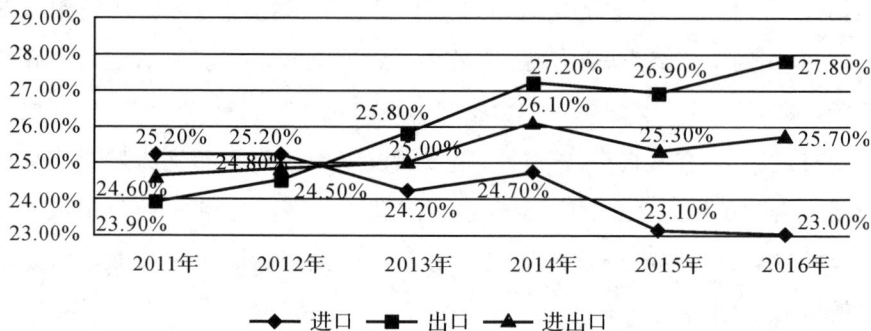

图 9-1　2011—2016 年中国与"一带一路"沿线国家贸易额占中国与全球贸易额比

注:数据来源于义乌市国际贸易综合改革试点办公室。

"一带一路"倡议的提出，有利于改变历史上中亚等丝绸之路沿途地带只是作为东西方贸易、文化交流的过道而成为发展"洼地"的状态，为中国外贸注入了新的活力。

9.1.2　义乌是"一带一路"的桥头堡

义乌市场形成于 20 世纪 80 年代，是中国较早一批进行商品贸易且至今保持活力的专业型市场。 如今它已发展成为中国规模最大、影响力最强、外贸出口水平最高的专业市场集群。 义乌市场的影响力日益外拓,目标市场也从国内延伸至国外。 其统一的品牌形象与强劲的商品价位优势使其逐步实现从"买全球"到"卖全球"的贸易转变。

2011 年 3 月,义乌成为浙江省第一个国家级综合改革试点城市。 随着义乌国际贸易综合改革的深入,2013 年 4 月,商务部等国家 8 部委正式批复义乌试行为义乌小商品量身定制的市场采购新型贸易方式。 国际贸易综合改革与市场采购政策环境为义乌市场贸易便利化发展提供了跨越式增长的机遇。

义乌作为中国外贸发展的排头兵,是中国发展对外贸易的重要市场,更是"一带一路"倡议的重要战略支点城市之一。 尽管近年来中国的外贸出口压力越来越大,但义乌的出口增速却一直高于全国的平均增速。 图 9-2 是义乌 2011—2016 年的出口情况,从图中可以发现 2012 年出口增速达到顶峰,2015 年以来出口增速持续下降。 官方数据显示,2011—2016 年全国出口平均增速为 7.9%,义乌出口平均增速为 58.5%,约是全国的 7.4 倍。 义乌强劲的外贸基础与增长能力,使其成为中国对外贸易的示范性窗口。

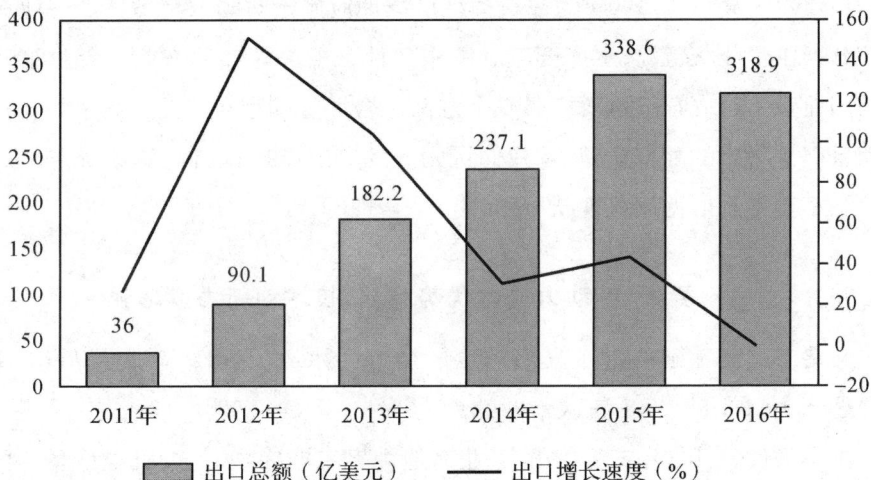

图 9-2 2011—2016 年义乌出口总额与增长速度

注:数据来源于义乌市国际贸易综合改革试点办公室。

在"一带一路"倡议的现实背景下,义乌作为世界"小商品之都",肩负着向"一带一路"沿线国家展示中国小商品综合实力的义务与责任。 随着

"一带一路"倡议的推进，义乌如何发挥其作为战略支点城市的作用，继续引领、推动"一带一路"沿线城市贸易经济的发展具有时代意义。基于此，我们对义乌市场进行了深入调研，以期探究义乌如何借"一带一路"东风，培育市场竞争新优势，并提出相应的对策建议，助力义乌二次腾飞。

9.2 "一带一路"倡议背景下义乌市场竞争新优势的基础分析

从根本上说，义乌市场的竞争新优势主要取决于两个直接因素：一是成本，二是产品的差异性（质量、性能、品种、品牌和服务等）。因此，市场竞争的手段也分为价格竞争和非价格竞争。从义乌市场的主要产业来看，内衣、袜业等为其龙头产业。而这种产业是"全球产业"，在国际上有许多同类竞争者。为了增强国际竞争力，在过去的 20 年中，义乌市场主要以价格竞争为手段销售商品。如今，基于"一带一路"倡议，义乌市场又迎来了拓展国际市场、提升国际竞争力的新机遇。

迈克尔·波特（1990）的钻石模型广泛地应用于对国家竞争力、产业竞争力的分析中。该模型从生产要素、需求条件、相关与辅助产业、企业策略结构与同业竞争、政府行为及机遇 6 个方面综合评价国家（产业）竞争力，视角全面且得到学界的高度认可。我们认为，义乌市场是具有竞争新优势的，因此以钻石模型为依据展开现状分析是科学合理的。

9.2.1 生产要素：劳动力成本优势减弱，技术创新力度增强

义乌市产业基础奠定了义乌市场的生产力水平。2016 年，义乌市 GDP 总量达到 1 118.1 亿元，三次产业结构为 2.0∶34.4∶63.6，第二产业不占据经济主导地位，且义乌市 83% 的工业产值由轻工业完成。以机电设备、化工生产为首的重工业成长缓慢，不具备生产机械设备、电子电气等产品的产业优势。在轻工业中，经济贡献较大的是纺织服装服饰业、纺织业、农副食品加工业、造纸和纸制品业。可见，义乌市的轻工业竞争力还主要集中在技术水平、创新能力要求较低的低端制造业。

义乌市场商品种类繁多,有 16 个大类、4 202 个种类、33 217 个细类、170 万个单品。其中,经济附加值较低、价格水平较低的商品占据了大壁江山,如饰品、拉链、袜子等产品。这些商品对生产技术要求低、创新需求低,通常以规模化、产量化生产形成价格优势,此类商品在义乌出口额中占据近七成,是义乌市场进军国际市场的主力商品。

然而随着劳动力成本及其他成本的上升,义乌传统优势产品的低价竞争优势正在一步步减弱。义乌市场正在面临的一个问题就是产业应该如何进行转型升级以应对生产要素的变化趋势。

义乌以劳动密集型产业作为主要产业支撑市场的发展,过去义乌企业以"前店后厂"的家庭作坊式工厂进行生产。而如今,更多企业依靠原始资金积累有能力投入更多资金在机器设备上,进一步提高了生产要素中技术和资金的比例。义乌目前也设立了六大创新设计平台①,这六大平台能充分发挥人才、技术和品牌等方面优势,为义乌传统产业创新升级提供了有力支持。

9.2.2　需求条件:"一带一路"拓宽新市场,外贸需求层次增多

如前文所述,"一带一路"沿线国家无论在人口、GDP 还是在贸易量上的全球地位日益凸显。随着中国"一带一路"倡议的推进,中国与沿线 64 个国家的贸易往来更加频繁。因此,"一带一路"沿线国家的进口需求对中国的外贸出口结构有着重要影响。想要把握住"一带一路"倡议,就需要更加充分了解这 64 个沿线国家的产业结构和进口需求,这对于义乌市场外贸的进一步拓展和产业的转型升级具有指引性作用。

由于"一带一路"沿线国家主要还是以发展中国家为主,产业结构和贸易结构较为单一。西亚及独联体国家以油气开采为支柱产业,南亚和东盟国家以低端制造业和农业为主,中亚以畜牧业和采矿业为主,中东欧国家是其中产业结构最为多元化并且工业较为发达的地区。我们对这 64 个国家主要进口

①　六大创新设计平台分别为义乌工业设计中心、义乌市创意园、义韩设计中心、义台创意设计中心、义乌慧谷创意设计中心和浙工大义乌研究院。

产品进行分析后发现，在进口种类方面，这些国家对机械设备、化工产品、食品、交通工具等需求最大。

这样的进口需求结构与这些国家的产业结构及经济发展水平息息相关。除了独联体和中东欧的部分国家，其他国家均较为缺乏附加值较高的工业产品（电子电器、机器设备等）和部分附加值较低的轻工业产品（纺织品及其附件、塑料制品等）。

再从进口需求数量方面来看，由于受到这些地区人口、经济、消费习惯等因素的影响，进口数量排在前列的为电机电气及其零件、机器设备及其零件、针织或非针织服装及辅料、车辆及其零件、塑料及其制品、锅铁及其制品、检验仪器及设备等。"一带一路"沿线国家自中国的进口额前 10 位的产品中，附加值较高的产品（电机、电气设备及其零件等，锅炉、机器、机械器具及其零件，光学、计量、检验、医疗用仪器及设备，钢铁，车辆及其零件）比重约占 75%；低附加值的产品（家具、寝具，针织或钩编服装及其附件，非针织或钩编服装及其附件，锅铁制品，塑料及其制品）比重约占 25%。

9.2.3 相关与辅助产业：延伸平台作用渐显，聚力市场贸易增加

根据《中外会展业动态评估研究报告 2016》发布的数据显示，中国义乌在世界会展实力排名中名列第 36 位，国内排名第 6 位。起步于 1995 年的义乌会展业，凭借独特的市场优势、良好的会展环境和突出的经贸时效性，成为经济社会发展的助推器与新兴增长点。在前期调研中我们发现，会展成了义乌商贸城中商户获得客户资源、开拓市场的重要途径。

义乌现代物流业持续快速发展，口岸管理工作创新推进，成为联合国亚太经社会确定的国际陆港城市，列为全国二级物流园区布局城市，已纳入浙江省五大港口一体化发展的重大决策部署中，2016 年又获批全国现代物流创新发展试点城市。通达的国内物流和国际物流为义乌商品交易提供了便利化的物流基础，物流成为义乌市场贸易最重要的辅助产业之一。

义乌电子商务的发展一直备受社会各界的瞩目。2016 年义乌电商发展指数居全国县市和"中国电商百家县"的榜首，2017 年在义乌也举办了中国电

子商务博览会。 在电商领域，作为以传统实体批发经营为主的义乌国际商贸城近年来不断开拓线上市场。

商贸业的发展必然离不开金融体系的建设与完善，义乌 30 年前开始"兴商建市"，其金融市场发展也是助其商贸市场发展的重要因素。 2012 年全市共有 22 家银行机构，力求满足义乌企业融资需求。

可见，会展、物流、电商、金融四大辅助产业是义乌市场发展过程中的重要支撑平台。

9.2.4　企业策略结构与同业竞争:同业竞争激烈,亟须转型升级

从市场基础来看，义乌国际商贸城作为义乌商贸业最为集中的专业市场，其营业面积广阔、商户数量众多，但近年来入驻率和店铺出租率有所下降，商贸城的发展有所滞缓。 与此同时，国内同类型小商品综合市场逐步成长，义乌生产资料价格低廉的优势被淡化，且小商品生产准入门槛低，其他发展中国家进入全球小商品贸易市场，瓜分了部分义乌原有的海外市场份额，市场供给的剩余，加剧了小商品行业的市场竞争。

义乌国际商贸城的主要经营产品仍为传统的低技术水平附加值商品，全国高新技术产品的出口额占总出口额的平均比重为 20.9％，而义乌仅为 9％，单位商品制造价值低，难以形成长远的商品竞争能力，生产模式转型、生产能力升级成为义乌突破性发展的关键。

9.2.5　政府行为:通关便利化加强,基础设施逐步完善

2011 年 3 月，国务院正式批复义乌实施国际贸易综合改革试点工作，7 年以来各级政府不断深入改革，突破传统体制机制的阻碍，针对义乌外贸发展的需要，申请并获批国内贸易流通体制改革发展综合试点、市场采购贸易方式试点等一系列措施以助力义乌外贸发展。 如今，义乌市场可借"一带一路"东风争当深化改革开放排头兵，实现世界"小商品之都"的目标。

义乌外贸发展离不开政府贸易便利化政策的支持。 义乌小商品出口"高速公路"的形成得益于义乌海关推出的"大通关"政策，进一步加快了通关速度。 针对 2014 年开始的市场采购贸易方式实行"免增不退"的税收政策。

浙江出入境检验局围绕通关便利化，建立了"集中仓储、联网申报、前移检验、有效监管"的新型检验监管模式，使得企业的贸易成本下降，增强了义乌市场的出口竞争力。

地区要发展国际贸易，离不开包括公路、铁路和港口等方面的基础设施建设。"一带一路"倡议为中国与"一带一路"沿线国家共建贸易大通道，完善国际铁路、海运、航空等全方位的货运物流基础设施建设提供了契机。

9.2.6 机遇："一带一路"倡议，义乌市场新机遇

省政府〔2017〕1 号文件《浙江省人民政府关于推进全省现代综合交通发展的实施意见》中，提出了建设交通强省的目标，并点名加快提升义乌国际陆港物流园区，对接"一带一路"和长江经济带战略。金华市政府出台的《金华市对接"一带一路"战略三年行动计划（2016—2018 年）》，强调义乌在贸易核心区、大通道建设等方面的责任，努力发挥义乌作为国家"一带一路"倡议的重要支点城市的外贸连接力量。

"一带一路"倡议有利于中国与"一带一种"沿线国家在多方面构建起双边、区域、多边合作机制。以"一带一路"倡议为依托，中国和"一带一路"沿线国家谋划编织了陆海空三位一体的立体交通大网络，建立了亚洲互联互通投资银行、上合组织发展基金等金融基础设施。义乌市场如何抓住"一带一路"倡议在贸易伙伴关系、基础设施建设、政策等方面的机会，将是决定义乌市场能否再创辉煌的重要因素。

9.3 "一带一路"倡议背景下义乌市场竞争新优势的比较分析

9.3.1 竞争新优势影响因素指标体系构建

结合前文所述的义乌市场现状，我们将市场的竞争新优势影响因素以钻石模型的六大要素进行划分，并下设 14 个次级因子，构建市场竞争新优势指标体系，如表 9-1 所示。

表 9-1　专业市场竞争新优势影响因素指标体系

影响因素	次级因子	指标层
生产要素	劳动力	X1 常住人口数
		X2 单位从业人员中人才资源占比(%)
	技术	X3 高新技术产品出口额占工业制成品出口总额的比重(%)
	资本	X4 外商投资金额(万美元)
		X5 固定资产投资(亿元)
需求条件	需求结构	X6 境外贸易地区数
	需求量	X7 出口额(亿美元)
相关与辅助产业	电商	X8 电子商务成交额(亿元)
	会展	X9 会展开办次数
		X10 会展成交额(亿元)
	物流	X11 公路货运量(万吨)
		X12 快递业务量(亿件)
	金融	X13 金融机构贷款余额(万元)
		X14 金融机构存款余额(万元)
企业策略结构与同业竞争	市场基础	X15 市场面积(万平方米)
		X16 商户数
	创新能力	X17 有效注册商标数
		X18 创新发展能力指数①
政府行为	政策便利	X19 贸易便利水平
	基础设施建设②	X20 铁路营业里程(千米)
		X21 公路里程(千米)
机遇	"一带一路"倡议	X22 与"一带一路"沿线国家的贸易额(亿美元)③
		X23 对"一带一路"沿线国家的直接投资额(亿美元)④

注:数据来源于中国商务部,浙江省统计年鉴,义乌、临沂、海城、花都统计公报,政府工作报告,中经网数据库,《"一带一路"沿线国家产业合作报告》《中国对外直接投资统计公报》(附注:除特别说明,统计口径采用所在区、县级市数据)。

----

①　中经网研究院发布的省级创新发展能力测度结果。

②　浙江省省级数据,笔者根据浙江省统计年鉴数据整理而得。

③　估算公式:浙江省出口额占全国的比重×中国对"一带一路"沿线国家的出口额。

④　估算公式:浙江省对外直接投资净额占中国的比重×全国对"一带一路"沿线国家的直接投资额。

9.3.2 竞争新优势比较分析对象的选取

为了全面分析义乌市场的竞争新优势,将其与相关横向市场进行比较。选取的横向市场比较对象为山东临沂小商品城、辽宁海城西柳服装市场、广东花都狮岭(国际)皮革皮具城。 在样本选取的过程中有如下考虑:

(1)商品特性相似,规模在同类中居前

义乌市场的商品以日用百货为主,具有价格低、种类多的特点。 这种商品特性决定了义乌市场在对外出口时通常采用集装拼箱的方式运输。 义乌市场薄利多销,虽然商品本身价值不高,但是总的商品交易额巨大,成交额为全球小商品市场最大。 我们选取的包括义乌在内的 4 个专业市场都是以轻工业为主,且均在中国同类专业市场中居于前列。 因此,从商品特性和市场规模上来看,4 个市场具有可比较性。

(2)自然地理条件有限,抓住倡议布局机遇

义乌市场只是一个非省会城市下的县级市,其行政区级并不高。 在作为比较对象的 3 个专业市场中,海城、花都与义乌一样都是县级市,临沂也只是地级市的行政区级。 而从地理位置上来看,义乌市场自然地理位置并不优越,它不临海,也缺少大面积的平地。 而其他 3 个比较对象也都不属于港口城市,自然资源并不丰富。 因此,4 个专业市场的先天条件相近。 此外,这 4 个市场都是"一带一路"倡议布局中的战略支点城市,分布在"一带一路"的北线、南线和主干,是中国全面打造"一带一路"倡议的重点城市。

(3)外贸逆势飘高,均优于平均水平

从选取的 4 个专业市场的数据来看,2016 年义乌全市出口总额达 2 201.6 亿元,同比增长 4.7%。 花都区外贸出口总额为 383.1 亿元,比 2015 年同期增长 14.6%。 临沂市实现出口总额 401.9 亿元,增长 6.6%。 海城在 2016 年出口总额达 145.23 亿元。

中国在 2016 年的外贸状况不尽如人意,货物贸易进出口总值比 2015 年(下同)下降 0.9%。 其中,出口下降 2%,贸易顺差收窄 9.1%。 但这 4 个专业市场都是在外贸发展上优于中国平均水平,并呈逆势增长现象,是中国其他地区在提升国际贸易竞争力方面的重要借鉴。

从单个市场对义乌市场的比较参考价值来看，山东临沂小商品城的商品类型与义乌相近，市场规模相似，且位于北方，与义乌形成南北比较；辽宁海城西柳服装市场与义乌一样采用"前店后厂"的生产模式，市场成长历程相近，且市场在"一带一路"倡议中举措较多，对义乌有参考价值；广东花都狮岭（国际）皮革皮具城与义乌采用相同的市场采购贸易方式，外贸便利程度高，以此为参考具有比较意义。

9.3.3 竞争新优势影响因素的权重设定

我们通过层次分析法进行综合计算确定各影响因素的权重；通过构造竞争新优势影响因素层次结构模型和判断矩阵，建立层次分析模型，该模型是根据上下层之间隶属关系建立的一个递阶层次树状结构模型。 首先根据决策目标，将相关的影响因素按照所属关系及因素相互之间的关系自上而下地分为若干层次。 对每一层次的各个因素，用成对比较法和1—9比例标度，根据其对上一层因素的重要程度进行比较，直到底层。 其次选择了9位研究国际贸易、专业市场领域的专家学者，对同一层次各因素两两之间的重要性，根据1—9比例尺度进行打分。 然后对结果进行汇总处理，计算平均值，得到比较判断矩阵。 最后由判断矩阵做一致性检验，通过 AHP（层次分析法，The Analytic Hierarchy Process）计算软件，得到竞争新优势影响因子的权重。

9.3.4 竞争新优势影响因素关联度测算

受限于有限的样本数据，为了寻找影响市场发展竞争新优势的关键因素，本部分采用灰色关联分析法，衡量因素间的关联程度。

首先，确定"参考数列"和"比较数列"。 反映系统行为特征的数据序列，称为参考数列（本部分以"市场成交额"为参考数列，记 $\{X0\}$）。 影响系统行为的因素组成的数据序列，称为比较数列（以"指标体系"中的 23 个影响因素为比较数列，记 $\{Xi\}$）。

其次，对参考数列和比较数列进行无量纲化处理。 为了消除量纲，便于进一步比较分析，本部分采取目前多变量综合分析中使用最多的一种数据标准化方法——Z 标准化方法进行处理，即每一变量值与其平均值之差除以该变量的标准差，得到标准化数据。

然后，计算关联系数与关联度。根据灰色关联系数、关联度计算公式计算灰色关联系数。

$$\xi_i(k) = \frac{\min\limits_{i}\min\limits_{k}|y(k)-x_i(k)|+\rho\max\limits_{i}\max\limits_{k}|y(k)-x_i(k)|}{|y(k)-x_i(k)|+\rho\max\limits_{i}\max\limits_{k}|y(k)-x_i(k)|} \qquad (9\text{-}1)$$

$$r_i = \frac{1}{n}\sum_{k=1}^{n}\varepsilon_i(k) \qquad (9\text{-}2)$$

其中，ρ 为分辨系数，通常取 0.5；$\xi_i(k)$ 表示在 k 时刻，比较数列 x_i 与参考数列 x_0 之间的关联系数；r_i 表示第 i 个因素与目标系统的灰色关联度。

最后，计算综合关联度。根据 AHP 得到的指标权重，与灰色关联度的初始值进行相乘，得到定性与定量相结合的综合性影响因素关联度，如表 9-2 所示。

表 9-2　竞争新优势影响因素的综合关联度

目标因子	一级指标	义乌市场	临沂小商品城	花都狮岭（国际）皮革皮具城	海城西柳服装市场
生产要素	劳动力	0.307 4	0.288 5	0.314 6	0.312 6
	技术	0.148 4	0.134 9	0.163 4	0.124 2
	资本	0.066 1	0.079 4	0.134 1	0.063 5
需求条件	需求结构	0.331 1	0.296 5	0.264 8	0.272 6
	需求量	0.299 9	0.298 2	0.269 7	0.279 0
相关与辅助产业	电商	0.156 7	0.168 1	0.157 1	0.174 9
	会展	0.101 8	0.098 7	0.094 3	0.089 8
	物流	0.288 7	0.314 4	0.213 6	0.245 7
	金融	0.081 8	0.061 4	0.073 2	0.056 3
企业策略结构与同业竞争	市场基础	0.377 6	0.230 1	0.210 6	0.221 5
	创新能力	0.242 1	0.355 3	0.413 5	0.333 9
政府行为	政策便利	0.282 2	0.264 1	0.310 5	0.272 3
	基础设施建设	0.315 3	0.293 2	0.301 2	0.275 7
机遇	"一带一路"倡议	0.318 3	0.298 8	0.330 6	0.334 6

纵向比较，就义乌市场而言，劳动力是最为重要的生产要素，综合关联度达到 0.307 4，约是技术要素的 2 倍、资本要素的 5 倍。 这与义乌市场经营的小宗大批量劳动密集型商品的特点有关，率先抓住业务能力强的劳动力，是义乌市场稳固其"小商品之都"的基础。

在相关与辅助产业中，物流的竞争新优势的影响程度最大，达 0.288 7，其次是电商，再次是会展，最后是金融。 义乌物流业的壮大既满足义乌做大做强外贸的需求，也吸引了更多国内外厂商、经销商、零售商选择义乌进行商品交易，对义乌市场交易额的增加具有直接正向刺激。 电子商务作为物流业迅猛发展的助推剂，打破了义乌传统实地交易格局，为信息流通提供了更为快捷的平台。 会展是义乌市场面向买方的商品展示渠道，有助于义乌市场的对外推广，为义乌市场竞争新优势的形成起到了不可缺少的支持作用。 金融产业虽然对义乌市场竞争新优势的影响作用相对较小，但其发挥了重要的基础性成长环境培育作用。

市场基础是企业策略结构与同业竞争中影响程度较高的因素。 义乌市场依靠起步早、规模大的基础优势持续扩张。 政府的基础设施建设与"一带一路"倡议带来的外部机遇在义乌市场的竞争新优势构成中占比较大，为其的外向发展提供了多元化的渠道。

横向比较，义乌市场在需求条件要素、会展产业、金融产业、政府的基础设施建设中具有明显优势。 外贸强于内贸，注重国际性会展、专业型会展的宣传作用，金融体系健全，金融机构商业支持力度大，政府对市场发展的重视都是其优于其他市场并抢占竞争新优势的重要原因。 但与此同时，我们也对义乌市场的发展提出了更高的要求。 从细分单个竞争新优势影响要素来看，义乌市场还有较大进步空间。 在物流要素方面，临沂小商品城具有绝对领先优势，达到 0.314 4，义乌市场仅为 0.288 7。 据 2016 年临沂小商品城数据，其共有 2 094 户物流商户，物流覆盖全国所有的县级城市，通达全国所有港口和口岸，具有较强的规模优势、效率优势，物流价格比全国平均低 20%～30%。 相比之下，义乌虽然积极建设义乌港、开通海外运线、强化海陆空物流体系，但物流产出效率不高，国内物流竞争新优势较弱。在电子商务要素方面，海城西柳服装市场具有较强优势，当地有多个"淘宝村"，市场商户的电商入驻率达到 80％，线上销售占比逐年增大。 而义乌市场与电商模式融合的效果欠佳，电商成交额占比不及市场规模较小的西柳服装市场。

在"一带一路"倡议机遇方面，花都狮岭（国际）皮革皮具城与海城西柳服装市场都在政府指引下，提出相应建设目标。 2015 年，海城经济开发区按照市委、市政府指示要求，启动开展了"丝绸之路·西柳驿站"市场贸易拓展活动，将目光投向西北地区和国外市场，做大内贸外贸，把海城专业市场集群打造成北方"一带一路"上最有竞争力的支撑性节点。 花都也积极对接"一带一路"倡议，全面提升基础设施建设水平，以大开放构建花都发展大格局，努力把交通枢纽转化成为全球高端资源要素集聚的区域经济枢纽，打造成为"一带一路"中国南部枢纽。

此外，广东省、辽宁省在"一带一路"沿线国家投资众多项目，竞争新优势较强。 如海城政府组织市场商户和企业赴中亚五国开展经贸交流活动并建立海城商品展贸专区。 而广州在 2015 年新增 28 个境外直接投资项目，中方协议投资总额达 5.98 亿美元，在 2016 年更拿下了有史以来最大的"一带一路"项目——投资 30 亿美元在缅甸建 500 万吨炼油厂。 这两个商城市场均做出海外市场建立与拓展动作。

义乌虽然已开通"义新欧"班列，提高与"一带一路"沿线国家的贸易频次，但班列运行过程中进出口贸易不平衡，出现"满载而去、空手而归"的现象，"义新欧"班列的竞争力和影响力仍有不足，且利用效率不高。

9.4 "一带一路"倡议背景下义乌市场竞争新优势的微观基础

根据前文对义乌市场竞争新优势影响要素的分析，我们发现，劳动力是影响义乌市场竞争新优势的重要生产要素；物流、电商、会展、金融对市场竞争新优势的影响程度依次递减；市场基础对企业策略结构与同业竞争的影响较大；政府的基础设施建设与"一带一路"倡议在义乌市场的长足竞争新优势的构成中占有较大比例。 义乌市场在需求条件要素、会展产业、政府的基础设施建设中具有明显优势；在物流、电商、机遇方面竞争新优势仍有进步空间。基于这些宏观数据分析结果，我们设计了针对市场商户的问卷和访谈，试图从商户角度找寻影响义乌市场竞争新优势的微观原因。

9.4.1　从商户角度看生产要素变化趋势

在宏观分析中，我们发现，义乌市场在生产要素与需求条件中占据相对比较优势，且劳动力要素在生产要素中影响程度较大。为此，2017 年 6 月，我们就商户在生产过程中的成本投入与外贸出口感知状况进行深入调查。

2016 年，在 947 个商户中，属于"前店后厂"模式的约占八成，以代销为主的商户约占两成。其中，生产与销售劳动密集型产品的占了绝大部分，达到了 98％以上。劳动密集型产品的主要成本构成为劳动力成本、机器设备成本、水电费、店铺厂房租金和销售成本等。根据问卷结果显示（图 9-3），义乌市场主营商品的成本构成中，劳动力成本占据 29％，其次是机器设备成本占 25％，销售成本占比最少，仅 2％。劳动力成本和机器设备成本是目前商户资金消耗的主要去向。

为了更加深入地了解义乌市场商品成本构成的现状及发展变动情况，我们对其中的 5 个商户进行了专题访谈。由于经营的商品特性较为相似，该 5 个商户的成本构成及演化路径也基本一致，以其中的 2 个商户为例分析产品成本的演化路径。

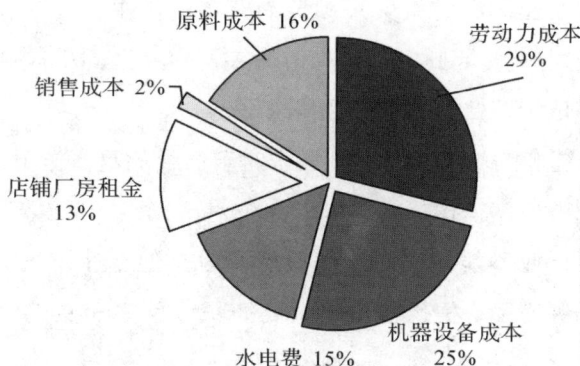

图 9-3　义乌市场主营商品的成本构成图

商户 A：一家生产商标的商户。 5 年前，浙江地区用工成本和厂房租金飞涨，而福建、江西等地的涨幅远远落后于浙江，因此该商户将 6 台大型机器设备搬至福建进行生产，每月可节约 5 万元左右的成本。

我们在调研中发现存在由于劳动力成本、水电费、店铺厂房租金较高而把厂房搬迁至外省的情况。 这也是义乌市场商户面对成本逐年增长的一个主要应对方式——生产转移，因此继续发挥义乌市场的低成本优势，是较为传统也较为保险的一条路径。

商户 B：该商户在市场经营了 21 年，主营球类商品。 其从一开始的去临安进成品到在义乌市场销售发展成如今拥有百人规模的工厂，再成为为各地多家体育用品提供货源的较大型球类供货商。 球类产品的主要生产成本是劳动力及原料，目前义乌市场上生产球类商品主要用到的机器设备为高车、平车，采用该种设备生产需要大量的劳动力且产品质量较为一般。 该商户前几年引进了几台较为先进的与生产耐克、阿迪达斯等高端鞋类相同的机器，生产出的机械化球类产品品质上乘、价格较高。

这是义乌商户面对国内国际市场的多元化需求进行的适应性调整。 结合交易成本理论，将成车机和设计运用于义乌市场交易机制。 我们会发现，在义乌市场上，产品供给的多样性程度比需求的多样性程度小，供应商不可能生产品种齐全的某产品，但是可以满足多个消费者对该种类产品的需求；消费者的需求往往超过一个厂商供给的产品种类，需要多个供应商满足种类的需求，那么就需要通过专业市场的集聚来满足消费者的需求，且专业市场节省交易费用的优势是明显的。 因此，对义乌市场来说，集聚的供应商在尽可能降低成本的情况下满足了消费者的多元化需求。

现在，越来越多的供应商意识到需求对于供给的重要作用，掌握更多的市场需求信息并调整生产销售战略也是厂商应对市场下行的重要举措。 过度的低价策略在部分行业不能使义乌继续保持相对其他专业市场的明显优势，因此适当转型并升级产品，提供低价格或高质量或两者兼具的产品是许多义乌厂商的转型方向。

9.4.2　从商户角度看市场基础发展能力

义乌市场较强的竞争新优势实力离不开义乌市场几十年来的存量积累。为了充分了解义乌市场的商户对市场整体和宏观形势的感知度，我们专门设置了与国际商贸城整体市场基础相关的问题。商户们经营商品的价格、品种和信誉三方面与整体市场需求贴近，商户自信度较高。在商品质量和品牌效应方面，商户们的自身感知和整体感知相差较大。为此我们进一步对经营文化用品的 6 家商户进行了访谈，以下是具有代表性的 3 家商户的情况：

商户 C：22 年的经营时间，专业从事各类圆珠笔、水笔产品的生产及销售，100％的外贸率，拥有注册商标。该商户表示，拥有独立品牌、瞄准国外市场、提供品种繁多和低价优质货源是他们吸引顾客的重要手段，虽然近年来外贸形势不好，利润率有所下降，但整体收入比较可观。

商户 D：17 年的经营时间，专业代销各类水彩笔产品，以内贸为主，没有独立品牌。该商户表示，由于近年来货源成本增加而不得不压缩利润，自家代销产品的竞争力远不如其他大型的厂商，经营状况堪忧。

商户 E：15 年的经营时间，专业自销和代销各类纽扣辅料，以内贸为主，拥有独立品牌。该商户反映，一部分客户需要高质量配饰，而义乌市场上缺乏符合条件的产品可供代销，因此该商户需要到广东各地专业市场进货采购有此类需求的货物。

调研后发现，自产自销的商户较多地认为自身产品质量较优，而代销商户较多地认为部分义乌市场的商品在质量上不及其他专业市场。这也是义乌市场的一个普遍现象：不乏价格低廉产品，但商品的质量在一定程度上略有欠缺。这与义乌市场兴起原因有较大关联，早期义乌市场的优势就在于品种繁多、价格低廉的小商品，因此许多商户对于"价格优势"的执念较深，而较为轻视产品质量，这也是导致义乌市场商品在某种程度上不符合一部分国外高质量要求的原因。

调查后还发现，87％的商户认为，义乌国际商贸城的品牌影响度较大，商城集团和政府对义乌市场的宣传力度较大，商户从"义乌小商品城"这一品牌效应中收益较多。但是 13％的商户认为，产品所受品牌效应的影响较小，品牌不是商品能够打开市场的重要因素。 品类多是商户对自营商品和市场整体的感知，所以在商品的海洋中，影响力不大的品牌会被市场上种类繁多的商品吞没，这是商户对市场平均规模和影响力的普遍认知，但是在品牌建设方面普遍投入较少。

从调查的结果来看，在商户的市场感知中，商户对高科技商品的认可度仅为 1.4%，对品牌效应的认可度达到 97%，满意度较高。 而在商户自身感知中，品牌效应的平均认可度为 13%，个体品牌效应仍有发展空间。

可见，科技含量较高商品的缺乏是商户对于市场整体的普遍认知。 高科技商品在义乌市场虽然不普遍，但也有一些销售科技含量较高的智能代步车的店铺。 但是高科技、高价格产品在义乌市场的融合度还需要市场的进一步验证。

9.4.3 从商户角度看辅助产业发展水平

在对相关与辅助产业的调查中可以看到，市场商户对于会展、物流两大平台的满意程度比较高，对电商、金融两大平台的满意程度比较低，说明在发展过程中，不同平台对义乌市场发展产生的影响和作用也是不同的。 进一步分析问卷我们发现，市场商户对于会展和物流发展的认可度较高，说明他们在这两大平台中受益较明显。

（1）会展平台稳步发展

以下是我们对 4 家商户进行的会展感受度的调查，选取了具有代表性的 2 家进行相关情况介绍：

商户 F：该商户是义乌市场生产销售体育用品的大厂商，会展参与度比较高，曾参与过广交会等国家级会展，并且商城集团多次推荐该商户到"一带一路"沿线国家参加国际级会展。 该商户表示会展带给他扩展海外市场的机会并提供较为稳定的客源。

商户 G：该商户销售眼镜用品 14 年，并未参加过任何会展，原因在于其以代销为主，不具备会展上直接敲定订单的资质，他认为没有必要且没有能力去参加会展。

在义乌举办规模和影响力都大的会展是很多商户的诉求。 再加上政府和商城集团对于商户参与会展的支持，如报销会展摊位费或者直接组织较大规模的厂商团体出国参展等举措都进一步推动会展业的发展。 但我们也发现，虽然义乌每年都举办各类会展，但受益的一般都是厂商，而以代销为主的商户在会展上的受益相对较少。 由于代销商户本身的价格偏高、产品种类较为局限，他们认为在会展上的竞争新优势较弱，更深层次的原因在于他们不具备生产能力，厂商要有与客户能现场敲下订单的资质才可以在会展上寻找可以建立合作关系的客户，因此会展与该类商家的匹配度很低，这与会展贸易的特性有关。 总体上，市场商户对义乌政府和商城集团的办展能力和扶持力度反响较好。

（2）物流平台支撑作用显著

如图 9-4 所示，我们从物流成本、物流操作和物流运输速度三方面针对商户进行了物流满意度调查。 可以发现，大多数商户对于物流的整体满意程度偏高，极少数（不超过 20％）商户对物流持不满意态度。

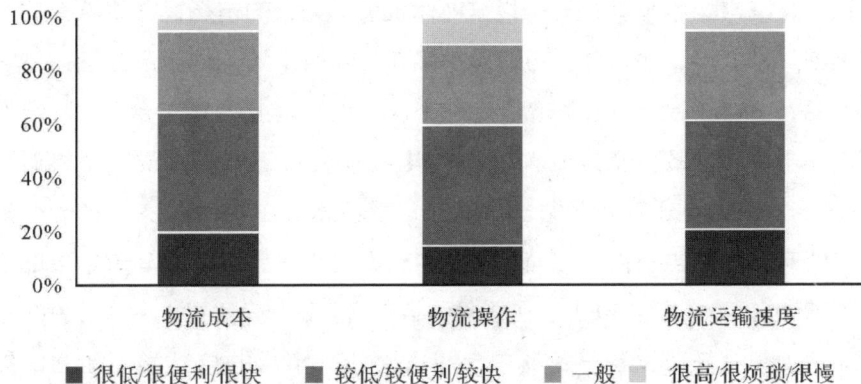

图 9-4　商户对物流的满意度调查

（3）电商运营能力尚有欠缺

在电商方面，义乌本地电商平台义乌购仍是最主要的入驻平台，其次为阿里巴巴和敦煌网。

我们找到 4 家商户进行深度访谈，选取了 2 家进行详细分析：

商户 H：该商户经营纽扣实体批发有 16 年，从 2015 年开始从事电商方面的业务。 入驻了义乌购和阿里巴巴两个电商平台，但主要业务活动的展开还是在阿里巴巴平台上，主要原因在于阿里巴巴的影响力比较大，客户源比较多，而义乌购成交量较低，起到的多是展示功能，并且从 2016 年开始义乌购要收取 1 000 元的平台维护费用，这其实导致了一部分虚挂在该网站上的店铺关闭。

商户 I：该商户经营拉链批发 21 年，入驻义乌购 3 年，并未进行实际操作，但存在客户从义乌购上得知经营信息而到实体店铺考察并建立合作关系的情况。该商户表示不做电商的原因有二：一是拉链等辅料不适合直接线上订货，需要来样定制的情况较多；二是该商户为家庭经营，商户本人没有运营电商平台的能力，花钱雇人则成本太高。

调研过程中我们发现的义乌市场商户没有入驻电商平台的原因有：377 名商户表示"没有技术操作电子商务平台"，占总商户近四成（2016 年数据）；246 名商户表示"没有精力"是阻碍其入驻电商平台的主要原因。

电商是在此次调研中问题反馈最多的。随着全世界范围内互联网高速发展、网民数量不断增加，电子商务的重要性及交易规模也在不断提升。

由于义乌市场本身就是一个以"实体批发"见长的市场，它将所有同类商铺集聚到一个区域，并划区分行业分类经营，同时市场内的商品又涵盖了多个种类产品，可以说，义乌市场就像是一个实体的"网上购物平台"，已经拥有了可以与电商相当的低交易成本能力。电商发展对于商户来说既是机遇又是挑战。一方面，部分商家率先学习电商运营技术，在实体经济下行的今天又找到了新利润增长点；另一方面，从我们的调查来看，目前义乌市场上的商户负责人普遍年龄在 45 岁以上，在接受访谈的 27 家商户负责人中，愿意继承家业的年轻人只有 5 位，老一辈商户负责人对新兴事物的接受学习能力比较弱且没有更多精力从事电商运营，而拥有学习新事物能力的后代却不愿意继承家业，导致商户大多继续坚守实体批发，少有运营线上销售。这也是义乌市场一个特殊的现象，并且在未来几年这样的问题会更加突出。

根据敦煌网发布的《2016 中国跨境电子商务（出口 B2B）发展报告》显示，中国跨境电商行业整体发展迅猛，2016 年整体交易规模达到 6.3 万亿元。广东、浙江和福建三省在跨境电商规模指数中位列前三，订单数和交易额占比均超过 90%。东盟地区作为"一带一路"沿线国家中的重要组成部分，市场潜力巨大。义乌市场作为中国出口贸易的主力军之一，应当适时抓住政策提供的五大支持①，联动杭州、宁波等跨境电商试点，结合"一带一路"倡议带来的与沿线国家的互通有无，拓宽跨境电商市场，增强跨境电商带来的发展效用。

（4）金融发展水平亟待加强

针对商户对金融平台的感受度，我们又对 4 家商户进行了访谈，以下是 2 家代表性商户的情况：

商户 J：该商户主营玩具类商品，很少向金融机构贷款。他表示由于和上游供货商、下游代销商合作长达 10 年之久，货款的结算时间可根据上下游企业的情况进行适当调整，不存在资金紧缺现象。

商户 K：该商户经营工艺品类商品，有过多次向金融机构贷款的经历。他表示由于自己拥有厂房和店铺，可采用抵押贷款，较为便利，总体资金缺失情况不多。

义乌商贸十分发达，但是金融产业基础较为薄弱。在对商户的访谈中我们发现，义乌商户基本上都采用现金结算，这成了义乌市场的一个惯例。商户在与外贸公司合作时，外贸公司会在结算国际货款之前将订货款结清。厂商难免会有资金周转困难的时候，但是由于生产商与原材料供应商之间的合作关系较为稳固，许多厂商之间采用约定俗成的赊账方式进行交易。反而是一些较大的厂商对资金的需求会比较大，他们会采用抵押厂房或店铺的方式获得金融机构的贷款。从我们的问卷调查的结果来看，64％的商户选择银行贷款，23％的商户选择民间借贷，银行贷款仍是最主要的方式。

这与义乌市场以组织结构简单、经营规模较小、经营对象单一的中小微企业为主有关。股权融资对资本要求高，要求向社会公众披露公司信息。而民间借贷利率高、风险大。因此，银行贷款就成了义乌市场商户最先考虑的融资途径。但我们也发现，愿意为商户提供贷款的银行以城市商业银行和农村信用社为主。调研问卷显示，2016 年，453 家商户表示其贷款来源于城市商

---

① 国务院办公厅印发的《关于促进跨境电子商务健康快速发展的指导意见》中，提出了优化海关监管措施、完善检验检疫监管政策措施、明确规范进出口税收政策、完善电子商务支付结算管理、提供财政金融支持等五方面的措施。

业银行，374 家商户表示通过农村信用社进行贷款。 通过外资银行贷款的商户占比不到 1％。

虽然义乌政府鼓励各类银行加强对民营企业，尤其是中小微企业的金融扶持力度，推进金融专项改革，但由于民营企业的信用问题、两者间的信息不对称问题等，国有银行和股份制商业银行出于降低风险的考虑，对民营企业发放贷款的比例低，也导致义乌市场中的商户只能通过城市商业银行和农村信用社进行银行贷款，这限制了商户的贷款途径和贷款金额，从侧面体现了义乌市场商户贷款难问题。

综合来看，义乌市场中商户的融资渠道较为单一、银行贷款要求高和融资难依旧是重要问题。 此外，对于金融机构来说，在金融发展方面缺少金融创新，供需不匹配，缺乏针对义乌市场商户特点的金融工具。

9.4.4　从商户角度看义乌市场融入"一带一路"

市场的发展离不开政府政策的支持和对基础设施建设的投入，因此政府所做的努力也是义乌市场竞争新优势构成的重要影响因素。 从市场商户视角去观察义乌市政府在促进义乌市场发展的举措更能清晰地知道政策的有效性。 因此我们又访谈了 4 家商户，了解了他们对于政府政策扶持方面的感受，以下是 2 家代表性商户的情况：

商户 L：该商户主要代销各类厨房用品，经营 26 年，于 2016 年 11 月开始改为半间店铺经营，只要营业额一个月小于 2 万元即可享受免租金的优惠。 因此，从 2017 年开始，该商户店铺租金成本为零，进一步降低了成本，缓解了市场不景气带来的冲击。

商户 M：该商户自产自销各色发卡，经营 27 年。 他表示由于发饰类商品本身就是义乌的优势产业，销售额并没有受到经济形势的过度影响。 再加上由于义乌市场内部采取的是定额税，在税收方面的压力并不是很大。 总体来说，发饰行业属于发展态势较好的行业。

经过调研我们发现，政府联合商城集团从税收、租金等方面着手，致力于减少义乌市场商户的经营压力。 但由于市场中商户众多，使得在优惠方面的减免较为局限，商户对于政府减免所持期待并不高。 但是，商户对政府在基础设施方面的投入仍持较好心态，认为义乌市政府对于义乌铁路（义新欧、铁路西站），义乌机场，义乌港等方面的建设有利于义乌市场的繁荣发展，市场受益较为明显。

随着"一带一路"倡议的提出，义乌勇当"一带一路"排头兵。外贸公司作为连接义乌市场商户与国外客户的桥梁，与市场商户一起构成最重要的外贸群体，与"一带一路"的联系最为紧密。对义乌而言，"一带一路"倡议最直观的政策优惠体现在贸易便利化方面，因此我们专门对 4 家不同类型的外贸公司进行了访谈，以下是 2 家不同类型外贸公司的情况：

外贸公司 N：该公司是一家中等规模的外贸公司（33 名员工）。该公司某经理表示，通关无纸化改革进一步提高了通关速度，通关单证的减少也简化了通关手续，总体来说，通关便利化程度在近 3 年尤其突出。客户反响很好，非常有利于外贸的发展。

外贸公司 Q：该公司是一家中国与斯洛文尼亚合营的外贸公司，公司规模较小（16 名员工），其市场部经理认为市场采购贸易方式的实施为义乌的外贸出口带来了便利。特别是"一带一路"倡议提出后，双方商人的投资意愿加强，带动了外贸的发展。

义乌市场在外贸方面能够逆向增长，市场采购贸易方式起了重要作用。图 9-5 显示了 2012—2016 年义乌各类贸易方式出口额占比的变化情况。可以发现，一般贸易方式比重逐年下降，市场采购贸易方式占比稳定上升，2016年达到 84.10％。

从图 9-5 可以清晰地看到，市场采购贸易方式在外贸中正占据越来越重要的份额。这是由于市场采购贸易方式出口的货物实行增值税免税政策，同时取消了退税。与此同时，义乌市场原先采用的一般贸易通关方式，即每种商品都报检的要求已不太适合义乌小商品种类繁多的情况。而市场采购贸易方式的实行，使得通关、报检、结汇等出口步骤都得到一定程度的简化，进一步促进了出口的发展。

"一带一路"沿线国家多属于发展中国家，其商品需求与义乌市场商品的特性较为相符，因此在问卷调查中，我们考察了商户对"一带一路"倡议的主要期待。

调查结果显示，86％的商户希望借助"一带一路"倡议拓宽海外市场；74％的商户希望"基础设施更加完善"。此外，"通关更便利""利于进口贸易""关税更优惠"都是商户期望共享的"一带一路"倡议实施红利。总体而言，商户希望能够通过国家战略带给市场新的发展机遇，让义乌市场更快地走出经济下行、外贸发展停滞的困境。

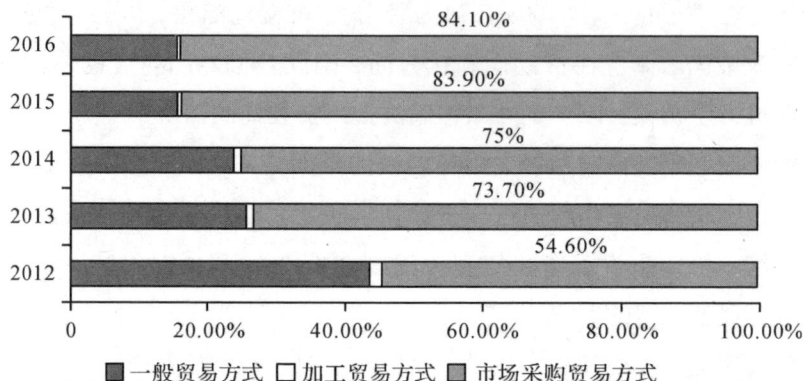

图 9-5　2012—2016 年义乌各类贸易方式出口额占比的变化情况

9.5 "一带一路"背景下培育义乌市场新优势的对策建议

结合以上调研可知，义乌市场劳动密集型生产模式开始转向机器生产模式，但市场在技术创新方面缺乏先天优势，传统价格优势正在丧失，市场面临转型升级的关键节点。义乌出口存在结构性矛盾，以出口附加值较低的产品为主，对"一带一路"倡议的适应性有待提高。物流、电商、会展、金融辅助平台对义乌市场的竞争新优势有重大推动作用，但建设状况仍存在不足。辅助平台的良性发展是义乌市场强化竞争新优势的重要契机。贸易便利化措施与基础设施建设为义乌外贸提供了支持性力量。在"一带一路"背景下，政策扶持贴地气、入人心是商户的殷切期望。

9.5.1 优化出口贸易，衔接"一带一路"沿线国家进口需求

由于生产要素变化，厂商生产成本上升，义乌市场以数量型和有形要素投

入型贸易增长方式为主,其商品的成本优势正在逐渐减弱。 在此情况下,我们认为,政府需要转变贸易结构。 义乌作为"一带一路"倡议的重要支点城市,对打开"一带一路"沿线国家市场有良好的政治基础。 因此,义乌市场应该充分考虑到沿线国家对进口商品的需求,并以此为依据改善贸易结构。如通过分析我们发现,"一带一路"沿线国家对机械设备、化工产品、食品、交通工具具有普遍需求。 那么义乌市场就可以在已有的国际生产资料市场的基础上,发展机械设备业,并在政府引导下发展食品、医药、健康产业等在义乌具有一定基础且与沿线国家需求相匹配的产业。

义乌市场中的商户应将视角更多地转向"一带一路"沿线国家的市场需求,从这 64 个国家的产业结构和进口结构出发调整生产,努力迎合国际新市场。 针对"一带一路"沿线国家对机器设备、电子电器及其零件、检验仪器等产品进口需求较大的现状,部分优势不再的传统产业可以进行转型升级以重新获得出口竞争力。

9.5.2　优化产业结构,拓展"一带一路"沿线国家市场

为了拓展"一带一路"沿线国家市场,义乌政府更需要根据市场形态的不足面制定多元化战略,定位好"2+2"战略产业体系,积极对接"一带一路"沿线国家的需求,培育并发展日用时尚消费品产业、信息网络经济产业、先进装备制造业及食品医药健康产业等新兴产业,以弥补义乌产业附加值低的不足,扩大出口优势。

对于义乌市场产品质量不高的现状,要转变小商品产业发展思路,部分生产能力较强的厂商可以加大对生产设备的资金投入,引进高端机器设备实现更高级别的"新机器换老机器",提高小商品的质量水平,以实现从低价到高质的转变,以应对越来越多样化的市场需求。

商城集团在建设"义乌小商品城"为世界知名品牌的同时,也需要鼓励中小规模商户树立品牌观念,利用品牌效应提高客户黏性,这样也更有利于企业做大做强。 商户也要抓住"一带一路"机遇,通过多参加在"一带一路"沿线国家举办的会展等方式扩大自身品牌影响力。

9.5.3 完善平台建设,对接"一带一路"国家服务需求

"一带一路"倡议涉及中国绝大部分省区市,义乌要想在中国众多专业市场中成功抓住这一机遇,就需要完善平台建设,尤其是与其他专业市场相比进步空间较大的电商和金融方面,从而提高自身整体竞争力水平。

（1）电商平台建设

就政府层面而言,政府需要加大对义乌在跨境贸易电子商务方面的支持。一是培育本地化跨境电商与服务企业。依托市场采购贸易方式的政策优势,大力扶持本地跨境网商。二是建立跨境电子商务综合服务平台。建立集产品检验、退税、结汇和售后于一体的综合服务体系,加快成熟的电子商务综合服务平台的落成。

就平台层面而言,在网销平台内部建设方面,一是深化与第三方支付平台合作。如在与"一带一路"沿线国家交易时开设特殊账户,保障支付安全,简化支付手续。交易资金流向透明化、独立化有助于保障交易双方的公平交易权益。二是严控入驻商户信用等级。对进入网销平台的国内外商户都要进行多方位资质考察,进行商户规范化操作管理。在网销平台外部联系方面,强化已有平台义乌购,使其能借"一带一路"倡议率先树立在沿线国家中的国际影响力,达到其作为电商平台的真正效用。一是积极搭建"供应商—义乌购—零售商"的供应采购模式,通过义乌购这一中介交互媒介进行产品销售与推广;二是加强义乌购与国际物流中心的后台数据对接;三是完善商品展示、询价、验样和支付等环节,建设全球小商品网络采购服务平台。

就商户层面而言,对于部分不适用的行业（如需来样加工的产品）,商户可以利用电商平台线上展示功能,通过线上展示优势产品和生产能力等吸引客户来线下实体店参观、体验并建立业务关系。平台运营者需要对这一部分厂商提供更多优惠,比如取消这一部分厂商入驻平台的费用。部分中小规模的线下商户可以进入网销平台进行线上零售。平台运营者可以通过设立网商集聚区、异地展示中心、网货超市等子集平台,引导商户入驻平台,发展成为集网货展示、体验和交易等功能于一体的网销平台。对于有些想发展电商却没有运营能力的厂商,可以引进专业电商运营团队。政府要做好专业电商运营人才的

引进工作，建立商户与人才团队对接制度，提高义乌市场整体电商运营水平。

（2）金融平台建设

"一带一路"倡议的提出，为义乌企业的市场扩展提供机遇，也对企业的资金状况提出更高要求。为了进一步扩大生产，企业往往需要大量的资金投入，但大部分义乌企业仍是以房地产抵押在城市商业银行和农村信用社贷款为主。

由于商户难以从大型银行获得贷款的主要原因是信用问题，义乌政府联合义乌市场打造良好生态环境，构建完善的社会信用征信体系和全面的金融监管体系。如搭建以信用为核心的大数据平台，加快一网（诚信义乌网）一中心（全市信用信息数据中心）四库（市场信用基础数据库、企业信用基础数据库、个人信用基础数据库、信贷征信数据库）的建设并促进其发展，推动设立独立的第三方信用评级机构。同时，政府也要对商户进行宣传教育，促使商户自觉主动地登记并报告经营情况。完善的征信体系和全面的金融监管体系也能保证义乌企业在与"一带一路"沿线国家发展贸易的过程中，避免出现借助优惠政策躲避税收等现象。

在"一带一路"倡议下，义乌市场与"一带一路"沿线国家的贸易往来和投资业务都会大大增加。但同时海外直接投资风险极高，特别是"一带一路"沿线国家经济发展较为落后，政治格局不稳定，义乌企业必然会面临金融危机、东道国经济动荡、汇率动荡和汇率限制等风险。因此，义乌市场中的金融机构要创新开发出可满足不同投资企业的新型金融服务模式，细化风险并提供风险保障。如成套设备前期投资输出阶段的海外投资险、国外市场的需求结构和汇率波动时的商业险等风险管理产品。此外，为了辅助义乌与"一带一路"沿线国家能顺利完成合约，可以设立保障义乌与"一带一路"沿线国家贸易的公平与收益的金融服务系统。

考虑到中小微企业为义乌市场的主要组成部分，银行可以制定针对中小微企业存贷款的特殊规定，联合义乌政府为商户提供个性化金融服务。金融机构还需加快金融创新的步伐，发现新的融资需求，创新融资思维和形式，积极发展内保外贷、境外融资贷款业务，推广出口信用保险等，着重关注中小微企业的需求，创新开发适合中小微企业国际贸易的特色金融产品。

义乌市场以实体经济为主，存在着金融资源配置失衡问题。义乌政府可以通过政策性、开发性的金融政策来引导。如中国现有的"丝路基金"，义乌政府可以基于此设立针对义乌企业出口或投资于"一带一路"沿线国家的基金服务。

同时，为了切实地解决商户融资难问题，结合义乌市场发达的民营经济现状，义乌政府可以适当放宽民间资本准入要求，探索民间资本入市新渠道，为商户融资提供多样化服务。如创新抵押质押方式，降低民间资本贷款的门槛，活跃资本市场；让银行代发金融债，充分利用债券市场。

9.5.4 资源优化配置，打通"一带一路"沿线国家通道

在"一带一路"倡议下，为推进义乌市场国际化进程，充分发挥资源整合优势，义乌市场的商户在贸易服务、海外仓设立等方面应与"一带一路"沿线国家开展友好合作，加快推动海外分市场的设立，构筑义乌小商品辐射"一带一路"市场的便捷通道。

"义新欧"是目前中国最长的中欧班列，经过多个"一带一路"沿线国，但停靠站点和支线较稀疏。基础设施的建设直接增强了一个地区的综合实力，"义新欧"、义乌港、保税仓等基础建设全面提高了义乌各方面的实力。但政府投资有限，义乌在完善基础设施建设方面的 PPP 模式至关重要。目前，"义新欧"停靠站点较为有限，其分支铁路也较为单一，这直接导致了铁路运输的可选择性降低。因此，政府可以鼓励义乌社会资本投入"义新欧"班列的建设中，包括沿线站点、仓库和物流配送等的建设，在活跃义乌资本市场的同时推动义乌商贸业发展。

但是，"义新欧"班列开行频次相对较低，与出口相比，进口较少。由于铁路运费约是空运的 1/5、海运的 7 倍，对于以海运为主的义乌商户来说运费较贵。从调研中我们也发现，为世界杯等大型比赛出口的订单的时效性要求比较高，因此对于时效性需求较高的货物来说，可以将铁路作为出口的选择，这样可以增加业务循环率，加速资金回收。另外，义乌进口市场的培育要更多依靠"义新欧"，政府在鼓励进口的同时可以给予"义新欧"班列进口的商品一定的优惠，实现由"卖全球"到"买全球"。

10

"一带一路"：义乌电子商务新业态

随着改革开放和经济全球化的推进，义乌逐步从一个"一穷二白"的小县城发展成为世界"小商品之都"，着力打造全球网货营销中心、全国网商集聚中心和跨境电子商务高地。近年来，义乌紧紧围绕"新丝路、新起点"的发展定位，积极融入国家"一带一路"倡议，全力加快"网上丝绸之路"的建设，成为浙江推进"一带一路"建设的重要通道。其做法值得借鉴和推广。

10.1 "网上丝绸之路"建设的义乌样本

10.1.1 义乌打造"网上丝绸之路"的成效

（1）推动跨境电子商务的新增长

"一带一路"倡议的实施，为跨境电商的发展提供了多重政策红利，助推跨境电商加速成长。国务院发布的《推动共建丝绸之路经济带和21世纪海上丝绸之路的愿景与行动》明确提出要"创新贸易方式，发展跨境电子商务等新的商业业态"。在此背景下，义乌先后获批设立了全国首个跨境电子商务综合试验区、浙江省跨境电子商务创新示范区、浙江省小商品产业集群跨境电子商务发展试点，在通关、税收、支付、金融、仓储和融资等方面迎来多重政策利好。

根据义乌市政府电商办提供的数据显示，2017年1—8月份义乌电子商务

交易额达到 1 191.18 亿元，同比增长 20.6％。 其中，跨境电商交易额为
456.93 亿元，同比增长 17.11％；跨境快递 5 963.13 万件，同比增长
49.22％，增速迅猛。 与此同时，2017 年 1—8 月义乌进出口总额达 1 541.32
亿元，同比增长 6.42％，增速放缓。 在传统外贸下滑的情况下，义乌跨境电
商发展迅猛，成为义乌外贸发展的重要补充和新增长点（图 10-1）。

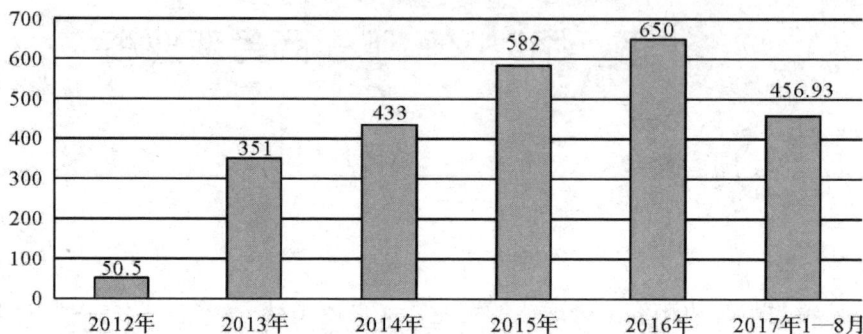

图 10-1 2012—2017 年义乌跨境电商交易额（亿元）

（2）开辟跨境电子商务的新市场

"一带一路"倡议的实施，为义乌跨境电商的发展开辟了新的市场空间，
"一带一路"沿线国家已成为义乌主要的进出口区域。 2017 年 1—8 月义乌对
"一带一路"沿线国家的出口额达 773.97 亿元，同比增长 3.4％，占全市出口
额的比重为 50.95％；进口额为 5.78 亿元，同比增长 106.44％，占全市进口
额的比重为 25.81％。

"一带一路"沿线国家尤其是中亚、西亚、中东、东欧和东南亚等的国家
对日用消费品的需求量极大，而自身生产供给能力不足，义乌以饰品、针织
品、玩具等日用工业品为代表的特色优势产业，与上述国家具有良好的供需互
补性，市场空间和潜力巨大。 随着对政策沟通、设施联通、贸易畅通、资金
融通和民心相通这"五通"推进，"一带一路"沿线国家的跨境电商蓝海市场
将得到充分挖掘，具备良好经贸往来基础的义乌将率先从中受益，真正实现
"小商品、大市场"，"卖全球、买全球"。

（3）重塑外贸价值链的新格局

一方面，"网上丝绸之路"通过缩减流通环节重塑价值链格局，帮助义乌

小商品生产企业和经营户实现利润回归。长期以来，义乌小商品生产企业和经营户在"一带一路"沿线国家的出口贸易供应链上缺乏话语权，境外销售渠道被当地进口商所垄断，利润被多重中间商尤其是国外进口商所稀释，一些义乌小商品生产企业和经营户做着只赚"一分钱"利润的生意，依靠薄利多销维持经营。随着"网上丝绸之路"的加速推进，义乌小商品生产企业和经营户可以通过跨境电商平台将商品直接销售给"一带一路"沿线国家的终端消费者。跨境电商模式大幅缩短了交易链条，传统外贸的中间环节被弱化甚至替代，原来涉及出口商、进口商、批发商和零售商等供应链中间环节的成本被挤压甚至完全消失，这部分成本除了交纳跨境电商平台服务费用，大都被转移出来，一部分变成供应商的利润，另一部分转变为海外消费者获得的价格优惠。

另一方面，随着"网上丝绸之路"的加速推进，义乌外贸价值链转型提升步伐加快。义乌小商品虽然享誉海内外，但在传统外贸模式下，义乌小商品生产企业和经营户不直接接触国外消费者，外贸主要依赖于国外采购商的订单，缺乏自主品牌。在跨境电商模式下，义乌小商品生产企业和经营户能够有效掌控销售渠道，从而为创建自主品牌、提升品牌知名度，进而促进义乌外贸价值链的转型提升奠定了坚实基础。目前，义乌跨境电商已逐渐形成一条涵盖品牌营销、跨境物流和金融等服务的完整产业链，为义乌外贸价值链的转型提升发挥了重要的推动作用。

10.1.2　义乌打造"网上丝绸之路"的典型做法

（1）规划引领，政策支持

一是根据"一带一路"倡议，调整城市规划，设立丝路新区和陆港新区，推动义乌与"一带一路"沿线国家的外经外贸合作、科教人文交流，促进义乌跨境贸易、跨境电商发展。二是对跨境电商企业、跨境电商平台及跨境电商配套服务商给予财政资金支持。政策红利对优化义乌跨境电商环境、加快跨境电商平台建设、壮大跨境电商经营主体、健全跨境电商配套支撑体系等发挥了极为重要的促进作用。三是市场采购贸易方式推进了货物通关和资金结算便利化的进程，提升了贸易便利化水平，完善了属地化综合管理机制，已被国务院正名，在江苏海门、浙江海宁等 7 个市场复制推广。

（2）线上线下，融合发展

一方面，义乌充分依托实体市场所构建起的连通全球的商脉网络、遍布全球的产业协作基地、通江达海的物流配送体系、完善发达的商业配套服务等方面的基础；另一方面，借助亚马逊、eBay、速卖通等一大批国内外知名跨境电商入驻义乌的优势，通过线上线下结合模式，为"网上丝绸之路"建设提供新路径。2017年1—8月，义乌跨境电商出口销售区域已覆盖全球200多个国家和地区，跨境电商交易额前十国中，"一带一路"沿线国家占据了6个席位；俄罗斯等近20个"一带一路"沿线国家参加了2017中国（义乌）国际电子商务博览会，积极谋求进一步合作。

（3）物流支撑，突破发展

针对跨境电商发展中存在的物流难题，采取"双轮驱动"战略，逐步培育并形成了独特的仓储物流优势。

物流方面，开辟中欧贸易物流新通道，加大与"一带一路"沿线国家的物流互联互通。向西依路出境，对接陆上丝绸之路经济带，"义新欧"中欧班列已实现每周双向对开，共有开行至马德里、伦敦、布拉格等9条线路，辐射34个国家，沿线设立5个物流分拨中心、8个海外仓，是全国开行线路最多、满载率最高的班列，成为落实"一带一路"建设的典范。截至2017年9月30日，班列往返运行112次，9 876个标箱，同比增长105.4%，其中去程班列共发运74次，7 164个标箱，同比增长59.5%；回程班列共发运38次，2 712个标箱，同比增长1 069%。自2014年11月开行以来，"义新欧"中欧班列已往返运行247次，发运20 160个标箱。"义新欧"中欧班列的服务区域也不断扩展，商品日益丰富，集聚了浙江、上海、安徽、江苏、福建、江西等8省市货源，涵盖日用小商品、服装、箱包、五金工具及电子产品等近2 000种"中国制造"商品。向东依港出海，对接21世纪海上丝绸之路，建设"义甬舟"开放大通道，义乌港已整合并入省海港集团，甬金铁路、杭温高铁开工建设，2017年1—8月海铁联运同比增长144.5%。

仓储方面，在"一带一路"沿线国家建设海外仓，探索"市场采购贸易＋海外仓"的B2B2C跨境电商模式。积极开展省级跨境电商公共海外仓试点（截至2016年已有8家海外仓获批试点）工作。同时，义乌政府出台扶持政策鼓励企业在海外建立仓储设施，制定跨境电商海外仓建设要求和服务规范。至 2017 年 8 月，义乌已建设海外仓 30 家，其中在俄罗斯、匈牙利、波兰等"一带一路"沿线 7 个国家建立了 10 个海外仓。海外仓建设实现了物流企业、跨境电商经营者和海外消费者的"三赢"，既减少了中间环节、降低了物流成本，又提升了售后服务水平、实现了退换货的本地化，从而增强了海外客户的购买欲望，加快了义乌跨境电商的发展和"网上丝绸之路"的建设。

10.1.3　义乌"网上丝绸之路"推动"一带一路"建设的建议

（1）把"义新欧"班列打造成"网上丝绸之路"的重要支撑平台

推进中欧"义新欧"班列加密、增点、拓线和提效进程，并与跨境电商的发展相结合，在"一带一路"沿线国家设立更多物流分拨中心、展示中心、海外仓等；复制推广"义新欧"班列与杭州跨境电商空港园区合作的经验，大力支持和推进"义新欧＋跨境电商"模式，重点支持通过"义新欧"班列开展国际邮件（快件）运输、国际中转集拼和国际商务服务；支持和推进义乌铁路口岸的正式开放，为线上线下进口贸易创造良好条件；充分发挥国家相关涉外行政资源及在外浙江企业联合会、商会、促进会等的作用，支持"义新欧"班列组织回程货源和出口货源；支持和推动沿线国家在义乌建立线上线下相结合的进口商品直销网点和分销渠道，从而提升进出口双向贸易水平。

（2）大力支持义乌完善跨境电子商务监管平台，创新监管方式

相关政府部门支持义乌建设跨境电子商务公共监管中心，为非邮路跨境电子商务出口提供监管平台，进一步做大做强跨境电子商务出口业务。深入推进跨境电商保税进口业务，加快建设跨境电商保税进口监管中心，积极开展跨境电商保税进口业务。支持和推动义乌将国际贸易综合改革试点的核心成果——市场采购贸易方式的相关便利化报关、报检、结汇和退税等优惠政策延伸至跨境电商监管政策和流程，同时利用跨境电商在交易信息、物流信息和支付信息等方面清晰准确、来源可溯、去向可查、风险可控和责任可究的特点，进一步完善市场采购贸易方式监管服务平台和流程，实现"市场采购贸易联网信息平台"与"跨境电商公共服务平台"的业务对接、信息共享、互促共进。

（3）大力支持和推动义乌与"一带一路"沿线国家的跨境电商贸易及交流

支持和推动义乌有条件的企业"走出去"，积极参与"一带一路"沿线国家电商平台及相关物流、支付、海外仓的建设运营工作，同时鼓励和培训更多的义乌企业通过沿线国家的电商平台开展贸易；支持和推动更多沿线国家的电商平台来义乌设立中国区总部，依托义乌线上线下市场互动融合的渠道优势，将商品销往全国，从而将义乌打造成"一带一路"沿线国家的企业和商品进入中国的桥头堡；支持义乌举办有国际影响力的跨境电商高峰论坛，每年举办一次"一带一路"跨境电商行业或人才国际论坛，力争将其打造成跨境电商界的"达沃斯"论坛；支持义乌继续举办跨境电商相关博览会，展示"一带一路"沿线国家跨境电商发展成果，开展跨境电商相关商业考察、文化交流、行业研究等活动，促进义乌与"一带一路"沿线国家的跨境电商贸易。

（4）大力支持和推进义乌打造区域性跨境贸易结算中心

支持义乌深化个人外汇管理改革和个人跨境人民币业务创新，允许委托代理进出口下中小微企业直接负责收结汇业务，完善跨境电商公共认证和结算机制；鼓励和支持义乌外贸综合服务企业开展跨境双向人民币资金池业务和资金集中运营业务；扎实做好跨境电商人民币结算业务试点工作，强化义乌的国际金融服务功能，助推"一带一路"资金融通和贸易畅通。

10.2 "一带一路"与义乌电子商务产业集群的耦合发展

近些年，义乌专业市场强大的集聚作用，吸引了众多优秀网络商人落户，使其网商数量和质量均居全国前列。以电子商务为代表的虚拟市场保持了高速发展，和义乌专业市场形成了有效的互补和互动，一个在小商品专业市场基础上的电子商务产业集群正在形成与完善。但是，伴随义乌电子商务产业蓬勃发展的还有很多亟待解决的问题，人才培养、周边服务、要素配置、信息建设和法律法规制定等诸多问题还有待进一步完善。要想从根本上有所改善，必须依靠政府政策的引导和切实有效的支持，特别是要紧紧抓住"一带一路"建设重大机遇，开拓创新，实现义乌电子商务产业集群的第二次蓬勃发展。

10.2.1　义乌电子商务产业集群的崛起

义乌小商品专业市场与产业集群在互动中发展，两者通过需求拉动与供给支持的作用机理，构建了义乌商圈。随着各类生产要素价格的不断上涨，小商品产业集群的竞争力日趋减弱，电子商务的出现在一定程度上缓解了成本上涨与产业发展之间的矛盾。围绕着小商品产业集群和第三方电子商务平台，周边服务不断发展，并逐渐形成了一个具有区域特色的电子商务产业集群。

义乌市电子商务的发展历程与中国发达地区基本同步。自 2007 年以来，随着国内电子商务大环境的逐步改善，网商队伍迅速崛起，初步形成了具有义乌特色的电子商务体系，并呈现了有形市场与无形市场互促发展的良好效应，无论是从业者数量，还是行业交易规模，都连年保持高速增长。

（1）义乌电子商务平台类型

义乌电子商务平台依照营运主体与业务功能可分为三类，即第一方电子商务、第二方电子商务和第三方电子商务。在第一方电子商务模式中，卖方为运营主体，通过网络平台发布信息、销售产品，以戴尔电脑的网络直销模式为代表。在第二方电子商务模式中，以买方为运营主体，通过网络平台发布采购信息，以降低采购成本，很多大型生产企业采用该模式，例如通用汽车零部件网络采购平台。第三方电子商务模式是提供一个独立于买卖双方之外的平台，为买卖双方提供信息服务，通过网络工具完成询价、交易、支付等贸易流程。这三种平台在网络贸易中得到了广泛应用。

最早提出第四方电子商务平台概念的美国学者大卫·波特，以价值网理论为出发点，研究通过价值集成者与控制者构架第四方电子商务平台，将顾客日益提高的个性化需求与灵活高效、低成本的制造商相连接，采用网络信息配送产品，避开分销层，将合作的提供商直接相连，以便交付定制解决方案，提升运营设计的战略地位。

（2）义乌第四方电子商务

大卫·波特提出的第四方电子商务平台概念还处于宏观层面的理论阶

段，国内学术界也没有给出广泛被认同的第四方电子商务平台的概念和运营模式。然而，在义乌电子商务发展的实践过程中，围绕在第三方电子商务产业周边，逐渐出现了一些专门为传统市场与电子商务提供衔接服务的运营商，他们提供的服务独立于买卖双方及第三方平台，且规模逐渐扩大、分工越发明确，在传统经营模式向电子商务模式转变的过程中发挥着重要的作用，他们提供的服务就是第四方电子商务服务。第四方电子商务对义乌小商品产业集群产生较大的影响，推动产业模式和经营业态的升级。

第一，第四方电子商务服务是指独立于第三方电子商务平台，为网商提供专业增值服务的一种新兴运作模式。这些服务紧紧围绕电子商务市场的发展需求，但对网络交易不能构成实质性的影响。例如，产品摄影与图片处理、电子商务知识培训、网店托管服务等业务。规模经济效应和分工细化为第四方电子商务服务的出现和发展提供了基础和保障。

第二，第四方电子商务服务与第三方电子商务模式下的平台服务的区别。两者的区别在于其提供的服务能否对交易的进行产生实质性影响。例如，物流运输、第三方支付这些服务是网络交易进行的必要环节，不可或缺，应将其划分为第三方电子商务模式下的平台服务中。再如，产品摄影、图片处理等服务可以由网商自己完成，也可以由专业的服务商完成，当达到一定规模时，专业服务的成本更低、效率更高、效果更好，其实质是一种增值型服务，应将其划入第四方电子商务服务的范畴。

第三，第四方电子商务服务将是产业集群的一个构成部分。产业集群是指在特定区域中，具有竞争与合作关系，且在地理上集中，有交互关联性的企业、专业化供应商、服务供应商、金融机构、相关产业的厂商及其他相关机构等组成的群体。随着电子商务逐渐融入义乌小商品产业集群中，电子商务及其周边产业将在竞争和合作中不断演进，第四方电子商务服务在规模经济效应和分工细化的推动下，将成为区域产业集群的一个重要构成部分。

生产要素的联合性决定了义乌很难脱离"薄利多销"的经营定位，与近些年普遍上涨的生产要素价格形成了制约产业发展的矛盾，而电子商务的出现在一定程度上降低了渠道成本，成为义乌小商品市场经营主体积极参与的新型市场业态。庞大的传统市场与关系复杂的产业集群在向电子商务市场转型过程中，分工协作是高效转型的基本要求，细化的分工为第四方电子商务服务的出现和发展提供了机遇。

（3）义乌电子商务周边服务的类型

技术支持类。 具有技术优势的运营商为网商提供与电子商务相关的专业服务，诸如摄影摄像、图片处理、网站建设和活动设计等。 以产品图片为例，在电子商务发展初期，这些工作一般由网商自行完成，随着行业竞争的加剧，对产品图片的要求越来越高，产品图片对销售产生的影响逐渐增强时，市场需求开始出现并增大，供给随之出现，进而逐渐形成了一个庞大的服务群体和产业链条。

供应链服务类。 在融入电子商务的"义乌商圈"中，由产业集群、网商、网络贸易平台、网络采购者形成了一个供应链，如图 10-2 所示。 在这个链条中，传统产业集群与电子商务平台在定位和运营中存在着诸多差异，第四方电子商务服务发挥着重要的衔接作用。 一种常见的形式是小额混批平台，它由第四方电子商务运营商提供供应链整合服务。 这些平台运营商着力研究电子商务市场的需求和发展规律，并将这些需求转化为小商品产业集群的设计生产，再小额批发给下游网商，通过规模经济效应将批量小、批次多的业务进行整合，降低成本，赢取利润。

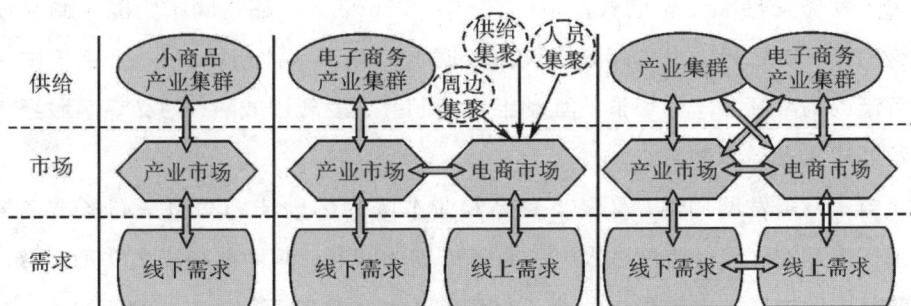

图 10-2　义乌电子商务产业集群的发展与演进

人才培训类。 在义乌的网商中，传统小商品市场的经营户占据了较大比例，生产要素成本的不断上涨激发了这一类人群向电子商务市场转型的需求。然而传统市场与新兴电子商务市场在运作模式方面的差别阻碍了市场转型的步伐，技能培训服务应运而生。 伴随市场需求的激增，电子商务培训班大量涌现，同时，义乌政府面向社会组织和提供免费的电子商务基础培训。 这类人才培训服务让传统小商品市场的经营户了解了电子商务的基本认知和运营理念，也为义乌市场吸引和培养了一大批电子商务从业者。

10.2.2 基于专业市场的电子商务产业集群的业态演进

习近平总书记在浙江工作时对义乌的评价是"无中生有，无奇不有，莫名其妙，点石成金"。 义乌政府通过集体创牌效应，化零为整，推动着专业市场不断扩张，规模效应显现，市场价格的信息成本递减，集群的区域报酬递增，在一定时期内打破了"专业市场消亡论"，成就了经济的持续增长。 国内很多学者对义乌现象进行了研究，尤其是对专业市场与产业集群的互动机制研究较多，但是对专业市场与电子商务的协调发展研究较少。

（1）义乌电子商务产业集群的业态演进

义乌电子商务萌芽于 2000 年前后，"商城信息网""中华商埠""华夏第 E 市场"先后尝试革新。 受限于当时商业模式大环境，信息传导、消费习惯的路径依赖，义乌电子商务未能得到发展。 之后几年，一些商户开始尝试在阿里巴巴、中国制造网等 B2B 外贸平台上进行线上展示洽谈、线下交易发货业务。 2003 年，淘宝网上线开启了国内电子商务市场的爆炸式发展阶段。 义乌电子商务交易额逐年增长，2013 年达到 856 亿元，超过同年中国小商品城的交易额 683 亿元，电子商务初次在数据上跑赢了实体市场。 一个基于电子商务市场与小商品产业集群的互动组织的萌芽、发展和成熟，为义乌区域经济的发展注入了新活力。

电子商务发展初期，义乌小商品专业市场的供给能力与电子商务市场的需求优势互补，通过首批进入电子商务市场的网商，两种市场模式实现对接。 小商品专业市场成熟的供应体系，为网商群体分担了诸多供应链管理成本，进而推动了电子商务的发展。 在这个阶段中，专业市场与电子商务表现出了合作协同的主要特征。

随着电子商务市场的迅猛发展，外部性显著，市场需求的拉动效应与义乌商圈的支撑效应，共同推动了区域电子商务相关产业的集聚。 一方面，市场供需的规模扩张促进了电子商务产业的分工细化，例如专职客服、打包员、美工摄影等岗位的分离；另一方面，电子商务业态催生了新型服务与行业，例如网络支付、商业快递等。相关产业的各类要素向电子商务市场集聚，逐步演进为内部互动的产业集群。

推动这个过程的关键因素是小商品专业市场规模的扩张。当市场容量达到一定规模时，电子商务市场便越过专业市场，与产业集群直接对接，实现了供应链的扁平化。小商品产业集群与电子商务产业集群协同发展，共享一部分功能，如生产能力；小商品专业市场与小商品产业集群之间表现为竞争合作的协同关系。小商品专业市场与小商品产业集群、电子商务市场与电子商务产业集群的互动关系更为复杂与密切，如图10-2所示。

（2）义乌电子商务产业集群的演进特点

第一，义乌电子商务产业集群与小商品产业集群的嵌入式互动。吴凌娇等（2014）研究了长三角地区的电子商务产业集群，认为其发展可以基于生态链、产业链和专业市场进行模式创新。义乌电子商务产业集群基于小商品专业市场，以价值最大化为核心，以市场竞争压力为主因，多重内外部动力共同作用，在原有传统产业集群的基础上，嵌入了电子商务产业集群，两个集群在一些功能上共享，积极与市场互动。

第二，产业集聚表现为产品集聚引致的地理集聚。电子商务的信息传导模式决定了产业集群参与者因共同的客户链而集聚，这有别于传统市场的产业集群。义乌商圈最显著的优势是针对小商品的供给能力，此类商品在电子商务市场中的适合度较高。供应链管理成本收益的最大化推动了电子商务产业集群的参与者因产品而集聚，规模效应为各类周边产业提供了足够的生存空间，最终表现为地理集聚。

第三，政府在电子商务产业集聚中的角色不同于小商品产业集群。在小商品产业集群与专业市场的互动发展中，政府作用显著，通过"蜂窝式"的有形市场建设与政策扶持，为数量众多的小商户"集体创牌"；市场需求带活了产业集群中的生产企业和各类参与者，最终形成了竞争合作的协同发展业态。在电子商务产业集聚的过程中，很多参与者不受地理位置限制，网商也分散在市区各处，唯一能够集聚他们的是"小商品"这个大范畴，因此，政府职能的发挥将很难找到有力的抓手。

（3）义乌推进电子商务产业集群的发展

义乌电子商务产业集群嵌入式的生成模式，将两种不同的商业集群紧密地连接在一起，形成了内部互动且系统化的商业共同体。 生产要素价格上涨、市场需求升级和贸易环境变化都给义乌的发展带来了挑战。 同时，电子商务产业集群对地理位置的黏性远远小于传统集群，因此处理好小商品专业市场与电子商务两者间的关系，对于义乌经济的持续发展意义重大。

①加强信息数据化建设，保障专业市场与电子商务的良好互动。 市场的核心是信息传导，传导媒介的差异会影响电子商务与小商品专业市场的互动。小商品专业市场通过"实物"传导信息，商家把他们的商品摆在店面里，采购者通过感官对"实物"信息进行收集和判断，即通过"眼看""手摸""测量"等方式获取商品信息。 在电子商务市场上，采购者通过"图片""视频""文本"等获得产品信息。 这种差异源自消费习惯的改变，是客观存在的市场需求。

义乌从宏观层面审视市场信息数据化的重要性，通过政策支持、技术培训等方式为众多商户提供小商品数据化的渠道，突破从专业市场向电子商务市场转型的瓶颈，有助于小商品无缝衔接各类电子商务平台，有力推动传统市场与电子商务的协同发展。

②推动小商品产业集群的生产能力与电子商务市场需求的对接。 产业集群的核心优势在于生产能力，推动小商品产业集群的生产能力向电子商务市场的释放，强化渠道建设，跟随市场需求，积极互动，促进市场形态的转型升级，进而实现小商品产业集群与电子商务市场集群的协同发展。

对于义乌市场经济而言，小商品产业集群强大的生产能力如何实现与电子商务市场对接是转型升级的关键。 生产能力对接得好，可以推动义乌小商品产业集群的可持续发展与结构升级；如果对接得不好，将阻碍小商品的产能升级和结构调整，最终导致电子商务产业集群的萎缩，从而从根本上阻碍电子商务化的进程。

③培育电子商务周边服务市场，完善商业生态圈。 周边服务对于电子商务市场与产业集群的作用显著，是重要的支撑与保障。 以物流服务为例，"联托运"物流方式支持了义乌小商品专业市场的发展，而在电子商务时代，

"时效性""信息化"的客户需求给义乌物流服务提出了更高要求。近几年，义乌外流包裹所占比例持续增大，这种现象折射出电子商务周边服务能力的不足。

义乌为电子商务健康发展打造良性生态圈。义乌小商品专业市场的强盛来源于围绕在市场周边强大和完善的服务体系的支持。在电子商务的市场环境中，同样需要周边服务的支持来构建良好的商业生态圈，电商生态圈是电子商务市场和电子商务产业集群可持续发展的强大推动力和有机组成部分。

④培养应用型电子商务人才，助推小商品专业市场的转型升级。义乌市场的产业结构依托于众多的小微经营户，他们是市场的主体，他们的"电子商务化"将直接决定义乌小商品专业市场转型升级的步伐。电子商务应用型人才是帮助和支持专业市场微观个体进行"电子商务化"升级的智力保障。

义乌着力培养应用型电子商务人才。人才培养目标和小商品产业结构要步伐一致，找准了人才培养定位，不断加大对人才的培养力度，为义乌专业市场的发展和升级提供智力支持。这些人才的技术优势和小商品专业市场经营户的经营优势的互补，推动了专业市场与电子商务市场的协同发展。

10.2.3　电子商务产业集群借力"一带一路"谋发展

（1）义乌电子商务产业集群的特有优势

电子商务与小商品专业市场在初期的合作协同为双方带来了共赢，促进了双方规模的扩大，发展规模经济。电子商务相关产业围绕"小商品"这个大范畴集聚，推动了产业集群的形成，电子商务市场规模的持续扩张促进义乌电子商务产业集群的规模壮大。义乌电子商务经过 10 多年的发展初步形成电子商务产业集群，在硬件和软件上具有一定优势，其具体的优势是：①产品优势。小商品是人们生活的必需品，无论是经济飞速发展的时代，还是金融危机的年代，人们都离不开这些小商品，这些商品非常适合在网上交易。②生产优势。义乌具有大量的实行一条龙服务的小商品设计和生产企业，它们拥有雄厚的资金、丰富的生产经验和强烈的市场意识。③信息优势。义乌小商品专业市场全聚了来自全球各地的采购商，他们带来了经济发展最为重要的信息，能为电子商务发展提供及时的多元的信息。④政策优势。义乌政府部门具有很强的市场意识、服务意识和创新意识,它们从政策上、制度上和资金上积极引导和鼓励义乌企业发展电子商务,努力从全局上创建利于电子商务发展的经济大环境。

(2)义乌电子商务产业集群的发展劣势

依托小商品专业市场的货源、信息和物流等优势,义乌网上贸易保持迅猛的发展势头。 虽然义乌电子商务在交易总额上连续数年屡创新高,但是在高速发展的同时遇到了包括物流配送、网络安全、基础设施和人才储备等问题。这些问题限制着电子商务产业集群的可持续发展,主要表现为:①电子商务在义乌企业中的应用层次还比较低,基本上还处于为电子商务企业供货的阶段,只有少部分企业开始在电子商务平台上尝试网上交易,甚至还存在相当一部分企业或多或少地从心底里排斥电子商务,认为电子商务影响和削弱了它们的生产和销售,而没有和电子商务进行很好的融合。 ②缺少能引导义乌电子商务发展的主体。 义乌已培育出义乌购、火柴盒、潘朵等一批电子商务龙头企业,但分布较为分散,尚未形成一定的集聚效应。 ③义乌的物流、仓储等基础设施欠缺的问题突出。 除了义乌国际物流中心、江东货运中心等场所内配备了一部分仓储设施外,义乌专业的仓储设施很少,物流企业、快递企业的场地和运能无法满足电子商务快速发展的需要。 ④缺乏完善的电子商务服务体系,尤其需要加强电子商务人才服务。 义乌受地域的限制,中高级电子商务人才严重缺乏,人才总量不够充足,人才数量和结构都与行业发展需要不相匹配,人才培养与需求对接不紧密,电子商务产业集群发展受到了人的因素制约。

(3)义乌电子商务产业集群的新机遇

在 30 年的发展中,义乌逐步成了世界商贸名城,专业市场带动着区域经济迅猛发展。 如今,义乌再一次借"一带一路"倡议实施的东风,深化改革,扩大开放,发挥跨境电子商务在"一带一路"建设中的先导作用。 2014年,义乌市政府把跨境电子商务作为第一产业,依托全球最大的小商品专业市场和完善的产业链优势,跨境电子商务呈现集群发展、齐头并进的良好态势,成为义乌电子商务的新增长点,壮大了义乌电子商务产业集群。

在"一带一路"倡议下,各级政府大力推动基础设施建设,改善贸易环境，先后出台多项相关政策，为跨境电子商务提供政策红利。 国务院明确了支持跨境电子商务发展的意见，相关各部委就跨境电子商务出口退税、海关监管、外汇管理等方面出台了相应配套政策及措施。 浙江省从跨境电子商务的园区建设、货物投保和出口信用等方面完善了跨境电子商务的业务体系、服务体系和管理体制。

　　义乌在落实上级政府部门政策的基础上，积极出台大力促进跨境电子商务发展的各项扶持政策。 一方面，根据"一带一路"倡议，调整城市规划，针对性地成立陆港新区和丝路新区，加强义乌与"一带一路"基础设施的互联互通，推动义乌与丝路国家的对外经济贸易合作、人文交流，促进义乌跨境贸易、跨境电子商务的发展；另一方面，拨付财政资金对跨境电子商务企业、跨境电子商务平台及跨境电子商务配套服务商进行激励。 这些政策对加快义乌跨境电子商务平台建设、完善跨境电子商务基础设施、优化跨境电子商务发展环境、壮大跨境电子商务主体和健全配套支撑体系等起到了至关重要的作用。①

──────────

　　①　本章为浙江省自然基金项目"电商发展、进入成本冲击与宏观价值动态性：一个基于 DSGE 模型分析"（编号：LY17G030006）前期研究成果。

11

"一带一路"：义乌现代物流创新发展

2016 年 5 月 23 日，义乌确定为全国首批 20 个现代物流创新发展城市试点城市之一，也是全国唯一入选的县级城市。 义乌市围绕聚焦辐射全国的干线物流组织网络创新发展，聚焦辐射"一带一路"的国际陆港物流创新发展，聚焦依托实体市场的商贸与物流融合创新发展 3 个层面，通过建园区、畅通道、引转型、促新态和优制度等创新举措，初步形成了立体的物流布局、畅通的双向开放通道、健全的口岸平台、别具一格的企业模式、蓬勃发展的新业态及较为完善的管理体制机制。

11.1 "一带一路"与义乌现代物流业的互促共荣图景

11.1.1 义乌国际贸易综合改革试点前 3 年物流业发展

自 2011 年义乌国际贸易综合改革试点工作实施后，义乌物流经营主体更齐全、运输方式更多样，物流场站设施日臻完善，国际物流稳步发展。 义乌物流业涵盖了公路、铁路、航空和船运多种运输主体，主要包括普通运输、联托运、国际货代和快递等经营业态。 2013 年 5 月 1 日，义乌被联合国亚太经社会列为国际陆港城市。 2013 年 9 月，国家发改委、国土资源部、住房城乡和建设部等国家 12 个部委联合下发《全国物流园区发展规划》，将义乌列为全国二级物流园区布局城市。 2013 年 10 月 25 日,"义乌—北仑"集装箱专线首发仪式在义乌铁路西站举行,这标志着义乌至宁波铁海联运进入正式运行阶段。 2013 年 11 月 26 日,由义乌市人民政府和敦煌网联合打造的"义乌全球网货中心"正式上线。 根据义乌国际贸易综合改革试点办公室统计,2011 年至 2013 年,国内联托运经营单位数分别为 1 126 家、1 328 家、1 460 家;国际货运代理单位数分别为 1 051 家、1 056 家、1 061 家;联托运货运量分别为 1 855.08 万吨、2 952.12 万吨、2 897.9 万吨,集装箱施封量分别为 39.2 万个标箱、48.36 万个标箱、49.91 万个标箱。

但是,义乌物流企业的规模都还较小,经营模式多以个体经营为主,呈现出明显的"多、小、散、弱"特征。 义乌物流业缺少中高端规模性企业,缺乏综合服务能力,尤其是缺少能综合提供仓储管理、运输配送、信息服务、货运代理及第三方物流服务,提供从材料采购到成品销售的一整套供应链服务的大型专业化企业。 国际物流服务能力的发展瓶颈明显,一方面是位于义乌雪峰路上的国际物流中心海关监管站,往往被延绵数千米的集装箱货车所困扰;另一方面是目前物流服务缺乏保税仓库,不能提供保税功能,保税物流中心的申请建设速度仍待提高。 受制于观念、人才和设施设备等,义乌绝大部分物流企业,尤其是中小物流企业仍然采用电话或传真等方式开展业务,企业在内部管理上也往往采用传统的人工方式,计算机等现代设施设备利用率低,对于已有的物流公共信息平台利用较少,物流场站尚不能满足市场需求。

11.1.2 "一带一路"助推义乌现代物流创新发展

义乌借助"一带一路"建设契机,贯彻"创新、协调、绿色、开放、共享"的发展理念,重点建设"义新欧"铁路物流中心、"义新欧"公路运输中心、国内物流中心、公路港物流中心、跨境物流监管中心和铁路综合交通枢纽等一批重大项目,推动义乌物流与实体商贸市场群、网上电子交易平台、跨境电子商务的融合互动发展。 数据显示,2016 年完成商贸货运量 6 564.6 万吨,同比增长 2.4%。 其中,公路货运量 6 411.6 万吨,铁路到发量 151.7 万吨,航空货运量 1.4 万吨。 义乌海关全年监管出口小商品集装箱 88.6 万个标箱,同比增长 5.6%;义乌港施封量 51.0 万标箱;义乌 B 型保税物流中心进出口总值 5.1 亿元,同比增长 94.6%,位居全国第十。 快递业务量达 10.3 亿件,增长 78%,占全省 20%、全国 3.3%。

"义新欧"中欧班列促进义乌物流创新发展。"义新欧"中欧班列成为运行线路最长、开通线路最多、中国制造元素最鲜明和市场化程度最高的中欧班列,同时义乌也是唯一开通中欧班列的县级城市,已先后开通至中亚五国、马德里、德黑兰、俄罗斯、阿富汗、明斯克、里加、伦敦、布拉格共 9 条线路,如表 11-1 所示。 义乌坚持"规模化、市场化、可持续"发展思路和贸易大通道的定位,依托自身独特的资源禀赋和民营企业机制活、开拓力强的优势,优化发展环境、创新服务方式,实现了"义新欧"中欧班列双向常态化运行,取得了良好的经济和社会效益。 2017 年 1—8 月,班列往返运行 93 次,共计发运 8 194 个标箱,同比增长 126.4%。 其中,去程班列共发运 61 次、5 930 个标箱,同比增长 71.4%;回程班列共发运 32 次、2 264 个标箱,同比增长 1 297.5%。

表 11-1 "义新欧"中欧班列发展大事记

时　间	"义新欧"中欧班列发展大事记
2013 年 4 月 23 日	义乌—中亚五国班列从义乌铁路西站启程
2014 年 11 月 18 日	首趟班列从义乌出发,前往西班牙马德里
2015 年 2 月 22 日	首趟回程实验性班列到达义乌铁路西站
2015 年 5 月 12 日	"义新欧"铁路口岸一期开工建设
2015 年 5 月 18 日	红酒专列启程,"义新欧"班列实现一月一列常态化运行
2015 年 6 月 28 日	"义新欧"班列实现每周一列常态化运行
2016 年 1 月 28 日	中欧班列自义乌首发德黑兰
2016 年 8 月 13 日	中欧班列自义乌首发俄罗斯
2016 年 8 月 28 日	中欧班列自义乌首发阿富汗
2016 年 10 月 18 日	中欧班列自义乌首发明斯克
2016 年 10 月 20 日	中欧班列自义乌首发里加
2017 年 1 月 01 日	中欧班列自义乌首发伦敦
2017 年 4 月 10 日	中欧班列自伦敦鸣笛踏归途
2017 年 9 月 09 日	中欧班列自义乌首发布拉格

11.1.3 "一带一路"背景下义乌打造现代物流的经验

（1）创新推动城市物流基础设施布局和建设

第一，构建一片区。义乌的陆港新区规划建设用地43.67平方千米，集中布局国内物流、智能仓储、快递物流、公路物流、铁路物流和空港物流等功能区块，作为国际陆港经济和口岸服务功能的主承载区。园区内项目按照"建成一批、在建一批、规划一批"阶梯式推进。现已建成的项目有：快递物流集聚中心，占地面积443亩，包括电商企业办公、作业和生活功能区，集聚中心内中通、申通、圆通、韵达、顺丰、邮政局等项目完工并投入使用；普洛斯（义乌）物流园，占地面积400亩，由普洛斯建设运营，一期已竣工投用；义乌铁路物流中心，占地面积1 616亩，建有查验平台、监管仓库、集装箱堆场、检验检疫场地、联检大楼等核心功能区，一期工程已通过竣工验收，海关监管场所已启用。在建的项目有：国内公路港物流中心，占地面积744.7亩，作为义乌国内物流企业"出城入园、提质改造"承载区；"义新欧"公路运输中心，占地面积342亩，包含城市配送、国际物流专线、冷链物流和甩挂运输等功能。规划并启动建设项目有义乌航空小镇，占地面积3.3平方千米，大力发展航空货运及其配套产业，目前已开展规划编制，并引进了圆通速递浙江总部基地、中航货运义乌国际航空物流中心等项目。

第二，打造三中心。截至2017年，义乌初步打造了现代物流三中心：一是义乌港综合中心，位于义乌市东北部，紧邻国际商贸城，是一个具有海关、检验检疫等口岸功能的内陆无水港。项目规划占地面积1 050亩，包含海关、检验检疫监管场、集装箱堆场、停车场、综合写字楼及外贸仓库等功能区，已建成投用。二是保税物流中心（B型），占地面积198亩，建有海关综合用房、保税仓库、智能卡口、智能化管理系统，是浙江省继杭州、宁波之后的第3个B型保税物流中心，保税物流中心内已入驻30多家企业。三是义东北物流中心，该项目为满足义东、义北方向货物集散需求，与城西国际陆港物流园区遥相呼应、功能互补，经过一系列的考察筛选，确定了福田物流园区项目及廿三里物流中心项目选址方案，功能定位是国内物流集聚及智能仓储，设置集货仓储、分拨配送、干线（零担）运输、配载停车、信息交易等功能。

第三，完善配套道路。 一是疏港高速公路，始于杭金衢高速公路，终于甬金高速公路，主线全长 21.659 千米，设计时速 100 千米，项目概算总投资 56.06 亿元。 二是义乌疏港快速路，属省重点工程，按一级公路标准设计，路基宽 55 米，双向 6 车道，全长约 8.816 千米。 义乌疏港快速路起点位于杭金衢高速东河互通口，终点位于建设中的甬金高速佛堂互通口。

（2）创新打造国家"一带一路"物流通道和平台

为积极融入国家"一带一路"倡议及浙江省"义甬舟开放大通道"等重要战略，义乌开展了搭"平台"、建"口岸"、拓"通道"工作，打造和完善国际陆港功能，充分发挥国际陆港城市"向东依港出海，向西依陆出境"，"东西互联互通"的枢纽作用。 目前，义乌已初步形成了以"义乌港"为核心，保税、铁路、航空、邮件互换局等功能齐全的国际陆港口岸体系。

第一，推动"义新欧"中欧班列常态化运行。 2014 年 11 月 18 日，在习近平总书记表达开行"义乌—马德里"班列的倡议的短短 52 天后，首趟"义乌—马德里"中欧班列从义乌发车。 截至 2017 年 8 月底，"义新欧"中欧班列已往返运行共 228 次，发运达 18 478 个标箱，与"一带一路"沿线国家形成良好的经济和社会效益。"义新欧"中欧班列已开通 9 条运输线路，辐射 34 个国家，沿线设立物流分拨点 5 个，建成海外仓 8 个，班列运行速度提升 24%，运输成本下降 22%，成为全国开行线路最多、满载率最高的班列，并纳入全国中欧班列规划，9 次上《新闻联播》，4 次获习近平总书记"点赞"，并被称作"亚欧大陆互联互通的重要桥梁和'一带一路'建设的早期成果"。同时，为推动"义新欧"中欧班列常态化运行，2016 年 3 月成立义乌西班牙交流基金会，成功对接义乌市政府与阿拉贡自治区政府签署"义新欧"战略合作协议，与西班牙当地各级政府、商会机构和侨社组织等建立了初步联系。

第二，推动浙江省海洋港口一体化发展。 义乌积极推动以义乌港与宁波舟山等海洋港口一体化发展为核心的"五港融合"战略。 以资产整合为纽带、以资源整合为目的，义乌将义乌港资产从市属国企陆港集团剥离，成立浙江义乌港有限公司，并无偿划转至浙江省海港投资运营集团有限公司，完成与宁波—舟山港、温州港、台州港、嘉兴港等海洋港口的整合工作。 义乌港资产整合暨浙江义乌港有限公司成立于 2016 年 11 月 14 日，目的是充分发挥宁波—舟山港这一国际大港和义乌国际陆港的联动优势，推动海陆联动，实现资源互补，积极拓展宁波—舟山港港口功能向义乌港延伸。2017年1—8月，海铁联运共计发运14 598个标箱，同比增长144.5％。

第三，开展"义甬舟开放大通道"规划建设。义乌作为"义甬舟开放大通道"的重要支点，充分发挥枢纽作用，将"义甬舟"与"义新欧"双向大通道在义乌形成"一带一路"闭环。"义甬舟"开放大通道，围绕"两核一带两辐射"的总体目标，以宁波—舟山港和义乌陆港为依托，以金甬舟铁路为支撑，着力建成集江、海、河、铁路、公路、航空等六位于一体的多式联运综合枢纽，形成内畅外联、便捷高效的大交通体系。

第四，推动国际陆港口岸开放和平台建设。一是铁路口岸。2015年12月，义乌铁路西站临时口岸获批并对外开放，其是浙江省唯一的铁路对外开放口岸；2016年7月8日，获批筹建进口肉类指定查验场；2016年8月16日，铁路西站获批作为临时口岸继续对外开放；2017年6月，获批设立进口冰鲜水产品指定口岸，并启动建设；2017年8月，获批设立进境水果指定口岸。铁路口岸一期工程于2016年4月29日通过竣工验收，11月16日铁路海关监管场所正式启用。2016年11月23日，义乌铁路口岸开放正式列入《国家口岸发展"十三五规划"》。

二是航空口岸。2014年7月31日，国务院批复同意义乌航空口岸作为一类口岸正式对外开放，同年10月13日顺利通过国家验收。2016年11月16日，义乌海关驻机场办事处挂牌成立，同年12月27日开展客机腹舱带货业务。截至2016年，义乌航空口岸已开通义乌到泰国、韩国以及我国香港、台湾4条航线。

三是义乌港。作为义乌国际陆港主平台，义乌港集聚了国际物流企业、配套服务企业、外贸企业和报关行等各类企业300余家，可提供代理采购、金融、保险、订舱、报关、报检、仓储、提箱、拼箱和海陆联运等在内的一条龙服务。截至2017年8月底，义乌港实现集装箱施封量29.5万个标箱。义乌港海关全面推进通关通检便利化，稳妥复制并推广上海自贸区监管模式，无纸化率达98％以上，出口平均作业时间缩减至3小时内。

四是保税物流中心。在"保税仓储""分送集报"等功能基础上，义乌积极探索"保税展示交易""一日游"等多项新业务。 2018 年，保税物流中心二期已开工建设。

五是国际邮件互换局。 该互换局于 2015 年 12 月 31 日正式启用运行，已引进了国内先进的自动化分拣传输设备，引入了行邮物品监管系统和进境邮件通关管理系统等国内一流的海关监管系统。 目前，国际邮件互换局监管进出境邮件及跨境电子商务出口包裹超过 7 000 万件，日均监管量超过 12.5 万件，最大单日峰值达 34.7 万件，现场通关能力达到每小时 2 万件，出境目的国覆盖全球 127 个国家和地区。

（3）创新引导物流企业转型升级

第一，培育特色物流示范企业。 义乌市物流企业队伍庞大，截至 2016 年底，义乌拥有国内物流企业 1 639 家、国际物流企业 1 056 家、快递物流企业 134 家、跨境电子商务物流企业 100 余家。 其中，数十家本土企业快速成长，形成一批平台型、联盟型、高科技型、供应链型和智能仓储型等特色物流示范企业。 目前，义乌通、国贸通等企业向外贸综合服务平台发展；浙江全联供应链管理有限公司是多家物流企业联合发起并筹建的物流联盟企业；义乌申通快递首创智能机器人分拣系统成为科技型代表企业；商翔集团向全供应链领域拓展业务，旗下的浙江商翔网络科技股份有限公司成为义乌首家新三板上市的物流企业；义乌新光集团旗下浙江网仓科技有限公司作为全球第三方智能仓储物流龙头企业，在全国已布局 100 多个仓。

第二，开展等级评估物流企业的推荐工作。 义乌主动对接浙江省物流与采购协会，指导本地物流企业积极参评 A 级物流企业。 2017 年上半年，义乌新增 4A 级物流企业 5 家、3A 级物流企业 7 家。 截至 2017 年上半年，义乌 A 级物流企业达 69 家，其中 5A 级 1 家、4A 级 21 家、3A 级 43 家。

第三，开展形式多样的物流培训并积极引进"海外智慧"，切实提升从业人员素质，为行业转型升级提供人才支撑。 义乌通过物流沙龙、物流培训等形式，组织开展物流客服礼仪班、法律班、管理能力提升班、海外仓建设及供应链管理班等业务主题培训班；成功邀请德国新乌尔姆应用技术大学副校长 Elmar Steurer 教授来义乌授课交流；成功举办西班牙阿拉贡自治区推介会暨萨拉戈萨物流园区发展经验交流座谈会，助力物流行业转型升级。

（4）创新促进"互联网＋"物流业态发展

第一，推动快递物流发展。一是创新谋划云驿小镇，打造以快递物流集聚中心为核心的"产城人文"四位一体的快递主题小镇。其中，当时预估快递物流集聚中心项目占地面积443亩，总投资13.7亿元，主要是引进具有区域竞争优势的快递物流项目，首期引入中国邮政、邮政速递、顺丰速递、天天快递及"三通一达"等8家全国知名快递企业。云驿小镇是完善义乌国际陆港物流基础设施的关键工程，是快递物流业集聚发展的重要载体，主要为义乌市电子商务提供快递物流服务。二是加强对快递行业的管理，成立快递物流行业协会。它是全国首家县级市快递物流行业协会，通过行业协会管行业，实现行业自律，同时成立快递物流行业协会党支部，进一步加强党对行业的引导和管理。

第二，推动跨境电商物流发展。2016年，义乌获批设立浙江（义乌）跨境电子商务创新发展示范区，成立了义乌跨境电子商务创新发展示范区工作领导小组，制订了义乌跨境电子商务创新发展示范区实施方案。义乌积极开展跨境电子商务公共监管中心申报工作，此外，探索跨境电商与保税物流中心的合作模式，已开展对保税进口业务的可行性研究。

第三，建成国际电商小镇。国际电商小镇作为义乌实施"电商换市"战略的重要载体，小镇总占地面积约3平方千米，其中核心区块总用地531.12亩，估算投资80.8亿元。国际电商小镇的建设目标是成为整合电子商务产业链，聚集互联网骨干企业，推动商务新业态、新主体的快速发展，打造电子商务产业生态商圈，义乌产业转型示范基地，"新产业、新模式、新技术、新机制、新领军人物"的中国电子商务产业"五新"经济示范区。

（5）创新优化城市物流管理体制机制

2010年1月，义乌市政府创新设立义乌市现代物流发展领导小组办公室（物流办），负责编制全市物流发展规划、协调物流行业矛盾纠纷、制定物流产业扶持政策、开展物流企业招商引资和推动物流行业转型升级等工作。2015年6月，经过多次探索，在新一轮机构改革中，义乌市成立了陆港事务与口岸管理局，承担原物流办及口岸办的管理职能，成为陆港口岸物流行业主管部门，主要负责制订物流行业发展规划，陆港、口岸、物流产业的行政管理，制定行业扶持政策，推动陆港物流体系建设，完善公共口岸服务体系，建设、管理与发展海关特殊监管区（监管场所）、口岸政策功能区，物流行业的指导与监管等工作。

此外，义乌已初步建立了分工明确、协调统一的现代物流业发展管理体系。除了行业主管部门，义乌市还配备了义乌商贸服务业集聚区管委会与义乌国际陆港集团，分别作为物流企业招商、项目落地平台，以及投资建设平台。由陆港口岸局、集聚区管委会、国际陆港集团组成的义乌物流行业管理核心体系，加上交通、经信、商务等部门的其他管理职能，协调海关、检验检疫、民航、铁路等中央和省直单位，为义乌现代物流发展做好全面保障，有力助推义乌现代物流的创新突破发展。

11.1.4 义乌现代物流业发展的对策

（1）构建市场化运行模式

一是统筹协调推进，充分发挥"义新欧"铁路项目协调小组的作用，发起并支持成立义乌西班牙交流基金会，推动义乌与西班牙各领域的交流合作。二是提升运行效率，积极争取铁路总公司支持，进一步优化班列运行组织和降低班列运行成本。三是创新经营模式，推进与 DHL、UPS、嘉里物流、德迅等世界物流巨头，以及杭州跨境电子商务之间的合作，创新班列经营模式，开展运输跨境电商、运输快件和拼箱业务，提升班列市场竞争力。四是加强货源集聚。"义新欧"班列集聚了浙江、上海、广东、安徽、江苏、山东、福建、江西等 8 省市货源，涵盖日用小商品、服装、箱包、五金工具等近 2 000种"中国制造"商品，为广大中小企业提供快速便捷高效的服务，实现市场采购贸易方式与国际铁路运输的结合。

（2）创新便利化通关机制

一是建立转关协作机制。对义乌铁路转关出口小商品实施"一次查验"政策；口岸海关部门在国际铁路换装、办理转关核销手续等方面为"义新欧"班列提供优先服务，给予"绿色通道"快速放行便利。同时，改革转关运输关封寄递传送方式和转关运输申报单申报方式，有效提高海关监管效率，缩短班列货物通关时间。二是实行"公铁联运二次转关"。奶粉等回程货物通过班列运输至义乌后，再通过公路二次转关运输至周边省市，扩大中欧班列辐射面。 三是完善服务平台。 实行"7×24 小时"预约通关模式，在现场设置中欧班列海关服务专窗，为班列平台企业、场地运营方提供"一站式"驻场监管服务。

（3）完善国际化物流体系

一是加快口岸建设。 义乌铁路口岸实现临时对外开放，已获批设立进口肉类指定口岸，积极争取设立水果、冰鲜水产品、汽车整车等更多进口商品的指定口岸。 二是推动产业集聚。 义乌规划建设 43.67 平方千米的陆港新区，启动义乌西铁路货站改扩建工程项目，其是全国铁路 50 个多式联运示范项目之一。"义新欧"公路运输中心、国内公路港运输中心等配套项目相继开工。三是拓展运行线路，提升至 9 个方向国际货运班列的运行效率。 四是完善海外布局，加强对马德里和杜伊斯堡办事处，马德里、杜伊斯堡、巴黎和菲利克斯托海外仓，以及马拉舍维奇、华沙、杜伊斯堡、汉堡、马德里物流分拨中心等的管理。

11.2 "一带一路"贸易通道网典范："义新欧"班列

从第一趟"义新欧"中欧班列成功运行，到现在每周的常态化运行，"义新欧"给沿线国家的进出口企业带来商机，彰显了义乌速度。"义新欧"提供了义乌与欧洲国家之间全新的运输方式，缩短了运输时间、降低了运输成本，加强了义乌与东欧及中亚国家的贸易往来，这对义乌经济的发展意义重大，对于义乌融入"一带一路"也具有重要作用。

11.2.1 "义新欧"中欧班列内容

"义新欧"中欧班列的始发站为义乌铁路西站，其贯穿新丝绸之路经济带，通过新疆阿拉山口口岸出境，途经哈萨克斯坦、俄罗斯、白俄罗斯、波兰、德国、法国、西班牙，全程 13 052 千米，运行时间约 21 天。"义新欧"中欧班列是当时运输线路最长、途经城市和国家最多、境外铁路换轨次数最多的火车专列。

义乌至中亚五国班列是"义新欧"的前身。 2014 年 1 月 20 日,自"义新欧"国际集装箱专列首发以来, 杭州海关专门为其创行了"铁路转关"通道模式,即专列从义乌出发后,直奔位于新疆的边境口岸,转关后开往哈萨克斯坦的阿拉木图,再分拨至哈萨克斯坦、乌兹别克斯坦、吉尔吉斯斯坦、土库曼斯坦和塔吉克斯坦等国。 2014 年 5 月 23 日,"义新欧"铁路首票通过铁路转关方式进口的货物抵达义乌铁路西站。 2014 年 7 月 1 日,"义新欧"正式被纳入中国铁路总公司的中欧班列的序列,成为中国《丝绸之路经济带总体规划》的重要支撑项目。 2014 年 9 月 28 日,81018 次"义新欧"专列满载 100 个标准集装箱从义乌铁路西站出发,直奔哈萨克斯坦阿拉木图和乌兹别克斯坦塔什干,全程运行 7 至 8 天,这标志着义乌首发至中亚的国际集装箱专列实现了常态化运行,也标志着"义新欧"中欧班列从过去的"零散中转"模式转变为"整列直达"模式。

11.2.2 义乌国际贸易综合改革试点推动"义新欧"国际贸易大通道建设

《浙江省义乌市国际贸易综合改革试点总体方案》要求提升义乌在国际贸易中的战略地位,转变义乌外贸发展方式,带动产业结构转型升级,让义乌成为世界领先的国际小商品贸易中心和宜商宜游宜居的国际商贸名城。 义乌国际贸易综合改革试点旨在充分发挥世界"小商品之都"在世界分工体系中的独特作用,通过大胆探索、先行先试,建立新型贸易体制机制,推动国际贸易便利化、高级化,促进出口产品结构优化和产业转型升级,加快转变外贸发展方式,强化专业市场与产业集群的联动机制,形成在经济全球化条件下中国参与国际经济合作与竞争的新优势。 义乌国际贸易综合改革试点以政策创新、平台建设、强县扩权、公共服务等 4 个方面为改革切入点,推动"义新欧"国际贸易大通道建设。

第一,政策创新。 从义乌对外贸易形式看,交易方式呈现单笔规模较小、贸易主体众多、交易活动频繁等特征,贸易质量存在参差不齐的状况。

第二,平台建设。 2013 年 5 月 1 日,联合国亚太经社委会第 69 届年会正式通过了"义乌港"为国际级陆港的决议,义乌将在亚太地区享受更优惠、更便捷的通关政策,特别是在泛亚铁路、泛亚公路方面可以享受一系列优惠政策。 交通运输部已明确将义乌的小商品出口监管中心等 8 个物流和客运场站列入国家公路运输枢纽总体规划,最终会在原有的物流体系下,使得更为完善的现代国际物流体系与义乌市场本身的优势相结合,搭建更为开放的市场交易平台。 此外,义乌还需拓展贸易展示平台、国家级会展平台、电子商务发展平台、产业发展平台,从而提升小商品市场竞争力。

第三,强县扩权。 义乌市积极探索减少行政层级、实行扁平化管理的改革试点。 作为浙江省第四轮强县扩权改革的唯一试点城市,义乌在前 3 次扩权改革的基础上,进一步扩大了政府经济社会管理权限,除对重大社会事务管理等事项,还赋予义乌与设区市同等的经济社会管理权限。 义乌在推进国际贸易综合改革试点工作中,创新市场采购贸易管理和服务体制,优化监管模式,建立起了政府主导、信息共享、部门共管,覆盖贸易全流程的综合管理机制,确保新型贸易方式"源头可溯、风险可控、责任可究"。

第四,公共服务。 义乌市将公安、人力社保、国安、工商、外侨、商务、民航等 7 个部门的 98 项涉外服务内容汇集到一个平台,首创了"政务超市"模式,变多点办公为集中服务,大大缩短了审批周期,提高了行政效能。

11.2.3 "义新欧"中欧班列对义乌的影响

"义新欧"中欧班列作为唯一全部承运民营企业货物的班列,它的全线开动,是推动"一带一路"倡议从构想走向落实的重要标志,赋予古丝绸之路以新的生命与活力,也实现了义乌的"买全球、卖全球"。"义新欧"中欧班列在经济、运输和文化 3 个方面对义乌产生了重要的影响。

(1)经济方面的影响

第一,促进传统进出口贸易发展。 义乌作为全球最大的小商品集散中心,截止到 2016 年,商品已出口到了世界 219 个国家和地区,在泰国、阿联酋、南非、俄罗斯等 10 多个国家和地区设有境外分市场或配送中心。 随着"义乌商圈"的对外拓展和辐射功能的不断增强,义乌小商品市场已不仅是义乌、浙江、中国的市场,而且是全球共享的市场,成为全球生产贸易企业及广大客商共享的商流、物流、资金流和信息流大平台,在国际小商品贸易网络中日益发挥中枢作用，使义乌市场、城市发展具有了世界意义。

中国与发展中国家的交流及合作主要集中于技术输出和资金援助等方面，伴随"义乌商圈"的国际化拓展，通过以商品输出、引进为主的市场交流与合作形式，为中国更好地开展与发展中国家的合作及交流提供了新的领域。"义新欧"中欧班列的开通使沿路内陆国家和中国的贸易更加便利快捷，既加大了中国对外出口量，也让更多的海外商品进口到中国，帮助更多海外国家开拓中国市场。 2017 年 1—9 月，小商品出口到乌兹别克斯坦等中亚五国的出口额为 4.4 亿元，进口额为 279.4 万元，增长迅猛。 中国已成为西班牙除欧盟以外的第四大出口目的国，仅次于美国、摩洛哥和土耳其，有近 1.3 万家西班牙企业从事对华出口业务，为中国带来了西班牙红酒、橄榄油等优质商品。

义乌汇集了来自全球 100 多个国家和地区的 8 万种产品，进口市场发展迅猛。 据义乌海关统计，2017 年前三季度，义乌市累计进口额为 26.7 亿元，同比增长 43.7%，好于全国 17.3% 和全省 38.1% 的同期水平。 义乌进口商品种类繁多，主要有酒类、食用油、母婴用品、高档厨具和汽车零配件等，其中有不少爆款，比如红酒、葵花子油等。 中国红酒市场一直是全球红酒产业链中的重要一环，据此前法国波尔多葡萄酒行业协会公布的数据显示，中国已取代英国、德国，成为波尔多红酒出口额最高的市场。 国际葡萄酒和烈性酒研究所也发布报告预测，未来 20 年内，中国有望成为全球第一大红酒市场。 此外，2017 年 7 月份以来，义乌口岸陆续进口了腰果仁、龙眼干、夏威夷果、碧根果等干坚果类产品，共计 40 批，重 1 359 吨，货值超 700 万美元。 其中，澳大利亚的夏威夷果、南非的碧根果为义乌口岸首次进口的商品。 随着义乌进口食品贸易不断发展，义乌辖区进口的干坚果种类也越来越丰富多样，让义乌普通百姓能更切实地享受到进口市场发展带来的便利。

从实际外贸发展来看，义乌的商品与"义新欧"中欧班列沿途国之间存在互补性，沿途国日用百货商品的生产和供给不足，这恰恰是义乌的优势所在，供需双方达到了很高的契合度。 义乌作为世界最大的小商品市场，有着丰富的货源供给，而沿途国拥有广阔的商品需求市场，两者形成供需对接。"义新欧"中欧班列的开通大大降低了运输成本，进一步刺激了对外贸易。

第二，促进跨境电子商务发展。 义乌跨境电子商务取得了飞速发展，成为市场采购贸易以外新的外贸增长点。 2016 年统计数据显示，传统外贸年增长率不足 5％，而跨境电子商务正以 10％以上的增长速度快速发展。 义乌依托实体市场和物流网络优势，紧紧围绕"电商换市"战略，将电子商务作为战略性、先导性产业重点培育，积极创新发展电子商务，努力建设全球网货营销中心和全球网商集聚中心。 义乌通过发展镇街电子商务园区，逐渐形成集摄影、创意等于一体的电子商务产业链；引进电子商务仓储运营中心、采购中心等一批电子商务项目，结合市场采购贸易方式，探索义乌跨境电子商务模式。

与传统外贸相比，跨境电子商务具有明显的优势，可以压缩中间环节、缩短国际物流时间、化解产能过剩、重塑国际产业链和增强国际竞争力等。 其中，义乌企业已经在莫斯科、马德里、里斯本、开普敦和悉尼等地拥有海外仓 22 个。"义新欧"中欧班列的开通再加上国际空港和 B 型保税区的成立、甬金铁路完成规划等，全面打通了义乌海陆空的商贸线，促进了义乌跨境电子商务的进一步发展。

第三，促进市场采购贸易方式发展。 市场采购贸易方式是指在经认定的市场集聚区采购商品，由符合条件的经营者在采购地办理出口通关手续的贸易方式。 这是在总结义乌市场的实践经验基础上，创立的一种适合小商品出口的贸易方式，解决了现有贸易方式"不合脚"的问题。 市场采购贸易方式确立后，相关部门不断创新监管办法，就货物通关、税收等方面推出一系列便利化、规范化举措，拓展了义乌市场的发展空间，更拓展了对外贸易的发展空间。 商务部、国家发改委、财政部、海关总署、国家税务总局、国家工商总局、国家质检总局和国家外汇局等 8 部委联合发文，不断推进市场采购贸易方式的制度设计，加快提升贸易便利化水平，支持完善中欧班列（义乌—马德里）的配套政策。

（2）运输方面的影响

"义新欧"中欧班列的开通为中国商品逐鹿欧洲市场注入新活力。 中亚地处内陆，由于没有直接的出口通道和出海口，以往义乌小商品出口中亚的渠道并不畅通。 2013 年 4 月，义乌市政府联合义乌海关，积极推动义乌铁路西站海关监管点的设立和试运行，同时开通了义乌至阿拉山口及霍尔果斯的海铁集装箱国际联运线路，并实现在哈萨克斯坦、波兰、西班牙的 3 次换轨，从而打通了小商品出口中亚的铁路运输通道，极大地提高了商品出口中亚的便利性。现在义乌小商品出口欧洲，有船运、铁路、空运、"义新欧" 4 种方式，如表 11-2 所示。

表 11-2　义乌小商品出口欧洲的运输时间表

运输方式	中转流程	平均时间
船运	小商品先从陆地运输到宁波港或上海港，再出海南下，穿过马六甲海峡后进入印度洋，再一路辗转至欧洲	至少 2 个月
铁路	从宁波港或上海港出海后往北，先穿过朝鲜半岛与日本九州岛之间的朝鲜海峡，到达俄罗斯的海参崴后，再通过俄罗斯境内的亚欧大陆桥上现有的铁路线运至欧洲	1 个半月
空运	通过航空飞机从义乌直达欧洲	最短 0.7 天
"义新欧"	在义乌铁路西站出发后直达马德里	21 天

2014 年 1 月 20 日，"义新欧" 国际集装箱专列首发以来，杭州海关专门为其创行了 "铁路转关" 通道模式。这标志着 "义新欧" 专列将改变过去的 "零散中转" 模式，将由义乌站始发，"整列直达" 至境外。目前，义乌正加快发展轨迹内陆港功能，着力构建陆路、铁路、海运、航空立体物流体系，致力实现与沿海港口、沿边口岸的 "无缝对接"，构建安全、便捷、全天候和大运量的绿色通道。

（3）人文方面的影响

"义新欧" 中欧班列的建设得到沿线各国的支持，加强了人民友好往来，增进相互了解，为开展区域合作奠定了坚实的民意基础和社会基础。2014 年，义乌常驻外商有 1.5 万多人，其中阿拉伯人、伊朗人、阿富汗人及巴基斯坦人占较大比重。世界多种民俗文化、饮食文化、宗教文化等在此交融，义乌文化、中国文化、世界文化齐聚于此，义乌为外商提供了一系列民生政策。义乌人和这些外国商人在商贸合作中，互利互惠，诚信经营，这为深化 "一带一路" 奠定了人文基础。

义乌能以世界的目光、开放的心态、海纳百川的气魄容纳着世界的文化，而吸引过来的外商为义乌的经商之道注入新的血液，外商政策搭起经商心路，数量庞大的国际客商为促进 "一带一路" 建设奠定了坚实的人才和文化基础。

同时，义乌地处的浙江省景点密布，"义新欧"中欧班列还能带动旅游业及第三产业的发展。此外，吸引外商投资也将带动义乌经济的飞跃发展，最终实现"商汇天下、货达全球"。

11.2.4 "义新欧"中欧班列的发展方向

义乌正乘着"一带一路"的东风，通过"义新欧"跨境铁路，与沿线国家紧紧地联系在一起。为增强"义新欧"中欧班列的辐射带动作用，同时不断扩大义乌与沿线国家的贸易联系，义乌需要继续加强政府的推动作用，充分动员和发挥企事业单位、商会、行业协会等中介机构的主体作用；通过规划引领和项目带动，推动义乌的国际合作与交流，建设以义乌为支点的国际市场合作线、国际交通合作线、国际采购合作线、国际物流合作线和国际人文合作线，推进合作空间拓展、合作领域升级与合作机制创新，全面打造义乌升级版开放型经济。

（1）加强市场拓展，建设"义新欧"市场合作线

义乌充分利用与发挥小商品专业市场和"义乌商圈"的资源与网络优势，通过合作共建市场、跨境电商平台及会展平台，促进义乌商品出口、进口"义新欧"沿线国家特色商品及转口贸易，建设形成"义新欧"沿线市场合作带与商品流通链。

第一，义乌需要协调各地商会，规范并整合现有的在"义新欧"沿线国家的小商品分市场，探索建立"小商品市场"品牌下统一运作的市场连锁经营模式，加强各市场之间的交流与合作，共享市场信息，联合推动各地分市场的规范化、品牌化和组织化发展。第二，义乌需要继续鼓励和支持小商品市场模式的输出，在"义新欧"沿途的不同国家错位建设和发展小商品市场分市场与经贸合作专区，建设境外物流产业园区，统一经营品牌资产，实现"小商品市场"品牌的保值增值。第三，义乌市会展办牵头，联合"义新欧"沿线国家的义乌商会或联络处，以及当地政府部门、企业、行业协会等，在义乌国际商贸城设立"义新欧"国家展销区，使这一平台延伸成为有利于跨国合作的大平台和大枢纽。第四，义乌要适应信息化和电子商务发展的趋势，积极在"义乌购"跨境电子商务平台开设"义新欧"国家网上交

易平台，扩大义乌市场影响力，同时促进各国商品在义乌市场平台上进行展销。 第五，义乌要充分利用义博会、旅游商的博览会、文博会、森博会等本地商贸展会平台，吸引各国企业参展，为各方合作交流提供平台，同时动员并组织本地企业组团到阿斯塔纳、孟买、迪拜、德黑兰、伊斯坦布尔、安卡拉、鹿特丹、新加坡、吉隆坡等城市参加各类经贸、文化展会，积极支持义乌小商品市场、商业主体发展边境贸易，加强与境外企业的联络，吸引境外企业来义乌本地投资。

（2）加强陆海空联运，建设"义新欧"交通合作线

义乌充分利用和发挥公路货运线、铁路货运线及航运线等优势，借力"一带一路"发展机遇，促进海陆空交通基础设施建设；同时，通过完善义乌国际陆港功能，拓展国际交通设施，优化义乌的交通环境与基础条件。根据义乌与"义新欧"沿线主要城市经贸往来、人员交流和要素供应等的现有基础，有重点、有步骤地推动开通多条国内、国际班列，构建更加便捷的交通运输网络。

第一，由义乌市交通运输局、物流办、交通发展公司牵头，着力建设"义新欧"国际铁路联运人通道，形成公、铁、空一体化的"义新欧"客货运集疏运系统和集装箱运输通道。 第二，抓住义乌机场航站区扩建和航空口岸开放的有利时机，积极拓展与"义新欧"沿线主要城市的国际航线，完善航空运输网络，尤其要大力推动开通到迪拜等经贸往来频繁的城市的国际航班，缩短采购商往返义乌的时间，加速实现义乌"买全球、卖全球"目标。 第三，以义乌国际物流中心、内陆口岸场站一二期、青口海关监管中心、城西物流中心、空港物流中心和铁路物流中心等为依托，打造现代化的物流服务平台，为中国与"义新欧"沿线国家和地区之间开展出口、进口、转口贸易等提供现代物流服务支撑。 第四，以义乌国际贸易综合改革的继续深化为契机，进一步加强义乌与宁波港、上海港及边境口岸的无缝对接，尤其是大力推进宁波港的功能延伸至义乌，使义乌港具备直接订舱、提还集装箱、签发提单和结算运费等港口基本功能，并进一步提速义乌至中亚五国、俄罗斯、土耳其及南亚等国家和地区的集装箱业务，创新义乌国际物流模式，缩短义乌市场商品的送达时间，加速贸易互通。

（3）加强采购商集聚，建设"义新欧"采购合作线

市场采购是义乌"义新欧"建设的重要内容，也是义乌发挥自身优势的重要方式，其中采购商是义乌发展"义新欧"的根本力量。义乌需要充分利用和发挥现有的境外采购商集聚优势，大力集聚境外采购商，形成采购商集聚效应。

第一，实施"采购商落地工程"，义乌通过在"义新欧"途径国家建设义乌商会，定期走访义商企业和知名义商，开展义商文化周活动、企业经理恳谈会、主题产业合作接洽会等方式，切实发挥在外义商及义商联合总会的组织和资源优势，并充分利用义商在"一带一路"沿线国家的人际关系与经济网络关系，出台奖励政策，鼓励"以商（义商）引商（外国采购商）"，吸引外国采购商进入义乌经商、投资，不断扩大"义乌商圈"的全球影响力。第二，依托义商和所在商会，实施"义商外拓工程"，重点支持和引导义商走向"义新欧"途径国家和地区，鼓励义商与境外企业等开展产业协作，构建和拓展多层次、多维度的营销网络，并积极与这些国家开展产业项目、市场营销、技术创新等方面的合作交流，推动义乌的经济新发展。第三，建设"义新欧"国家采购商经济合作平台，利用每年一届的世界采购商大会，安排专门的采购商交易、洽谈区，举办专项采购商经济贸易洽谈会和专家研讨会。

（4）加强物流互通，建设"义新欧"物流合作线

义乌需要对现有发达的物流资源和线路优势进行整合，依托浙赣铁路、义乌机场、甬金高速和杭金衢高速等成熟的交通网络，专门设立针对"义新欧"沿线国家的国际物流专区及中国商品物流中心等，拓展和提升义乌小商品在这些国家的覆盖面、通达率，促进商品与生产要素的进口与转口贸易量的增长。

第一，义乌根据现已编制的总体发展规划和各类专项规划，遵循分阶段实施、战略合作、先易后难与先难后易相结合及边建设边运行的原则，稳步推进"义乌港"建设，推进义乌物流企业的整合，中远期内实现义乌物流企业的标准化和电子竞价与衍生服务，建设面向和服务于"义新欧"沿线国家的国际物流通道。第二，设立"义新欧"国际物流专区。由义乌市物流办牵头组织，

在义乌国际物流中心成立包括信息集成、展示交易、运营服务及管理协调"四位一体"的专区，优先考虑与安排上述沿线国家的跨境物流，为今后的对外贸易打下坚实的国际物流基础。 第三，完善"义新欧"物流信息网。 由义乌市物流办、电商办、外侨办牵头，组织本地或在义乌经营的大型物流企业组建"义新欧"物流信息网，并加强与"义新欧"沿线主要城市的沟通与协调，推动相关运输企业包括快递公司、货代公司、船务公司、物流技术服务和咨询管理公司、货运场站、仓储中心及物流中心等，探索合适的合作方式，实现物流信息和资源的共享，共同打造集成一体化、流程无缝化、物流标准化和管理信息化的供应链物流服务平台，提供物流信息查询、业务委托和货物跟踪等综合服务。

（5）加强文化交流，建设"义新欧"人文合作线

随着"义新欧"中欧班列不断"加密、增点、拓线、提效"，越来越多沿线国家的贸易商开始了解并走进义乌。 义乌充分利用和发挥独特的商业氛围，依托市场优势，借助文博会、文化艺术展、文化论坛等形式，挖掘"义新欧"途经国家和地区的各种特色文化资源，通过商业文化交流促进商业贸易发展。

第一，建立"义新欧"国家文化艺术站。 由义乌市文广新局、市教育局、市工商联等牵头，负责组织研究中亚、中东、东欧和中西欧文化，从而在义乌有序建设不同国家文化艺术站，提高义乌对各地优秀人才到义乌经商、学习的吸引力。 第二，成立"义新欧"国家培训中心，通过省级政府，联合各国文化艺术管理机构，安排每年与"义新欧"沿线国家联合举办艺术周活动或文化节活动，合作培训商务和文化人才。 第三，整合"义新欧"沿线各国和地区的义乌商会，推动举办经济合作论坛或投资高峰论坛，吸引更多"义新欧"国家的企业到义乌采购商品、经商和投资；发展多层次的经贸、人文合作关系，并积极鼓励和支持义乌企业、经营户和普通群众等，前往这些国家经商、投资、创业和学习；开展文化科教交流活动，传播义乌"拨浪鼓"文化和"鸡毛换糖"精神。 第四，建设面向"义新欧"沿线国家采购商子女教育的国际学校，实行学前、小学、初中、高中一贯制的教育；采用标准化的国际教学方式，引进外籍教师教学，鼓励社会力量建设和管理国际学校，用文化感召

力和融合力吸引各国采购商与企业家来义乌经商。

（6）推进国家倡议，共建"义新欧"自由贸易区

"经贸合作"是"一带一路"的核心内容，也是义乌自有的天然优势，义乌不仅在国际经贸、文化交流方面积累了丰富的经验，在民心相通方面也具有先天优势。因此，为加快推进和落实义乌国际贸易综合改革试验区建设，更好地服务于"一带一路"，围绕对外服务贸易，依托市场人流、信息流、资金流等高度集中优势，以及商业基础配套相对完善的优势，义乌规划建设"义新欧"自由贸易区，整合国际商贸城、金融商务区、国际文化中心和会展中心等商业功能区，进而提升义乌市场的承载能力。

第一，义乌制定与"义新欧"沿线国家间多品种拼箱拼柜的集装箱清关协定，以现有与中亚、欧洲等的国家的合作关系为基础，通过商贸、要素、物流、跨境电子商务等，与"义新欧"沿线国家和地区建立起更为紧密的长期合作关系，探索具备较强通用性的集装箱清关协定。第二，通过制定合作机制，义乌建立起与"义新欧"沿线国家的互信通关机制，发挥市场资源与这些国家的产业、市场互补优势，加强市场链、商品链和价值链间的互补互促合作关系，不断深化商品流通的跨国通关合作。第三，义乌创新跨境贸易的金融模式，推动本地的人民币跨境业务、外汇管理业务、与民间资本管理业务的创新发展。第四，推进与"义新欧"沿线国家的商品出口、进口与转口贸易的共同发展，义乌需要积极引进"义新欧"沿线国家的产品，并通过义乌走向国内和国外其他地区，以此提升义乌的全球影响力；同时，也要积极引导其他国家的产品或生产要素进入义乌，再由义乌转口至"义新欧"沿线国家，从而有效发挥义乌市场的作用，使义乌与"一带一路"沿线国家的经贸关系更加密切。

11.3 "一带一路"驱动义乌小额跨境电商物流新发展

随着互联网技术的广泛应用及外贸业态的不断发展，跨境电子商务开始在全球兴起，而且在全球经济中的比重越来越大。义乌作为全球闻名的世界

"小商品之都",实体市场外贸出口量增速放缓,但小额跨境电子商务却连年保持翻番增长的态势。 小额跨境电子商务是义乌企业开拓国际市场的新渠道,在经济发展中起着越来越重要的作用,然而由于其运作特点,跨境电子商务中物流环节是最核心部分,现有物流模式成为制约其发展的一个突出瓶颈。针对跨境物流配送时效长、成本高、信息化水平低等现状,义乌借助"一带一路"发展机遇,探索适合小额跨境电子商务的物流运作模式,实现物流、资金和信息等资源的有序、有效与全面整合。

11.3.1 物流对跨境电子商务的作用机理

（1）跨境电子商务的关键环节就是物流

在网上进行信息传递,在网上进行商品交易,在网上进行资金结算,在线下进行物流配送,这 4 部分共同构成了电子商务的整个流程。 与传统的商务活动相比,跨境电子商务具有一定特殊性,它是商流、信息流、资金流和物流4 个有机部分构成的完整动态运行过程。 其中,资金流、信息流都是通过互联网技术实现的,物流是通过实际运输配送来实现的,国与国之间的距离对物流的发展有限制。 商流、信息流、资金流和物流如果能够在运行上保持一致且顺利畅通,那么跨境电子商务的速度和效率会提高很多,发展也会越来越好。

（2）跨境电子商务的基础优势是物流

物流的 4 个重要组成部分是配送、包装、分拣和仓储。 因为电子商务能够简化订单程序、降低库存水平、大大缩短商品生产周期和供货时间,这样对客户关系的管理也会变得很容易,但前提是需要高效畅通的物流服务。 物流环节在跨境贸易电子化进程中扮演着重要角色,究其原因:一是物流是跨境贸易电子化的核心环节之一,物流的成本、效率及可到达性极大地影响着跨境电子商务的消费体验;二是跨境物流网络建设存在资本、技术及渠道等壁垒;三是跨境物流服务商有望整合电子化的跨境贸易的物流服务资源,形成全球物流服务网络,在跨境贸易电子化进程中取得议价能力。 随着义乌小额跨境电子商务交易的迅速发展,也将带来跨境电子商务物流业的变革,兼顾成本、速度和安全,甚至包含更多售后内容的物流服务将应运而生。

（3）跨境电子商务的效益水平取决于物流系统水平

很多中小企业被跨境电子商务的独特性所困扰，无法承担涉及海外运输和仓储的巨额费用。 如果企业在制订和选择物流策略时出现了失误，对自身的影响是巨大的，这样不仅会导致成本升高、利润减少、效益降低，甚至企业还要面临倒闭的风险。 因此，对物流运行系统进行改革升级显得尤为迫切，可以引入先进的信息技术，例如全球定位系统、电子数据交换技术、射频识别技术和地理信息系统等。 先进的信息技术的运用会使物流技术得到发展、物流系统得到升级、物流效率得到提高，从而促进物流业的快速进步，顾客对商品的需求也能快速得到满足，这有利于促进跨境电子商务交易的达成，促进跨境电子商务产业的蓬勃发展。

11.3.2 义乌小额跨境电子商务物流存在的 5 个问题

在跨境电子商务交易过程中，物流发挥着重要的作用，是重要支撑。 跨境物流涉及跨境商品存储、运输、报关报检等一系列复杂环节，传统的物流配送模式已经不能适应这一新变化。 目前，义乌小额跨境电子商务物流存在着以下 5 个问题。

（1）物流发展速度与跨境电子商务需求难以匹配

当前，义乌小额跨境电子商务使用的物流渠道主要有邮政小包，e 邮宝，国际 EMS，国际商业快递代理（UPS，Fedex，TNT 和 DHL），国际专线物流（如俄罗斯专线和中东专线等）。 虽然渠道较多，但是义乌约有 70％的包裹都是通过外地邮政送出海关出口的，包括北京、上海、深圳、广州等城市。这是因为本地物流处理能力跟不上，物流综合体系不健全、不完备，铁路、公路、航空运输与海关很难实现无缝对接，涉及集疏、储运、包装、理货和分送等的综合能力薄弱。

义乌的物流体系不健全，基础设施亟待完善。 虽然政府投入了大量的人力、物力和财力进行电子商务基础设施建设和物流体系建设，但是基础设施仍不够完善，物流体系仍不健全、不够科学和合理。 因此，义乌的物流业发展仍需要不断完善和健全电子商务基础设施和物流体系。 小额跨境电子商务由于涉及跨国境的仓储、跨国境的计税等，跨境物流服务商需要采用先进的物流设施和科学的物流体系以使得跨境电子商务企业经营成本变低、损耗变小、流通变快。 现在义乌小额跨境电子商务发展受到很大的制约，这种制约的原因是大多数跨境电子商务企业严重依赖国际快递和国际小包，而国际快递和国际小包的运输时间很长，运输成本也很高，在一定程度上对企业经营存在负面影响。 因此，良好的小额跨境电子商务物流体系和完善的跨境电子商务基础设施有助于义乌跨境电子商务产业的健康发展。

（2）国际物流成本与服务水平效益背反

义乌跨境电子商务企业经营的产品多属于小商品，产品具有附加值低和原料消耗型两个特点，产品价格由 3 个"1/3"决定，即"1/3"国内采购成本、"1/3"国际快递成本、"1/3"毛利及其他成本。 因此，在小额跨境电子商务的交易中，企业对物流成本的可控性相对较强，企业通常会选择价格更为低廉的物流方式，但是各种物流渠道的总体成本普遍偏高。 近两年，中国邮政小包的运输价格已经翻倍，但与之相对的物流服务水平却没有明显提升。一些国际快递经常性地发生"堵塞和爆仓"现象，特别是旺季物流时效更长。2014 年底由义乌发往俄罗斯及巴西等热点国家的邮政小包一度需要 90 多天甚至更久。 面对这种运能不足、需求大增的局面，大部分国际物流渠道往往缺少提升服务水平的动力，而且直接将运费"坐地涨价"。

跨境电子商务环境下物流企业的业务类型可以分为商业快递和邮件业务两种。 商业快递业务是基于全球速递物流运输网络实现的，货物运输时间相对较短，但是客户需要支付的运输费用较高；邮件业务是基于全球邮政网络实现的，客户支付的运输费用相对低廉，但是运输时间较长，正常为 15～20 个工作日，如果转运过程中出现特殊情况，有的会在一个月以上，甚至几个月。客户所期待的是较短的运输时间与低廉的运输费用，当二者无法同时满足，客户体验就会很差，这会影响跨境电子商务发展。

（3）国际物流引发纠纷多，缺乏专业第三方物流企业

义乌跨境电子商务企业的交易纠纷中，有一半以上是由于国际物流服务的时效不稳定、价格偏高及波动幅度等问题引起的。 目前，缺乏为跨境电子商务企业提供全方位专业物流服务的第三方物流企业，包括代理售后、包装服务等。 同时退换货机制不健全，也进一步降低了跨境电子商务顾客的满意

度。 国内的速递物流业已基本成熟，退换货比较容易实现；然而在跨境电子商务环境下的速递物流系统还不成熟，运营效率低下，以此为基础的退换货机制还不健全，这使退换货问题变得比较复杂。

（4）跨境物流行业人才缺口大，专业人才匮乏

跨境电子商务的发展时间很短，这导致从事跨境物流工作的人员基本是自我摸索的，没有可参照的范本，没有成熟经验可循，缺乏专业的跨境电子商务物流人才。 虽然当前很多高校都开设了跨境电子商务专业，希望可以大量培养出适合的跨境电子商务物流人才，但是由于物流行业的待遇一般，很难留住专业人才。 虽然义乌市针对高级管理人才和电子商务紧缺人才制定了优惠政策，采取了许多措施，但是人才方面仍然出现引进难、留不住的现象，且越来越突出，一方面原因是出台的优惠政策得不到落实，另一方面原因是对高层次人才的吸引力逐渐减弱。 因此，义乌本地一些跨境电子商务物流企业发展到一定规模，遇到困难和瓶颈时，由于缺乏专业的人才和管理经验，只能"走出去"，从而导致了潜力巨大的跨境电子商务物流企业的流失。

（5）物流信息化程度较低，综合水平不强

信息化是跨境电子商务物流产业发展的重要基础，信息的整合贯穿于物流企业经营的所有阶段，物流信息资源的整合能力成为跨境电子商务物流企业核心竞争力的重要组成部分。 相比较而言，义乌的物流服务企业的信息处理能力普遍偏低，多数物流服务企业尚不具备运用现代信息技术处理物流信息的能力，从而导致了这些企业运行效率低下，服务打折，严重制约了其对外业务的发展。 在跨境电子商务交易中，信息流不畅通及物流技术落后都会直接影响物流企业的发展。

11.3.3 义乌小额跨境电子商务物流模式

随着跨境电子商务的发展，海外买家对跨境消费的要求也在不断提高。面对激烈的竞争压力，跨境电子商务企业也开始从价格策略转向产品质量和服务提升策略，关注买家的购买体验。 跨境物流的时间、成本、货物跟踪情况、信息反馈、货物安全和物流服务等都是影响购买体验的重要因素，因此跨境物流的选择已成为决定跨境电子商务企业成败的重要因素。

（1）国际邮政小包

邮政小包是义乌跨境电子商务主要的货物配送方式，包括中国内地邮政小包、中国香港邮政小包和新加坡邮政小包等。 国际邮政小包分为平邮和挂号两种，区别在于前者配送价格低，但是不能查询配送状态；后者收费稍高，可实时监控配送进度。 邮政小包是目前最主要的跨境电子商务物流配送方式，这与当前义乌跨境电子商务主要的产品结构有关，食品、纺织服装、饰品占据市场主导地位，这些产品体积小、重量轻，使用邮政业务具有成本优势。但是随着数量、规模等的扩大，邮政小包开始出现配送时效性差、价格不稳定、退换货麻烦及海关对货物的处理查扣变严格等问题。

（2）国际商业快递

国际商业快递业务主要由一些第三方国际物流企业提供，包括 Fedex、UPS 和 DHL 等，其特点是配送速度快、时效性强和安全性高，只需一周左右，就可以运达全世界各国。 小额跨境电子商务模式下，一般消费者需求的商品数量小，且订单交易金额偏小，因此造成物流的低成本。 对快递业务来说，其流程本身决定了收费价格较高，难以在跨境零售中普及。 国际商业快递业务近年来发展迅速，但仍然只是邮政业务的补充。

义乌进驻了很多国际商业快递代理企业，它们代理诸多国际商业快递的揽件和结算业务，将零散客户的快递集中，通过扩大收发货数量规模来获得较高的费用折扣。 代理业务的存在为义乌小额跨境电子商务卖家提供了便利，但即使按照上述做法其费用也是邮政小包的 2～3 倍，难以普及；另外一些偏远地区或国家，国际商业快递因送达困难，需增收附加费。

（3）海外仓储

海外仓是指跨境电子商务企业在业务较为集中的国家设立配送中心，通过大规模物流运输将货物预先运达，顾客下单后，直接从配送中心发货。 这种方式的特点在于缩短了配送时间，实现了包裹的全程跟踪，提高了顾客满意度。 很多物流企业开始大规模建立海外仓，这主要由三方面原因促成：第一，海外仓扩大了运输品类，降低了物流费用。 邮政大小包和国际专线物流对运输物品的重量、体积、价值等具有一定限制，导致很多大件物品和贵重物品只能通过国际商业快递运送，海外仓的出现不仅突破了物品重量、体积、价值等方面的限制，而且费用比国际商业快递企业的要便宜。 第二，海外仓直接从本地发货，大大缩短了配送时间，而且使用本地物流一般都能在线查询货物配送状态，从而实现了包裹的全程跟踪；并且海外仓的头程采用传统的外贸物流方式，按照正常清关流程进口，大大减少了清关障碍。 第三，海外仓提高了顾客附加值。 基于大数据分析，卖家可对供应链进行全程监控，降低海外仓的使用成本，实现从卖家被动等待物流公司配送转变为卖家远程操控货物、仓储、物流和配送等全流程，主动掌控了物流管理链。

海外仓模式需要综合考虑商品在国际市场销售的稳定性、库存的压货成本和仓储管理费用等问题，适用于销售规模较大的电商平台、外贸公司等企业，比如兰亭集势已经在美国加州建有仓库。 义乌大部分跨境电子商务企业销售的商品定价低、利润薄，物流成本占商品销售价格的比例过高，一般难以承受海外仓储模式的高成本。

（4）专线物流

跨境专线物流的优势在于其能够集中大批量到某一特定国家或地区的货物，通过规模效应降低成本。 因此，其价格一般比国际商业快递低。 在时效上，专线物流稍慢于国际商业快递，但比邮政包裹快很多。 常见的专线物流有美国专线、欧洲专线、澳洲专线和俄罗斯专线等，也有不少物流公司借力"一带一路"推出了中东专线、南美专线和南非专线等。 随着跨境电子商务的快速发展，一些物流服务企业针对售卖热门国家和地区，提供了专线物流服务，如中俄专线、中东专线和 e 邮宝（中美的中邮小包专线）等。 专线物流的特点是针对运送到指定国家和地区的重量较轻的快递（一般为 2 千克以下），其费用成本较低、妥投时间短、丢包率低，具有综合优势。 义乌很多跨境电子商务企业也会选择该物流方式发送包裹，但由于目前开通专线的国家较少，其应用范围受限制较大。

11.3.4　义乌小额跨境电子商务物流新模式

跨境物流的升级建设是一个面广、综合性强的系统性工程，要实现对物流、信息流、资金流和商流的有效整合，这对巩固义乌跨境电子商务的发展、培育竞争优势、提高全球价值链地位具有重要意义。 跨境物流企业通过共享现代物流技术、提升物流服务水平、加强物流信息化建设、培养物流人才等形式整合资源,结合国际物流企业及国际快递企业提供的物流模式,抱团发展,探索义乌小额跨境电子商务物流发展新模式,共享"一带一路"新商机。

（1）依托第三方物流企业,创新跨境物流模式

第三方物流是指在电子商务时代由物流劳务的供给方（生产、流通企业）,需求方（零售业、消费者）之外的第三方去运作物流服务。 也就是说,第三方以签订合同的方式在一定期间内为供给方提供满足需求方的物流服务,并依靠信息的集成产生增值,从而获取利益。 第三方物流企业需要具有一定规模的物流设施设备（库房、站台、车辆等）,专业经验,仓储或货运等能力来经营企业,它是社会分工日益明确的产物。 对于众多的跨境小额电子商务企业而言,需要第三方物流的技术较为先进、配送体系较为完备,考察它的指标有方便性、快捷性、风险性、成本和服务深度 5 个方面。 根据第三方物流企业主体不同,小额跨境电子商务物流配送模式有 3 种:第三方物流海外仓储模式、跨境电子商务物流联盟模式和第三方物流企业合作模式。

第一,第三方物流海外仓储模式。 义乌积极探索"市场采购贸易＋海外仓"发展模式,已建设"海外仓"22 家,总面积 5.8 万平方米,但仍存在跨境电子商务企业"海外仓"应用率不足 10％、综合服务能力不高、标准参差不齐及缺少第三方平台大数据支撑等问题。 义乌小额跨境电子商务企业在使用海外仓物流模式时碰到的最大问题在于运营维护成本过高,特别是海外仓前期建设资金需求量较大。 义乌以"一带一路"倡议为契机促进跨境电子商务平台或第三方物流企业建立海外仓储中心,利用其货物量大、运营技术强等优点,发挥规模效益,降低小额跨境电子商务企业海外仓运营成本。

义乌小额跨境电子商务企业还可利用边境仓和虚拟海外仓等新型海外仓模式来提高物流服务质量。 边境仓是指在与贸易量巨大的国家的边境地区设立国内仓库,从而规避人工费用高、税收政策不同和管理困难等问题。 目前,有小部分义乌跨境电子商务企业,针对俄罗斯贸易量集中、发货量大的特点,在国内靠近俄罗斯边境地区设立边境仓,较好地解决了货物发送时效低的问题。 虚拟海外仓是近年来兴起的一种跨境物流模式,跨境电子商务企业与国外贸易公司合作,运用"完税后交货"的方式进行大包清关,货物到达目的

国后再拆包派送，特点是清关耗时短、成本低。

义乌小额跨境电子商务企业应该根据自己的商品特性、销售规模和服务能力，挑选合适的海外仓储模式。政府在海外仓项目审批、融资贷款、财政补贴等方面给予支持，以配合行业的发展趋势。同时，跨境电子商务物流企业在构建海外仓时，需要完善仓储管理工作，包括规范化、智能化和定制化等。仓库与使用者之间在地理上相隔万里，仅通过互联网等现代通信技术对库存进行远程遥控，这就要求跨境电子商务物流企业配套智能简易操作系统，让各种非物流专业的使用者可以方便地管理库存，实现信息流、物流的无缝对接。

第二，跨境电子商务物流联盟模式。该模式主要是由多个跨境电子商务企业联合在国内一个或几个城市建立大型仓储配送中心，联盟内企业在收到海外消费者的订单后，将货物发送到指定仓储配送中心或预存在仓储配送中心，由仓储配送中心完成集货、理货、拣货、配货和包装等处理工作，然后将编码后的货物通过联盟合作的跨境物流服务运营商发送到目的国，最后送到买家手中，如图 11-1 所示，图中实线为物流，虚线为信息流。

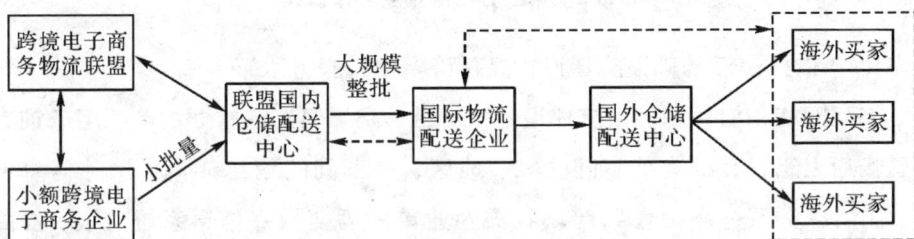

图 11-1　跨境电商物流联盟模式

义乌目前存在着许多跨境电子商务聚集区，如中国网店第一村、义乌跨境电子商务服务园区、樊村、青口等。义乌可以采用政府推动、行业协会领头的方式，与国际物流企业合作，在聚集区中建立跨境电子商务物流联盟，为跨境电子商务企业提供完善的物流配套服务。跨境物流服务运营商对规模大、流量快、集中发货的客户，都会给予较大的折扣。跨境电子商务物流联盟建立在互惠互利的基础上，通过相互协商，优化跨境物流流程和配送方式，发挥规模经济作用，提升运行效率，降低服务成本，联盟还可以针对包裹数量较多的国家成立专线物流。

第三，第三方物流企业合作模式。 在该模式下，跨境电子商务企业发往海外的货物，先发往第三方物流企业在国内的物流中心，然后物流中心根据货物性质和收货地址集中发往目的国，目的国的海外合作伙伴（海外本地物流企业）再将货物送达到消费者手中，如图 11-2 所示。 该模式可以较好地解决目前义乌多数小型物流企业无法在海外大量设立配送站点、开展跨国包裹配送业务的问题。 现在一般消费者所进行的海外购买都是由这一物流过程实现的，此物流服务过程可以由一家物流公司实现，也可由多家物流公司整合后实现。 对于跨境电子商务企业来说，第三方物流企业合作模式能够节省时间和成本，从而提升消费者的购买体验。

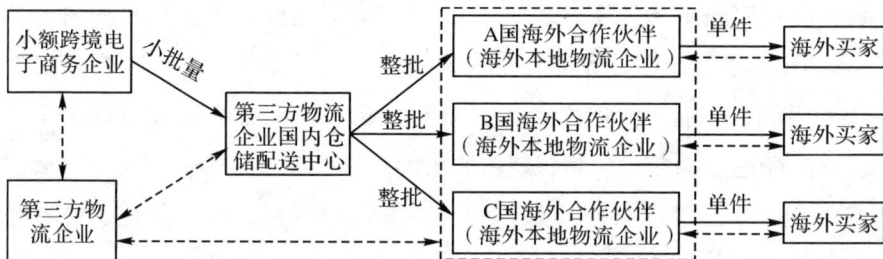

图 11-2 第三方物流企业合作模式

（2）依托信息基础设施建设，提高跨境物流服务水平

加强网络和信息基础设施建设是"一带一路"倡议的重要内容，用于铺就信息畅通之路，不断缩小不同国家、地区、人群间的信息鸿沟，消除信息壁垒，让信息资源充分互通。 跨境物流企业首先需要做好信息系统建设，提高分拣与配送的准确性和效率，提升整个仓储部门的工作能力和水平，减少因数据问题而产生的"爆仓"等现象。 此外，还要建设能在国际上运行的网站，提高信息化水平，方便外国网民查询包裹信息，提高美誉度。 同时，要在当地设立多个网点，形成自己的仓储配套设施网络，以确保物流畅通并降低因货物积压而导致爆仓的可能性。

对于义乌跨境物流产业而言，加大物流信息基础设施建设、扶持物流企业发展是跨境物流信息化发展的重要途径。 信息系统是跨境物流信息化建设的重要内容，其储存的信息是物流运输中必不可少的。 信息系统需要具有易得性、灵活性和准确性，具体体现在信息系统能够快速而准确地将众多书面信息转化为电子信息，并向信息需求方提供简易、快捷和准确的信息获取方式。除此之外，跨境物流企业还要做好物流服务标准化、规范化工作。标准化是指物流服务要正规，这对于提高物流速度、效率至关重要；规范化是要求跨境物流企业在运输工具、包装、装卸、仓储和信息，甚至资金结算等方面采用统一标准，不同物流企业间实现无缝对接，以达到物流效率的最大化。物流企业还需要建设和完善基础设施及设备、信息系统、仓储技术、自动化与智能化的立体仓库、增值服务设施等现代物流系统，提升服务水平。

跨境电子商务物流产业的发展离不开完善的服务体系，要加大对资金、人才、技术和信息等的建设，改善行业发展环境，构建综合性服务平台，健全服务体系。义乌需建立起动态公共信息平台，实现企业之间、企业与政府之间的信息共享，提升跨境物流监控和预测能力，从而降低物流成本。公共信息平台能实现旺季跨境物流预警，有助于跨境电子商务企业提前与物流公司协调好，保障物流的速度。此外，动态公共信息平台要对跨境电子商务市场、热门的商品品类、目的国消费者偏好及目的国海关监管要求等进行研究，提供研究报告，让跨境电子商务企业能紧跟海外市场趋势，从而提高企业国际竞争力。

（3）依托现代物流技术，促进跨境物流企业升级

义乌跨境物流产业的发展，迫切需要物流企业的转型升级。义乌通过运用 RFID、条码、GPS、MIS 等现代物流技术提升服务功能和附加值，实现物流企业技术水平的升级和服务流程的优化。此外，跨境物流企业可以创新服务项目，在运输、仓储和包装等物流服务的基础上，增加供应商库存管理、代理售后、数据服务等一体化、专业化、个性化的增值服务，从附属服务者向治理者角色转变。针对跨境物流企业规模小、竞争力弱的缺点，义乌采用合资、联营和连锁等方式建立联盟，通过有效的分工合作，共享现代物流技术，增强企业竞争力，打造区域物流品牌。共享现代物流技术，一方面需要引导义乌跨境物流企业在引进先进技术基础上提高技术应用效率，加强对新技术的学习和技能训练，促进与小额跨境电子商务企业的融合，增强物流企业的运作能力；另一方面义乌相关部门还应加强引导和规范，主动为跨境物流企业提供涉及海外监管政策、法律和知识产权等方面咨询服务，提供融资、审批和资

格认证等政策支持。

（4）依托国内电子商务发展基础，引进和培养高素质物流人才

国内电子商务发展多年，由最初的缺乏认识到现在网商群体的不断壮大，形成了良好的电子商务环境，尤其是促进了国内物流行业的迅猛发展。如义乌建立起全国首个快递数据实时分析系统，成立了全国首个县级邮政业安全中心，发布了义乌快递指数。因此，国内物流的蓬勃发展有助于义乌发展跨境物流。义乌可以借鉴国内物流的人才培养体系、跨境物流企业建立健全自身的人才培养体系和规划，对现有员工和技术人员，有计划地进行技能培训和知识更新，提高服务意识和专业化水平。

一方面，义乌加强物流产业集群与高校、科研机构的合作，建立"产学研"机制。义乌采用定向培养、合建实训基地等形式，完善物流人才培养体系，提升高校毕业生的物流理论素质、技术水平，丰富他们的实践经验，为跨境物流产业的发展提供强有力的人才储备。另一方面，义乌加大对高校专业建设的投入，鼓励校企合作、联合办学，支持社会培训机构的发展，增加对跨境物流人才培养的支持力度，形成多类型、多层次、多渠道的人才培养体系。同时，义乌出台相关政策，改革人才管理机制和评价方法，建立起一个开放、公平、透明的环境，吸引外来物流人才。义乌还定期举办各种论坛和交流会，提高物流企业区域知名度，吸引高端优秀人才。

（5）依托"一带一路"建设，加大政策扶持力度

义乌搭乘"一带一路"快车把物流的硬件基础建设和软件系统管理相结合，从资金、政策、结构等方面进行支持，引导跨境物流企业做大做强。在传统对外贸易中，义乌建立了"大通关"模式，实现了外贸物流的高效化。针对日益发展的跨境电子商务物流，义乌也应画好规划发展的蓝图，构建综合性平台，将检验、报关和税收等环节进行整合，提供全方位的"一站式"服务，简化跨境物流流程。义乌可以从城市物流总体规划入手，坚持规划管理和科学扶持并举，对物流仓储、交通枢纽、无水港和路港口岸等物流基础设施建设加大投入，统筹规划，充分考虑物资集散通道、各种运输方式之间的衔接能力及物流功能设施的合理配套，兼顾短期运作和长远发展的需要。

义乌需从区域物流的实际情况，在政策和法规上，给予大力扶持，建立起

跨境物流产业政策和集群发展政策，规范行业行为，促进跨境物流产业集群的发展和壮大。 发展政策应该包含对产业集群的支持、引导、发展和监管多个方面。 支持、引导性政策主要从税收、土地、投资、发展环境等角度出发；发展性政策主要从鼓励物流企业规模化，培育龙头企业，引进国内外知名物流企业等角度出发；监管性政策主要从行业规范、市场准入和管理监管等角度出发。 同时，政府还应该帮助物流行业解决集群发展中存在的不足和危机。 义乌的跨境物流产业还处在高速发展阶段，不够成熟，难免会出现"市场失灵""恶性竞争"等情况，政府应该通过有效规范和调控，弥补市场不足，提高市场效率。 另外，义乌需要采取各种措施降低跨境电子商务企业的运营成本，可以通过进一步加快义乌国际邮件互换局和交换站建设，提升跨境物流运作效率，降低物流成本。

12

世界"小商品之都"：
习近平新时代义乌的实践主题

以市场集聚为牵引，义乌国际贸易综合改革从顶层设计、制度建构、机制设计与政策配套等维度不断推进义乌国际贸易综合改革，夯实了制度框架体系，积累了丰富的义乌实践经验，将义乌贸易改革推向了纵深。纵观义乌国际贸易改革历程，贯穿着市场发展制度的嬗变。可以说，对于市场发展预应式改革的先验性、及时性及其纵深维度的有效把握是义乌国际贸易改革的内涵特征所在，也是其有效推进的依赖路径。

义乌国际贸易改革进入试点改革期以来，国际国内经济形式呈现诸多新特征：国内社会主义市场经济建设进入深化改革期，中国社会主要矛盾已经转化为人民日益增长的美好生活需要和不平衡不充分的发展之间的矛盾，如何"坚持解放和发展社会生产力，坚持社会主义市场经济改革方向，推动经济持续健康发展"，"改变发展方式、优化经济结构、转化增长动力"，是经济领域改革的旨归所在。从国际上来看，逆全球化涌现，"世界经济缓慢复苏、发展分化，国际投资贸易格局和多边投资贸易规则酝酿深刻调整"。义乌国际贸易改革的深化也面临如何回应上述问题，进而如何融入社会主义市场经济改革，衔接供给侧改革与全球价值链视域下区域协同发展。

2015 年 12 月，习近平在中非领导人与工商界代表高层对话会暨第五届中非企业家大会闭幕式上发表重要讲话时，称义乌为世界"小商品之都"，为义乌国际贸易改革发展指明方向，也破题了义乌国际贸易改革的"现实回应"问题、市场改革融入问题及广域改革衔接问题。进入习近平新时代广域改革期以来，义乌国际贸易改革在上述方面也逐步明确了改革方向、探明了改革路径并厘清了改革理路，即坚持"兴商建市"发展战略，以全面推进改革创新为动力，围绕小商品，布局大市场，建设大城市，发展大产业，加快打造世界"小商品之都"。2017 年《试点计划》锚定以来，围绕国家 8 部委联合下发的《试点通知》，习近平新时代义乌国际贸易改革迈向高水平发展的新征程。

12.1　市场延拓：献礼贸易强国建设

12.1.1　探索市场体制模式，优化资源配置效率

发展经济学界别了行政性分权（Administrative Decentralization）[①]与市场性分权（Market-oriented Decentralization），刻画了经济转轨及经济体制构建理路的制度范式。进入习近平新时代广域改革期，义乌国际贸易改革围绕市场建设与市场主体地位构建，布局大市场，从顶层设计层面统筹行政权属与职能；围绕市场边际与政府边际，完善产品市场、资本市场与要素市场等多元领域市场主体的微观决策体制；行政部门职能导向宏观政策及宏观监管，在微观管理方面主要通过市场中介予以间接调节，借由市场性分权，厘清政府职能边际，探索市场体制模式，激活多元市场参与主体的"鲶鱼效应"，盘活产品市场、要素市场微观配置机制，发挥世界"小商品之都"以小及大、以点带面的溢出效益及协同机制，丰富并不断拓展世界"小商品之都"的多维内涵。

（1）加强贸易制度改革，完善市场体制模式

围绕世界"小商品之都"这一定位，义乌国际贸易改革围绕贸易方式、清关、质检、免疫与金融等，强化制度创新与完善，以贸易自由化、便利化为重要尺度，优化了相关的贸易制度。以县域贸易政策为基础，探索杭

---

① 　Alexis de Tocqueville：*Democracy in America*，University of Chicago Press，2000.

州、宁波与金华三地政策协调与衔接的情况，承接综合改革期有关异地清关、异地质检便利化举措。围绕新时期发展定位，义乌强化对市场主体与业态发展的服务创新，通过提升市场综合服务水平，完善产品发布、营销策划、公共仓储、物流配送和金融保险等配套功能，力图打造万亿规模五星级旗舰市场。另外，在引导市场发展的同时，义乌"健全现代政府治理体系"（《试点计划》，2017），切实寻求政府与市场边际的界定，将主要侧重点进一步聚焦于市场机制建设的宏观引导与政策规制，探索增加市场采购交易信息确认主体、优化市场采购管理流程、推进现代物流创新发展试点工作及建立国际贸易综合信息服务平台（《试点通知》，2016），不仅从贸易制度层面厘清了贸易所属市场参与主体的权责及贸易规制，也逐步探析了一条契合习近平新时代义乌国际贸易改革的市场体制模式。

（2）强化市场主体作用，优化资源配置效率

进入习近平新时代广域改革期以来，义乌国际贸易改革围绕市场建设及资源配置，出台了一系列举措，旨在强化市场发展对世界"小商品之都"建设的支撑作用。同时，义乌着重从制度层面，加强制度构建，通过深化小商品国际贸易制度创新、研究探索进口贸易发展新机制、探索适应跨境电子商务发展的管理制度与规则和深入实施金融专项改革等（《试点计划》，2017），明确显性制度，规制隐性制度，发挥显性制度平滑市场摩擦的契约作用；此外，义乌围绕党的十九大"完善产权制度和要素市场化配置"，"实现产权有效激励、要素自由流动、价格反应灵活、竞争公平有序、企业优胜劣汰"（习近平，2017），进一步健全市场配置机制，通过上述制度层面的探究及厘清，进一步规制隐性制度之于市场资源配置主体作用的负外部性，从制度层面压降显性制度不明确引致的隐性制度外部不经济问题，排除资源配置中引致市场失灵的发轫源头。在习近平新时代，"一带一路"倡议不断被深化推进，供给侧结构性改革方兴未艾。义乌国际贸易改革既面临如何衔接"一带一路"倡议，统筹好全球资源与全球市场的问题；又面临着融入供给侧结构性改革，打好贸易领域供给侧结构性改革"攻坚战"的现实诘问。进一步强化市场的主体作用，不断优化资源配置效率，是义乌打破改革桎梏的关键杠杆所在。

（3）厘清政府职能边际，发挥宏观调控作用

无论是优化市场采购管理流程、完善中欧班列（义乌—马德里）配套政策、推进义乌市现代物流创新发展城市试点工作与建立国际贸易综合信息服务平台（《试点通知》，2016），还是深化小商品国际贸易制度创新、研究探索进口贸易发展新机制、探索适应跨境电子商务发展的管理制度与规则、深入实施金融专项改革、健全现代政府治理体系、优化国际化城市功能和品质等（《试点计划》，2017），以及习近平新时代义乌国际贸易改革实践，均贯穿了对政府职能边际的探析及框定。十一届三中全会以来，改革开放历程的一个重要特征就是政府与市场边际问题。在这一问题上的分野，决定了对改革及建设社会主义市场经济的立场，作为国民经济的重要环节，国际贸易改革不可避免地遵循这一改革嬗变理路。

12.1.2　锻造开放营商环境，激发市场主体活力

从贸易主体构成上来看，义乌贸易市场中有海量中小微企业参与进出口贸易，市场主体多元，自然人与企业并立。义乌贸易企业在所有制结构、贸易方式、融资结构和贸易边际等层面呈现多样性特征。与此同时，义乌一方面放宽对私有制企业市场准入与融资的约束，创新贸易方式（Manova，2012，2014；Antras，2003；Chaney，2008），压降其市场参与者所面临的市场摩擦；另一方面响应党的十九大提出的"完善各类国有制企业运营机制，深化国有企业改革"（习近平，2017），推进贸易领域混合所有制经济的率先培育及发展，是锻造开放营商环境、激发市场主体活力的应有之举。而党的十九大提出的"支持民营企业发展，激发各类市场主体活力"（习近平，2017），即是义乌建设世界"小商品之都"的市场主体禀赋所在，也是习近平新时代义乌国际贸易改革的关键。

（1）增加市场采购交易信息确认主体，优化市场采购管理流程

义乌承接综合试点改革期市场采购贸易阶段性成果，强化贸易信息体系建设，搭建与贸易产品、贸易方式和企业主体结构等相适应的市场采购管理流程，进一步深化对贸易过程的链式化管理，搭建产品产地、产品销售市场、产品种类及贸易主体的全息追溯体系，规范市场主体参与、产品准入及贸易监管

准则，形成健康有序的贸易市场。

（2）深化小商品国际贸易制度创新，释放制度红利，挖潜市场主体活力

义乌深化适应小商品贸易的国际贸易制度创新，针对小商品单位附加值不高、贸易体量大、频次高的特征，通过制度创新，在贸易质量发展的框架下，便利化市场准入、采购方式、运输、检验检疫及清关流程，通关效率明显提高。2016 年，60％以上出口商品得到快速放行，80％以上出口商品办单周期从 1～2 天缩短到 1 小时以内，97.5％以上的小额小批量法检商品实现快速出单，有效实现了压降贸易成本。同时，义乌借由政策红利的持续蓄积与释放，形成制度摩擦平滑、市场风险可控的小商品国际贸易市场，稳步挖潜市场主体活力。

（3）创新发展现代物流，建立国际贸易综合信息服务平台，完善贸易基础设施

党的十九大提出，要"拓展对外贸易，培育贸易新业态新模式"，"实行高水平的贸易和投资自由化便利化政策"，与此同时，"创新对外投资方式"，"形成面向全球的贸易、投融资、生产、服务网络，加快培育国际经济合作和竞争新优势"（习近平，2017）。习近平新时代义乌国际贸易改革，聚焦于搭建贸易基础设施体系，建构贸易通道网（Trade Corridor Networks）①，完善配套物流体系、信息服务体系，发挥贸易基础设施在促进贸易品流转方面的基础作用，深入推进"义新欧"专列及"义甬舟"开放大通道建设，搭建区际及区域贸易基础设施；同时基于对外贸易的市场拓展边际及集约边际拓展路径，加快贸易基础设施建设，强化"一带一路"嵌入，打造"一带一路"陆上桥头堡，拓宽"义新欧"专列贸易通道内涵，即以要素链、产业链、贸易链和风险链为主体的通道网络谱系与价值链网，发挥它们内含的基础设施引致空间经济转移、承接和协同的作用。"义新欧"中欧班列快速发展，2016 年底，班列共开通运输线路 8 条，累计开行 137 列，发送 10 370 个标箱，同比增

---

① 贸易通道是根据一个矩阵或"贸易协定和条约的文化、法规、授权的立法，以及统御贸易关系、制度与结构的风俗"，具有特定地理模式，且在社区内或社区间流转的产品流、服务流与信息流。

长 283.6％，辐射 34 个国家；沿线设立物流分拨点 5 个，建成海外仓 8 个，班列运行速度提升 24％，运输成本下降 22％，成为全国开行线路最多、满载率最高的班列，被纳入了全国中欧班列规划，义乌也被确定为 12 个内陆主要货源节点之一。　义乌港与省海港集团正式签约，资产与资源整合同步推进，义乌港港口服务功能和水平进一步提升，多式联运模式不断优化，海铁联运班列发送 11 882 个标箱，同比增长 47.9％。　义乌强化异地检验检疫与清关合作机制，发挥杭州港、宁波港及舟山港嵌入海上丝绸之路的作用，将世界"小商品之都"建设融入海上丝绸之路的框架中。　建设空中丝绸之路贸易基础设施体系，发挥空中丝绸之路高附加值产品流转效率、中高全球价值链体系衔接作用与投资便利化引致效应，形成增益贸易价值跃升的基础设施体系，搭建习近平新时代义乌国际贸易改革的产品、产业贸易设施基础。　建立国际贸易综合信息服务平台，创新贸易电子商务体系及监管机制，搭建网上丝绸之路贸易通道。　通过搭建"海陆空网"四位一体的贸易通道体系，一方面为小商品贸易提供物理基础及贸易通道，压降贸易成本，适配小商品价格比较优势的贸易比较优势基础；另一方面，搭建适应梯度价值链贸易的现代物流体系与贸易通道网络，推进义乌世界"小商品之都"的内涵发展与外延延拓；进而突破贸易单极发展，发挥义乌全球价值链体系内要素流转的嵌入点作用，促进国内企业从出口向对外投资的发展跃升，引进国外要素、国内市场主体参与，促进贸易引领、要素附着的世界"小商品之都"的建设。

（4）深入金融专项改革，完善营商金融环境

针对党的十九大提出的"深化投融资体制改革，发挥投资对优化供给结构的关键作用"（习近平，2017），义乌围绕国际贸易与国际金融开放经济条件下风险推衍特征，围绕开放营商环境与市场主体活力这一旨归，深化金融专项改革，通过聚焦贸易金融、公司金融等，完善融资体系建设，推进金融领域多主体参与，推进金融体系市场化建设，创新融资方式，拓宽融资渠道。　加大贸易金融建设力度，探索创新质押、仓单、提单和保理等多元融资方式，"深化金融体制改革，增强金融服务实体经济能力，提高直接融资比重，促进多层次资本市场健康发展"（习近平，2017）。　强化监管配套，"健全金融监管体系，守住不发生系统性金融风险的底线"（习近平，2017），搭建监管有序、

风险可控的金融体系，着力解决中小企业、私有制企业及轻资产企业融资约束问题，拓宽融资渠道，压降融资成本，有效引导资本回归贸易、回归实体，让贸易结算便利化持续深化，让供应链金融服务平台不断涌现，让社会信用示范城市建设不断深入，极大完善营商金融环境。

12. 1. 3　推进制度禀赋积聚,延拓贸易投资边际

党的十九大提出的"完善产权制度和要素市场化配置"，"实现产权有效激励、要素自由流动、价格反应灵活、竞争公平有序、企业优胜劣汰"（习近平，2017），加快完善了社会主义市场经济体制，明确了习近平新时代义乌国际贸易改革的市场经济改革内涵与制度禀赋内涵，同时要求围绕社会主义市场经济体制建设，切实推进贸易体制改革。

（1）深化贸易结算监管模式改革

义乌参考自由贸易试验区的经验做法，探索在义乌市场集聚区内建立与国际贸易相适应的本外币账户管理体系，促进跨境贸易、投融资结算便利化。争取放宽准入条件，鼓励符合一定条件的贸易综合服务企业开展全口径跨境融资、人民币发债和跨境双向人民币资金池业务。

（2）探索市场采购进口贸易机制创新

义乌以"一带一路"沿线及签订自由贸易协定的国家和地区为重点，实行限经营主体、限商品种类、限免税购物额度和单批报关货值、限经营场所等"四限"措施，对符合国家相关规定的特定人员进行免税销售，条件成熟后逐步扩大到全品类日用消费品的进口。

（3）做强"义新欧"高能级开放大平台

义乌巩固"一带一路"建设的早期成果，推动"义新欧"中欧班列的市场化营运，做大班列规模，发展国际中转集拼、国际邮件（快件）运输业务，增加过境站点、分拨点，探索跨国海关和铁路协调机制。

12.2　产业升级:践行供给侧结构性改革

12.2.1　平衡供需动态嬗变,提高供给体系质量水平

随着改革开放进程的推进及社会主义现代化建设的发展,中国社会的主要矛盾已经转化为人民日益增长的美好生活需要和不平衡不充分的发展之间的矛盾,如何"坚持解放和发展社会生产力,坚持社会主义市场经济改革方向,推动经济持续健康发展","改变发展方式、优化经济结构、转化增长动力",是经济领域改革的旨归所在。党的十九大提出,要"优化存量资源配置,扩大优质增量供给,实现供需动态平衡"(习近平,2017),供给侧结构性改革诉诸"提高供给体系质量""增强中国经济质量优势",进而"促进中国产业迈向全球价值链中高端"(习近平,2017)。习近平新时代义乌国际贸易改革,坚持党的十九大有关供给侧结构性改革要求,从贸易端切入,发挥贸易对产业结构调整与产品质量提升的引致作用。

(1)供给质量水平稳步提高,现代服务业新增长极跃升

通过加快培育新兴产业、改造提升传统产业、激发实体经济活力,经济发展结构不断优化,质量水平不断提高。2017 年,义乌全市实现地区生产总值1 158.04亿元,按可比价计算增长 7.5%。其中,第一产业增加值为 21.81 亿元,增长 0.6%;第二产业增加值为 373.75 亿元,增长 4.5%;第三产业增加值为 762.48 亿元,增长 9.4%。第三产业发展迅猛。与此同时,服务业增加值增长9.4%,高出 GDP 增速 1.9 个百分点,"加快发展现代服务业"(习近平,2017)成效凸显,现代服务业新增长极跃升。2017 年,装备制造、战略性新兴、高新技术等产业的增加值分别增长 50.8%,17.5%和21.1%,占规模以上工业增加值的比重分别为 11.8%,14.3%和28.7%,比重分别较 2016年提高 2.3,6.7 和 4.5 个百分点,"传统产业优化升级"(习近平,2017)成效显著。

(2)消费量稳步增长,中高端消费新增长点发育

2017 年 1—11 月,义乌社会消费量稳步增长,消费规模不断扩大,消费增

幅稳有中升,全市限额以上单位实现零售额 167.8 亿元,同比增长 17.4%。其中,按行业分,批发业零售额为 2.8 亿元,同比增长 21.8%;零售业零售额为 159.8 亿元,同比增长 17.3%;住宿业零售额为 3.1 亿元,同比增长 16.4%;餐饮业零售额为 2.1 亿元,同比增长 10.3%。 2017 年全年,义乌实现社会消费品零售总额 653.8 亿元,同比增长 11.5%,增速较一季度提高了 1.3 个百分点。

（3）供需平衡稳态,协同发展新常态发端

工业生产保持平稳,产销衔接状况持续改善。 2017 年,规模以上工业产销率为 96.5%,比一季度、上半年和前三季度分别提高了 1.2,1.6 和 0.8 个百分点。 需求稳态发展,集中体现为投资额增长快速,固定资产投资为 633.1 亿元,同比增长 18.2%。 消费量稳步增长,社会消费品零售总额为 653.8 亿元,增长 11.5%。 外贸进出口额平稳增长,2017 年实现进出口总额为 2 339.37 亿元,增长 4.93%。 其中,出口总额为 2 304.48 亿元,增长 4.68%;进口总额为 34.89 亿元,增长 25.24%。

12.2.2 发挥集聚溢出效应,协同区域产业布局

新经济地理学阐释了市场集聚下引致产业与区域发展的学理脉络。 党的十九大提出, "建立更加有效的区域协调发展新机制", "促进中国产业迈向全球价值链中高端" （习近平,2017）,是习近平新时代义乌国际贸易改革的内涵要义所在。 旨在建立世界 "小商品之都",习近平新时代义乌国际贸易改革紧扣区域协调发展与产业跃升,一方面通过统筹国内外市场、对接实体及电商渠道,进一步发挥了义乌建设世界 "小商品之都" 大市场作用,辐射区域产业布局,尤其是较好地对接了区域内小商品生产产业的产能;另一方面伴随着义乌国际贸易改革的内生发展,也在很大程度上倒逼了区域产业的优化升级,尤其是 "传统产业的优化升级" 与 "加快发展现代服务业",以期 "促进中国产业迈向全球价值链中高端" （习近平,2017）。

（1）缓释传统产业产能,稳态产业发展跃升

供给侧结构性改革,面临传统产业转型升级过程中经济包括产业的 "软着陆" 问题。 针对这一个问题,义乌较好地发挥了其 "大市场" 对于区域内传

统产业过剩产能的去化、贸易边际的拓展，扩大了产品的出口市场，也增加了既定市场内的贸易强度，或者说提高了产品的吸纳能力。 区域产业过剩产能的去化及贸易增长态势良好，无疑为稳态区域产业发展跃升奠定较为稳健的市场基础。

（2）承接区域产业存量，倒逼区域供给优化

在贸易主体上，义乌贸易市场主体包括诸多中小企业，"小商品"呈现出显著的异质性特征，市场参与主体与产品的双重异质性的耦合，决定了义乌贸易特征从微观层面呈现为异质性企业出口，而从宏观层面来看则显示为产业内贸易与产业间贸易并立，且以产业间贸易为主的贸易形态，两者都依赖于产品的差异化生产。 产品生产的垄断竞争特征与贸易的异质性特征，不可避免地预示着存量资源配置更迭存在较大的市场失灵限制，产业升级难度大且所面临的风险暴露水平高企，义乌"大市场"通过集聚化贸易，缓释了传统产业产能，为企业实现稳态产业跃升提供了市场基础与市场驱动。 在贸易倒逼下，促进了传统产业升级与现代服务业的发展，区域内企业科技创新驱动发展。 2017 年 1—9 月，义乌规模以上工业高新技术产业产值为 165.1 亿元，同比增长 31.6％，占规模以上工业产值的比重为 26.6％，较上年同期提高 5.1个百分点。 2017 年 1—9 月，规模以上工业完成新产品产值为 213.7 亿元，同比增长 24.8％，高于规模以上工业产值 14.6 个百分点；上述新产品产值对总产值增长的贡献率为 73.8％，新产品产值率为 34.4％，较上年同期提高 4 个百分点。 产业结构调整稳步推进，2017 年 1—9 月，义乌规模以上工业装备制造业、高新技术产业、战略性新兴产业增加值分别增长 59.9％，19.7％和18.7％，分别占规模以上工业增加值的比重为 10.8％，28.3％和 14.8％，比重分别比上年提高 3.6，5.6 和 6.6 个百分点。

（3）释放市场集聚溢酬，耦合区域产业发展

进入习近平新时代义乌国际贸易广域改革期，义乌市发改委提出"围绕小商品，发展大市场"与"围绕小商品，发展大产业"两大战略布局，旨在"争取到 2022 年，建成本地、市外、线上 3 个万亿级市场，成为全球小商品供应链管理中心"，"争取到 2022 年，建成时尚、信息、装备、健康四大千亿级战略性新兴产业集群"。 浙江经济产业格局，围绕义乌"大市场"，呈现出差

异化发展下的集聚特征，形成了兰溪纺织、永康五金、海宁皮革等差异化发展
下的产业集聚，这些既是市场博弈下空间集聚效应的自然导向，也是区域协调
发展机制的产业呈现。

12.2.3　优化产业梯度分布，重塑贸易价值链格局

当前逆全球化涌现，"世界经济缓慢复苏、发展分化，国际投资贸易格局
和多边投资贸易规则酝酿深刻调整"（习近平，2017），贸易摩擦与贸易壁
垒，是全球化失范下的现实图景呈现。伴随贸易保护主义的是全球价值链的
深刻嬗变，作为全球分工体系的价值谱系，全球价值链刻画了各国或其具体产
品在全球化大生产中的内涵价值与价值梯度。义乌因"小商品"而兴，是中
国产业体系发展的一个缩影。进入习近平新时代义乌国际贸易广域改革期，
义乌国际贸易改革衔接供给侧结构性改革广域布局，紧扣"促进中国产业迈向
全球价值链中高端"（习近平，2017），义乌市发改委提出"围绕小商品，推
动大创新"这一战略布局，旨在"争取到 2022 年，建成浙中西地区的'智慧
谷'"；同时，义乌通过推进创新平台建设、扶持与培育科技创新型企业、构
筑创新人才高地及完善科技创新服务体系等举措，建构产业梯度布局的基础，
以期重塑贸易价值链格局。

12.3　城市国家化：融入全面开放新格局

12.3.1　创建新型城镇格局，推进城市群建设

党的十九大提出"建立更加有效的区域协调发展新机制"，"以城市群为
主体构建大中小城市和小城镇协调发展的城镇格局，加快农业转移人口市民
化"（习近平，2017）。城市国家化进程及其融入全面开放新格局，虽表现
为区际衔接的嵌入，但我们可以看到，城市国家化进程，伴随着城市兴起、发
展，进而基于新经济地理中心边缘效应及空间集聚效应引致区域城镇化进程
与区域乡村振兴进程。城市的发展往往伴有新产业的形成与贸易的流转，隐
含了区域要素的集聚与产品的区域配置理路，城市并非孤立的内生系统，更多

的是在要素集聚分化平衡下得以形成。 在"小商品""大市场"的推动下，义乌形成了以要素集聚为特征的城市内核、价值链与产业链的区域梯度分布，有赖于环义乌城市群的存续及产业的梯度集聚。 进入习近平新时代义乌国际贸易广域改革期，义乌市发改委提出"围绕小商品，发展大城市"与"围绕小商品，发展大开放"两大战略布局，加速构建浙江第四大都市区及建立国际陆港城市。

（1）打造金义都市新区，以大都市区共建推进浙中城市协同发展

义乌围绕"小商品"与"大市场"，加快城市化建设进程，强化与浙中城市间的协作互补发展，发挥"大市场"资源配置效应，统筹区域协调发展与贸易价值链的梯度分布。 同时，加强交通基础设施互联互通，打造便捷化交通圈与立体交通网络体系，推动网络资源共享机制建设、一体化公共服务供给，打通要素流转实现互联互通，优化城市群要素空间配置，耦合城市经济互补发展，以大都市区共建推进浙中城市协同发展。

（2）释放城市群协同效应，构建大中小城市和小城镇协调发展城镇格局

义乌打造浙中城市群协同发展格局，释放城市群协同效应，特别是义乌"大市场"禀赋，发挥市场在资源配置中的基础性作用，"以城市群为主体构建大中小城市和小城镇协调发展的城镇格局"（习近平，2017），合理延展区域城市发展梯度，扩容城市承载力，优化区域内功能分化布局，构建大中小城市和小城镇协调发展的城镇格局。

12.3.2 延拓乡村振兴布局，推动区域协调发展

义乌挖掘农村经济腹地潜力，"建立健全城乡融合发展体制机制和政策体系，加快推进农业农村现代化"（习近平，2017），释放市场潜力，扩充要素市场。 形成"大市场"与乡村衔接图景，构建"小商品"与乡村衔接机制，打造习近平新时代义乌国际贸易改革期的改革广域基础。"巩固和完善农村基本经营制度，深化农村土地制度改革，完善承包'三权'分置制度"（习近平，2017），释放乡村资源禀赋效应，推进乡村经济发展，夯实经济腹地纵深发展。

义乌通过城乡新社区集聚建设，改善农民居住环境，增加房屋租金收入，

农民可享受城镇居民养老、医疗、教育等同等权利，并继续享有原村集体经济组织成员除宅基地以外的其他权益等；在新社区集聚模式下的结余土地将统筹用于城市发展，增强区域经济发展后劲。 义乌作为国家深化改革的重要试验田，通过完善宅基地取得和权益保障方式，针对全市不同区域农民，实现住房保障和权益保障，破解"人往哪里去"这一问题；通过探索宅基地资源有偿退出机制，在确保农民宅基地权益不受损和户有所居的前提下，破解"空间在哪里"这一问题；通过探索宅基地有偿使用机制，更好地发挥市场配置资源的决定性作用，破解"钱从哪里来"这一问题。 这些做法打通了新型城镇化、农业现代化之间的"任督二脉"，放大了改革综合效应，推动了区域协调发展。

12.3.3 衔接"一带一路"倡议，融入区际协同发展

融入"一带一路"倡议，是推进义乌国际贸易改革广域发展的切实措施，也是义乌国际贸易改革嵌入全球价值链体系、倒逼产业梯度布局、"促进中国产业迈向全球价值链中高端"的现实必然。 进入习近平新时代义乌国际贸易广域改革期，义乌市发改委提出"围绕小商品，发展大开放"战略布局，旨在建立国际陆港城市。 衔接"一带一路"倡议，打造"一带一路"陆上桥头堡，融入区际协同发展，是义乌国际贸易改革于习近平新时代广域改革期的必然选择。 义乌在国际贸易改革中不断探索相关衔接模式与融入范式，以期融入全面开放的新格局。

（1）完善通道基础设施，夯实贸易通道网络

义乌积极推进"义新欧"国际大通道建设，打造"义甬舟"开放大通道，拓展国际通道内涵及通道基础设施，搭建贸易通道网络，完善交通基础设施与网络基础设施，融合陆上丝绸之路与网上丝绸之路协调发展，增强贸易通达网络便利化、自由化效应，强化"义新欧"国际大通道双向货运体系建设，完善"义甬舟"开放大通道一体化"大通关"体系，夯实贸易通道网络。

（2）探索自由贸易港建设，便利化贸易投资

义乌紧扣党的十九大"探索建设自由贸易港"（习近平，2017），强化陆地自由贸易港建设，创新贸易机制、投资机制，"全面实行准入前国民待遇加

负面清单管理制度,大幅度放宽市场准入,扩大服务业对外开放"(习近平,2017),便利化贸易投资。

（3）创新对外投资方式,培育国际经济合竞优势

义乌根据党的十九大报告提出的,"创新对外投资方式,促进国际产能合作,形成面向全球的贸易、投融资、生产、服务网络,加快培育国际经济合作和竞争新优势"（习近平,2017）,切实转变其"小商品"流转单维发展方式,"坚持引进来和走出去并重"（习近平,2017）,创新贸易项下投融资市场主体规制、运营机制与监管机制,"全面实行准入前国民待遇加负面清单管理制度,大幅度放宽市场准入,扩大服务业对外开放"（习近平,2017）,创新要素引进机制,发挥国外市场多元要素参与国内市场的效应,盘活存量,推进全要素生产力的提升,积极吸纳离岸外移优质资本要素,推动产业价值链跃升。同时,拓宽要素"走出去"路径与机制,扩大要素市场范围,剥离过剩产能附着资本,优化要素配置,优化存量要素配置,扩大优质增量要素配置市场,培育国际经济合竞优势。

参考文献

［1］陈江伟，2013.基于双向认知满意度的区域展会平台提升研究——义乌文博会的案例［J］.商业经济与管理（6）：92-97.

［2］陈文玲，周京，2010.义乌传统市场转型升级研究［J］.中国流通经济（10）：8-12.

［3］丁俊发，2012.创新中国商品交易市场的发展模式［J］.商业现代化（34）：97-98.

［4］方雄伟，2015.深化义乌国际贸易改革试点的战略定位、路径及举措［J］.经济论坛（4）：72-76.

［5］冯拾松，2004.义乌中国小商品城国际化经营的环境和条件研究［J］.郑州航空工业管理学院学报（管理科学版）（2）：4-6.

［6］高虎城，2011.反对贸易保护主义　推动经济全球化进程［J］.求是（2）：60-62.

［7］高虎城，王珂.贸易便利化为出口注入新动力［N］.人民日报，2013-08-02（2）.

［8］海关总署.关于市场采购贸易监管办法及其监管方式有关事宜的公告［Z］.2014-07-01.

［9］国务院.关于印发中国（上海）自由贸易试验区总体方案的通知：国发〔2013〕38号［Z］.2013-09-18.

［10］国务院办公厅.国务院办公厅关于促进进出口稳定增长的若干意见：国

办发〔2015〕55 号 [Z].2015-07-22.

[11] 国相,2015.横跨欧亚大陆"义新欧"回程班列凸显商机 [J].中国对外贸易（3）：12-15.

[12] 何百林.义乌巧借展会壮大进口市场 [N].金华日报,2016-05-23（3）.

[13] 何美华,2010.义乌市发展现代服务业的实践与思考 [J].政策瞭望（9）：24-26.

[14] 洪涛,2012.论商品贸易市场商圈的勃兴与市场升级改造 [J].商业时代（1）：21-24.

[15] 洪玉宇,2014.国际贸易综合改革试点背景下义乌新型城市化研究 [J].环球市场信息导报（27）：18-29.

[16] 胡国富."鸡毛换糖"内涵价值的传承与创新 [N].义乌商报,2013-09-01（1）.

[17] 黄建军,2012.渠道控制的经济分析及其政策含义 [J].财经问题研究（1）：24-30.

[18] 黄凯南,2010.现代演化经济学基础理论研究 [M].杭州：浙江大学出版社.

[19] 黄卫勇,王莉,杜群阳,等,2015.义乌应率先建设"网上丝绸之路" [J].浙江经济（2）：48-49.

[20] 孔泾源,2012.当前经济体制改革的形势和重点任务 [J].中国经贸导刊（13）：16-18.

[21] 李虹,2012.浅谈电子商务与传统专业市场融合的内在机理 [J].商场现代化（9）：23-24.

[22] 李金龙,2015."义新欧"班列常态化助推义乌试点转型 [J].现代企业（12）：79-80.

[23] 李金龙,2016.关于"义新欧"班列常态化运行的思考 [J].港口经济（2）：28-31.

[24] 李克强.以改革创新驱动中国经济长期持续健康发展 [N].人民日报,2013-09-12（3）.

[25] 李克强.以改革为动力促进经济持续健康发展 [N].人民日报,2012-

11-23（1-2）.

[26] 李一飞，2013. 把电子商务打造成为经济转型升级新引擎［J］.政策瞭望（6）：26-27.

[27] 李子彬，2012. 中小企业仍大有空间［J］.中外管理（12）：49.

[28] 李子彬，2013. 中小企业具备 5 个要素就会美而强［J］.上海企业（5）：20-21.

[29] 林晓彬，2012. 基于供应链管理的专业市场转型升级路径研究——以泉州 A 公司为例［J］.江苏商论（6）：28-31.

[30] 刘广，2013. 专业市场与电子商务融合发展研究［J］.江苏商论（2）：40-45.

[31] 刘乐平，胡梦，徐晓恩. 市场采购贸易方式落地义乌［N］.浙江日报，2014-10-31（2）.

[32] 刘婷，2015. 国际贸易综合改革试点下义乌进出口贸易发展研究［D］.杭州：浙江理工大学.

[33] 龙腾紫，2011. 专业市场的转型升级研究［D］.杭州：浙江大学.

[34] 龙永图，2011. WTO 与世贸精神同行［J］.西部大开发（12）：25.

[35] 龙永图，2013. 中国企业国际化问题研究［J］.中国市场（7）：35-39.

[36] 陆立军，刘猛，2013. 电子商务诱致下专业市场交易制度的变迁：理论与模型［J］.商业经济与管理（5）：22-29.

[37] 陆立军，郑小碧，2012. 基于个体群动态演化的专业市场制度变迁研究：理论、模型与实证［J］.制度经济学研究（4）：26-48.

[38] 陆立军，郑小碧，2014. 劳动分工、职业中间商与市场采购型国际贸易［J］.南方经济（2）：89-107.

[39] 罗建幸，2011. 网络时代背景下浙江专业市场的电子商务转型模式与建议［J］.特区经济（2）：66-68.

[40] 罗卫东，1996. 专业市场的前景不容乐观［J］.浙江社会科学（5）：25-27.

[41] 马斌，2008. 政府间关系：权力配置与地方治理［D］.杭州：浙江大学.

[42] 马慧，杨德礼，陈大鹏，2011. 供需双方渠道选择行为的演化博弈模型

[J].科技与管理（5）：24-28.

[43] 马淑琴，郑勇军，娄朝晖，2014.建设国际贸易特别功能区的战略构想——以"义乌试点"为例[J].中国流通经济（4）：14-19.

[44] 保罗·克鲁格曼，2010.战略性贸易政策与新国际经济学[M].北京：中信出版社.

[45] 齐美杰，2010.浅析网上无形市场与传统专业市场的替代性与互补性[J].经济研究导刊（23）：181-183.

[46] 商务部、发展改革委、财政部、海关总署、税务总局、工商总局、质检总局、外汇局关于同意在浙江省义乌市试行市场采购贸易方式的函：商贸函〔2013〕189号[Z].2013-04-22.

[47] 尚汪丽，2013.义乌市场发展机理研究[D].杭州：浙江工商大学.

[48] 沈杭.义乌金融专项改革启动[N].金融时报，2013-09-18（2）.

[49] 盛世豪，1996.农村专业市场的形成及其主要特点[J].浙江社会科学（5）：23-26.

[50] 谭祖谊，2011.内外贸一体化的概念框架及其市场运行机制[J].商业研究（4）：90-95.

[51] 王君英，2012.专业市场国际化背景下的市场采购新型贸易方式研究[J].中国经贸（12）：1-3.

[52] 王受文，2012.转变外贸发展方式，推动对外贸易稳定平衡发展[J].国际贸易（1）：4-7.

[53] 王受文，2013.第三次工业革命对中国出口可能的影响及应对思考[J].国际贸易（3）：10-12.

[54] 王受文.迎难而上打造外贸新优势[N].国际商报，2013-04-15（1）.

[55] 王书芬，赵永根，2013.关于培育叠石桥市场采购贸易方式的调查思考[J].今日中国论坛（21）：92-93.

[56] 王一鸣，2013."前有围堵、后有追兵"产业升级的迫切性[J].中国产经（5）：21.

[57] 王祖强，应武波，2010.电子商务发展促进专业市场转型与升级[J].电子商务（10）：16-18.

［58］吴应良，杨玉琼，2010. 专业市场电子商务平台的建设与运营［J］. 科学管理研究（10）：207-211.

［59］吴凌娇，薛恒新，2014. 区域电子商务产业集群发展模式研究［J］. 常州大学学报（社会科学版），15（3）：37-41.

［60］习近平，2013. 共同创造亚洲和世界的美好未来［J］. 中国产业（4）：28-29.

［61］习近平，2013. 实现中国梦必须走中国道路［J］. 党建（4）：4-5.

［62］习近平，2013. 搞试点要"大胆设想，小心求证"［J］. 西部大开发（3）：4.

［63］习近平. 共同维护和发展开放型世界经济［N］. 人民日报，2013-09-06（2）.

［64］习近平，2016. 习近平总书记系列重要讲话读本［M］. 北京：人民出版社.

［65］习近平，2017. 决胜全面建成小康社会 夺取新时代中国特色社会主义伟大胜利——在中国共产党第十九次全国代表大会上的报告［M］. 北京：人民出版社.

［66］夏宝龙，2013. 用科技创新吹响转型升级的号角［J］. 今日浙江（9）：8-9.

［67］夏宝龙，2013. 全而实施创新驱动发展战略 为干好"一三五"实现"四翻番"提供强大动力［J］. 政策瞭望（6）：10-17.

［68］夏燕. 十大创新——拐点上的新航标［N］. 市场导报，2010-07-06（5）.

［69］徐锋，2004. 促进浙江专业批发市场国际化发展的探索［J］. 商业经济与管理（6）：43-46.

［70］徐焕明，张宏斌，2013. 义乌市场采购贸易方式改革试点的回顾与建议［J］. 政策瞭望（12）：49-50.

［71］约翰·邓宁，1981. 国际生产与跨国企业［M］. 北京：中国社会科学出版社.

［72］伊斯雷尔·柯兹纳，2013. 市场过程的含义［M］. 北京：中国社会科学出版社.

［73］ 杨虎涛，2011. 演化经济学讲义［M］. 北京：科学出版社.

［74］ 杨娇，2015. 义乌政府主导型展会的转型升级研究——基于公共选择理论的分析框架［J］. 特区经济（10）：33-36.

［75］ 应雄，吴志鹏，李涛，等，2012. 关于浙江市场转型升级的几点建议［J］. 浙江经济（21）：16-17.

［76］ 张媛卿，徐佶，朱佩珍，2014. 义乌国际贸易综合改革试点背景下的金融创新研究——基于全国首创"易透"供应链融贸模式分析［J］. 中共宁波市委党校学报（5）：115-118.

［77］ 张汉东，2011. 探索建立市场采购新型贸易方式［J］. 今日浙江（10）：17-18.

［78］ 张汉东，王君英，2013. 义乌市场采购新型贸易方式研究［J］. 中国科技成果（20）：6-8.

［79］ 赵世磊，2012. 基于 SEM 的企业国际化经营与绩效关系研究［J］. 经济理论与经济管理（2）：97-103.

［80］ 浙江省人民政府关于印发海宁皮革城市场采购贸易方式试点工作方案的通知：浙政发〔2015〕38 号［Z］. 2015-12-03.

［81］ 浙江省义乌市统计局. 2015 年义乌市经济运行情况分析（一）［EB/OL］.（2016-02-24）. http：//tjj. yw. gov. cn/tjzc/tjfx/201602/t20160224_874122. html.

［82］ 郑继宁，义乌城市. 拿什么吸引世界的目光？［N］. 义乌商报，2013-09-09（1）.

［83］ 郑小碧，2015. 职业贸易中间商、国际贸易方式演进与经济发展［D］. 杭州：浙江工业大学.

［84］ 周文天. 义乌金融改革专项方案出炉［N］. 中国证券报，2013-09-18（2）.

［85］ 朱建荣，2012. 产业集群跨国营销渠道控制机制：以浙江为例［J］. 国际商务（3）：107-114.

［86］ 朱之鑫，2013. 致力美好愿景 推进经济转型［J］. 宏观经济管理（4）：4-5.

［87］ ANTRÀS P, 2003. Firms, contracts, and trade structure［J］. Quarterly

Journal of Economics.

[88] ANTRÀS P, CHOR D, 2013. Organizing the global value chain [J]. Econometrica.

[89] ALLEN T, ATKIN D, 2017. Volatility and the gains from trade [R]. Nber Working Papers.

[90] AMIGHINI A A, MCMILLAN M, SANFILIPPO M, 2017. FDI and capital formation in developing economies: new evidence from industry-level data [R]. Nber Working Papers.

[91] ANDERSON J E, 2017. N-S trade with weak institutions [R]. Boston College Working Papers in Economics.

[92] BARATTIERI A, CACCIATORE M, GHIRONI F P, 2018. Protectionism and the business cycle [R]. Cepr Discussion Papers.

[93] CHANEY T, 2008. Distorted gravity: the intensive and extensive margins of international trade [J]. American Economic Review.

[94] COSTINOT A, RODRÍGUEZ-CLARe A, 2018. The US Gains from trade: valuation using the demand for foreign factor services [R]. Cepr Discussion Papers.

[95] COSTINOT A, RODRIGUEZCLARE A, WERNING I, 2016. Micro to macro: optimal trade policy with firm heterogeneity [R]. Nber Working Papers.

[96] CRAVINO J, SOTELO S, 2017. Trade induced structural change and the skill premium [J]. Social science electronic publishing.

[97] CRINOA R, OGLIARI L, 2017. Financial imperfections, product quality, and international trade [J]. Journal of international economics, 104: 63-84.

[98] DO Q, LEVCHENKO A, 2017. Trade policy and redistribution when preferences are non-homothetic [J]. Economics Letters, 155: 92-95.

[99] FITZGERALD D, HALLER S, YEDID-LEVI Y, 2017. How exporters grow [R]. Staff Report.

[100] GUO M, LU L, SHENG L, et al., 2018. The day after tomorrow:

evaluating the burden of trump's trade War [J] . Asian economic papers, 17 (1) : 101-120.

[101] GUVENEN F, RJM J R, RASSIER D G, et al. , 2017. Offshore profit shifting and domestic productivity measurement [R] . Nber Working Papers.

[102] JOHNSON R C, NOGUERA G, 2016. A Portrait of trade in value added over four decades [R] . Nber Working Papers.

[103] KEHOE T J, PUJOLÀS P S, ROSSBACH J, 2017. Quantitative trade models: developments and challenges [R] . Staff Report, 9 (1).

[104] LEVINE R, LIN C, XIE W, 2016. Corporate resilience to banking crises: the roles of trust and trade credit [J] . Social Science Electronic Publishing.

[105] LIND N, RAMONDO N, 2018. Trade with correlation [R] . Nber Working Papers.

[106] LIU D, MEISSNER C M, 2017. Geography, income, and trade in the 21st century [R] . Nber Working Papers.

[107] MANOVA K, ZHANG Z. W. , 2012. Multi-product firms and product quality [R] . NBER Working Paper Series.

[108] MANOVA K, ZHANG Z. W. , 2014. Firm exports and multinational activity under credit constraints [J] . Review of Economics and Statistics.

[109] MANOVA K, 2016. How firms export: processing vs. ordinary trade with financial frictions [J] . Journal of international economics, 100: 120-137.

[110] MAYER T, MELITZ M J, OTTAVIANO G I P, et al. , 2017. Product mix and firm productivity responses to trade competition [R] . Cfs Working Paper.

[111] PORTER M, 1990. The competitive advantage of nations [M] . New York: Free Press.

后　记

　　本书的撰写，时值中国改革开放 40 周年，重看改革"现场"，回溯改革理路，思考中国式增长的学理依托，成为萦绕笔者心头的理论关切。回溯这 40 年的改革进程，改革的勇毅与智慧贯穿了改革始终，而对这段历史经验的阐释，抑或对中国式增长诘问的回应，却随着历史叙述的深化，更为迫切。正是在这一心路砥砺之下，才有了本书的撰写与付梓。

　　本书系浙江省软科学重点项目"深化义乌国际贸易综合改革战略研究"（批准号：2016C25008）的成果，也是浙江省软科学重点项目"浙江省义乌市国际贸易综合改革试点绩效评价与政策建议"（批准号：2013C25054）、义乌市政府国际贸易综合改革试点办公室委托项目"浙江省义乌市国际贸易综合改革试点战略研究"（2013-06-06），以及浙江省自然基金项目"电商发展、进入成本冲击与宏观经济动态性（编号：LY17G030006）"的成果积淀。本书的 3 位作者及其依托的研究团队在回溯改革开放 40 年来的义乌国际贸易改革全过程中，思考、研究了一系列相关的对外开放、专业市场、国际贸易、国际投资和国际经贸合作等理论与实践问题，并秉承我们一以贯之的理论创新与实践创新相结合的宗旨，相继发表了一系列学术论文，完成了数个研究报告，向浙江省委、省政府相关部门及著名企业呈报了近 10 份研究报告与建议，从而为推进义乌国际贸易改革、综合改革尽了经济学者的绵薄之力。

　　在此特别感谢义乌市委、市政府，义乌国际贸易综合改革试点办公室领导给予的支持！ 感谢义乌工商学院陈旭华副教授、尹飞霄博士为本书的撰写所做的一切努力！ 感谢浙江工商大学杨志文博士生为本书提出的修改意见！ 感谢浙江工商大学童银节和张家卉硕士生及徐晓烽等本科生为本书完成所做的问卷调研和校对工作！

改革开放 40 年以来，中国在国际贸易领域取得了无以伦比的成绩。 作为改革开放的先行区与现代民营经济的发源地之一，诸多改革新事件、新现象与新理念都在浙江得以展现。 义乌是浙江改革开放的一个缩影，始于"鸡毛换糖""一穷二白"的小县城，凭借"敢为人先、勇于创新"的义乌精神，围绕义乌市场建设，深耕市场经济腹地，改革发展成为"世界大超市"，谱写了国际贸易综合改革与发展的"义乌理论""义乌实践"，为中国国际贸易提供了县域改革的新花式。

改革开放是系统性、全面性与迭代性的历史实践。 义乌国际贸易综合改革的经济理论与实践经验具备一般性与异质性特征，全国各地基于自身经济地理禀赋，或复制，或借鉴，促成了义乌县域改革经验的区际迁移与再生，成就了"义乌经验"的"中国范本"。 这一改革理路谱系的内生普适性为"中国范本"跃升为"世界范本"提供了理论支撑和实践经验。

我们将继续跟踪研究习近平新时代义乌世界"小商品之都"建设的经济理路与实践经验，紧扣浙江民营经济高质量发展要义，探究义乌世界"小商品之都"建设与民营经济高质量发展的协同路径，续写"义乌经验"之"中国范本"，助力贸易强国建设。

2018 年 5 月 23 日于杭州